줬으면 그만이지

아름다운 부자 김장하 취재기

줬으면 그만이지

아름다운 부자 김장하 취재기

초판 1쇄 발행 2023년 1월 1일
초판 2쇄 발행 2023년 1월 10일
초판 3쇄 발행 2023년 2월 15일
초판 4쇄 발행 2023년 5월 15일
초판 5쇄 발행 2023년 11월 25일
초판 6쇄 발행 2024년 9월 23일

지은이   김주완
펴낸이   임용일
편집책임 김훤주
디자인   박인미
유통·마케팅 정원한
펴낸곳   도서출판 피플파워
주소   (우)51320 경상남도 창원시 마산회원구 삼호로38(양덕동)
전화   (055)250-0190
홈페이지 www.idomin.com
블로그   peoplesbooks.tistory.com
페이스북 www.facebook.com/pepobook

ISBN 979-11-86351-54-3 03120

아름다운 부자 김장하 취재기

줬으면 그만이지

김주완 지음

도서출판 **피플파워**

차례

제3부 학교 설립과 헌납

제4부 공동체를 치유하다

제5부   김장하의 기질

제6부   줬으면 그만이지

제7부   김장하의 철학

내가 김장하(金章河, 1944~)라는 이름을 알게 된 것은 1991년이었
다. 그가 설립해 이사장으로 있는 명신고등학교를 국가에 헌납한다
는 뉴스를 통해서였다. 당시 땅과 건물만 시세로 100억 원대에 달한
다고 했다. 그 시절 나는 경남 진주지역 주간지 《남강신문》의 2년 차
기자였다. 처음엔 사실 그 뉴스 자체가 큰 감동으로 다가오진 않았다.
그저 '부자가 좋은 일 하네' 정도였다. 그보다 인상적이었던 건 그를
인터뷰하려는 과정에서 들은 뒷이야기였다.

우선 학교의 국가 헌납과 관련해 모든 기자의 인터뷰 요청을 거절
한다는 말이었다. 심지어 자신이 최대 후원자로 있는 《진주신문》의
인터뷰도 거절했다는 것이다. 이전에도 수십 년간 어려운 학생들에
게 장학금을 주는 등 여러 좋은 일들을 많이 해왔는데, 그런 일 자체
가 언론에 알려지는 걸 극도로 꺼린다는 말도 함께 들었다.

또 하나는 그에게 승용차가 없다는 사실이었다. 웬만한 거리는 걷
거나 자전거를 타고, 먼 거리는 대중교통을 이용한다고 했다. 승용차
가 부(富)를 과시하는 수단이던 시절, 월급 50만 원 안팎에 불과한 기
자들도 차를 몰고 다니던 때였다.

그리고 몇 년 전 전교조 교사 대량해직 사태 때 그가 이사장으로 있

는 학교에선 단 한 명의 해직교사도 없었다는 사실이었다. '이런 분이 우리 지역에 있었다니.' 놀라웠다. 인터뷰는커녕 얼굴도 보지 못했지만 김장하라는 사람은 그렇게 뇌리에 깊이 남았다.

그해 10월 나는 이른바 '지리산결사대 사건'에 대한 경찰과 언론의 완벽한 조작과 왜곡보도에 충격을 받았다.(이에 대해선 졸저 『대한민국 지역신문 기자로 살아가기』[커뮤니케이션북스, 2007]에 자세히 나와 있다.) 이를 계기로 애초 대학원을 다니며 아르바이트 개념으로 시작한 기자를 아예 평생직업으로 삼겠다고 생각을 바꿨다. 진실을 증언하는 기자이고 싶었다. 그리곤 이듬해인 1992년 3월 마산에 본사를 둔 일간지 《경남매일》(지금의 경남매일과는 다른 신문)에 수습기자 공채로 이직했다.

사회부로 발령받았는데, 당시 외근 취재기자는 당연히 자가용 승용차를 사는 분위기였다. 편집부나 교열부 같은 내근부서에서 일하던 기자가 사회부나 정치부, 경제부 등 외근으로 발령 나면 차부터 샀다. '기동력'을 명분으로 삼았지만 내가 볼 땐 그냥 '가오' 때문이었다. 출입처에서 주로 상대하는 간부급 공무원이나 기관장에게 기죽지 않으려는 생각도 있었던 것 같다. 나도 취재차 어떤 기관이나 업체를 방문한 후 나오는 길에 '차는 어디 세워두셨습니까?'라는 인사말을 자주 들었다. 그때마다 '버스 타고 왔습니다', '저는 차가 없습니다'라고 대답하는 게 좀 '없어 보이기'도 하고 부끄럽기도 했다. 선배들도 "운전면허 빨리 따서 차부터 사라"고 조언했다.

하지만 당시 지역신문 기자 월급으로 자가용 승용차를 모는 건 아무리 따져봐도 타산이 나오지 않았다. 미혼의 1인 가구였던 내가 그럴진대 하물며 부양할 가족이 있는 선배들은 어떻게 저럴 수 있을까? 의문이었다.

그런데 얼마 지나지 않아 쥐꼬리 월급의 기자들이 너도나도 차를 모는 비결(?)을 알게 되었다. 6개월 수습 기간을 거쳐 경찰서로 정식 출입처 배정을 받자마자 추석 명절을 맞았는데, 기자실의 '간사'로부터 건네받은 '촌지(寸志)'가 한 달 월급보다 많았던 것이다. 월급이 60만~70만 원이었는데 추석 촌지는 100만 원이 훨씬 넘었다. 출입처 기관장과 간부, 담당구역 안에 있는 병원과 대학, 기업체 등에서 이른바 '떡값'으로 가져온 것이었다. 추석이나 설날 떡값 외에 '여름 휴가비'나 심지어 4월 7일 '신문의 날' 기념 촌지도 있었다. 평시에도 월 20만~30만 원 정도의 촌지가 기자실을 통해 '공식적(?)'으로 배분됐다. 경찰서가 아닌 시청이나 도청, 교육청 등 관할범위가 넓은 출입처는 촌지 규모가 훨씬 크다는 말도 들렸다. 기자실을 통한 '공식 촌지'와 별도로 개별적인 촌지를 유달리 잘 챙기는 기자들이 존재한다는 사실도 알게 되었다. 선배들은 물론 당시 신문사 사장도 "기자실을 통해 나오는 촌지는 받아도 된다"고 공공연하게 말하곤 했다. '개별적으로 기사와 바꿔먹지만 않는다면'이라는 전제가 붙은 말이었다.

이쯤 되면 충분히 승용차를 사도 될 것 같았다. 그때 진주의 김장하 선생을 떠올렸다. 돈이 그렇게 많아도 평생을 차 없이 살며 남을 돕는 분도 있는데⋯. 그때 내가 차를 사면 할부금이며 운영비를 뽑기 위해

영영 촌지에 매달리는 노예가 될 것 같았다. 그래서 생각했다. '나는 부자가 아니어서 김장하 선생처럼 돈으로 사람들을 도울 순 없지만, 적어도 떳떳하지 못한 돈을 받진 않겠다.'

고향에 계시는 어머니의 말씀도 떠올랐다.

"너 혹시⋯. 지금이라도 기자 그만두고 학교 선생 하면 안 될까?"

"아니, 어머니, 기자가 어때서요?"

"기자 그거 왜놈 순사 같은 거 아니냐?"

"에이~, 아네요. 왜놈 순사가 아니라 오히려 독립운동가 같은 거예요."

"글쎄다. 그럴까⋯."

《경남매일》에 출근한 지 얼마 되지 않은 어느 주말, 어머니와 나눈 대화였다. 그때 나는 경상국립대 교육대학원 국어교육전공에 재학 중이었는데, 휴학과 자퇴를 고민하고 있던 시기였다. 일제강점기에 태어난 어머니는 어릴 때 봤던 일본 경찰과, 지역유지로 행세하며 온갖 원성을 사고 있던 지역일간지 주재기자들이 같은 부류로 보였던 모양이다.

그때부터 나는 어머니의 뇌리에 왜놈 순사의 모습으로 남아 있는 기자의 이미지를 벗겨드려야 한다는 강박에 시달렸던 것 같다. 그렇게 어머니 하순엽(河順葉, 1932~2005) 여사와 김장하 선생은 내 기자 인생의 나침반이 되었다.

일선 기자 시절 나는 돈과 권력에 적대적이었다. 토호세력과 권력자들을 비판하며 맞서다 거액의 손해배상 소송을 당하기도 했다. 은

폐되어온 역사 속 국가폭력과 반(反)인권범죄를 추적해 밝히는 일에도 나름 열심이었다. 하지만 아무리 그래도 바뀌지 않는 현실, 시대가 바뀌어도 끊임없이 새로 출몰하는 신(新)토호세력에 좌절감도 느꼈다.

물론 보람도 있었다. 토호를 추적하는 과정에서 그동안 묻혀 있던 시대의 의인을 찾아내 재조명하고 역사적 복권(復權)을 이뤄낼 수 있었던 일도 그중 하나였다. '용공분자'로 몰려 50여 년간 아예 '없는 사람' 취급을 당했던 마산의 걸출한 사회운동가 노현섭(1921~1991) 선생, 창원의 독립운동가였으나 이승만 정권에 학살된 안용봉(1912~1950) 선생이 대표적이다.

이런 분들을 통해 글쓰기의 효능감을 느낀 나는 '나쁜 사람들을 비판하고 단죄하는 것도 중요한 언론의 기능이지만, 좋은 분들을 널리 알리는 것 또한 세상을 아름답게 바꾸는 데 유용한 방법'이라는 생각을 하게 됐다.

그 무렵 편집국장을 맡았고, '사람 냄새 나는 신문'을 표방하며 좋은 이웃, 좋은 어른을 찾는 일에 기자들을 독려했다. 물론 나도 직접 취재에 나섰다. 그 과정에서 채현국(1935~2021) 선생을 알게 됐고, 인터뷰 형식으로 그분의 살아온 이야기를 연재한 후 책『풍운아 채현국』(피플파워)을 펴냈다. 그때가 2015년 1월이었다.

이어 2월부터 3월까지 포털 다음(카카오) '뉴스펀딩'을 통해 채현국 선생을 포함한 '시대의 어른' 다섯 분을 7회에 걸쳐 소개하는 기사를 연재했다. 그 다섯 분 가운데 김장하 선생도 있었는데, 유일하게 인터

포털 다음에 연재된 시대의 어른들.

뷰는커녕 양해도 구하지 않고 그냥 썼다. 허락하지 않을 게 뻔했기 때문이다.

그렇게 공개된 김장하 선생 이야기에만 무려 7000여 명이 공감(좋아요)을 표시했고, 2300여 명이 각자 자신의 SNS(소셜네트워크서비스)에 공유했다. 또 연재기사 전편에 대해 1008명이 918만 원을 취재비에 보태라며 후원금을 보내주었다. 설정한 목표액 300만 원을 훌쩍 넘는 금액이었다.(모금액은 후원자들에게 책 『풍운아 채현국』을 보내는 비용과 후속 책 출간 작업에 쓰였다. 그렇게 연재된 이야기는 2016년 『별난 사람 별난 인생 그래서 아름다운 사람들』(피플파워)이란 책으로 출간됐다.)

진주에서도 그 기사가 화제가 되었음은 물론이다. 자신이 진주사
람 또는 명신고등학교 졸업생이라는 수많은 댓글로도 알 수 있었다.

연재가 마무리되는 3월 말 진주에 찾아가 김장하 선생과 가깝게 지
내는 세 분을 만났다. 박노정(1950~2018) 시인과 홍창신(1954~) 형평
운동기념사업회 전 이사장, 그리고 여태훈(1962~) 진주문고 대표였
다. '김장하 선생과 인터뷰도 하지 않고 사전 양해도 없이 써버렸는
데, 어떻게 하면 좋을지' 자문을 얻기 위해서였다. 세 분을 각각 따로
만났는데 한결같이 하는 말이 "직접 찾아가서 지금이라도 양해를 구
해라"는 조언이었다. 그러면서 "선생님도 이미 그 글을 읽었다더라",
"오후 4시쯤이 가장 한가한 시간이니 그때 찾아가는 게 좋겠다", "찾
아오는 사람을 내치지는 않는 분이다"는 귀띔도 해주었다.

그래서 오후 4시에 맞춰 김장하 선생이 일하고 있는 남성당한약방
을 직접 찾아갔다. 이 책을 쓰기 위한 취재는 그렇게 시작됐다.

제1부

생애

취재의 시작

2015년 3월 31일 화요일 오후 4시 진주시 동성동 남성당한약방. 바깥 여닫이문을 밀고 안쪽 미닫이문을 열었다. 정면 탁자에 앉아 있는 그가 보였다. 가서 맞은편에 앉았다.

"저 김주완이라고 합니다. 허락도 없이 선생님 이야기를 썼습니다."

"막 휘갈겨 놨데?"

"죄송합니다."

"…"

잠시 침묵하던 그가 말했다.

남성당한약방 김장하 선생이 손님과 상담하는 모습. 나도 저 손님 자리에 앉았다.

"이미 써버린 걸 어떡해. (다시 침묵) … 차 한 잔 할까요?"

휴~. 속으로 가슴을 쓸어내렸다. 벌컥 화라도 내면 어쩌나 걱정했
는데….

좁은 복도를 사이에 둔 옆방으로 자리를 옮겼다. 낡은 4인용 차탁
과 소파가 놓인 방에는 벽면 책장을 가득 채우고도 남아 바닥에 쌓인
책이 빼곡했다. 한쪽 벽에는 누가 그렸는지 알 수 없는 김장하 선생의
초상화가 눈에 들어왔다. 초상화 액자 아래에는 386이나 486 기종으
로 보이는 오래된 컴퓨터와 모니터가 골동품처럼 놓여 있었다. 노무
현(1946~2009) 전 대통령도 앉았다는 그 방이었다.

그는 누구의 도움도 받지 않고 직접 정수기에서 물을 받아 와 차를
끓였다.

"자료는 어떻게 구했어요?"

"예, 명예박사학위 수여식 때 자료와 사진은 경상대(현 경상국립대)
도움을 받았고요. 이런저런 사람들을 통해 취재한 것도 있습니다."

"윤성효도 잘 알죠? 자주 만나요?"(윤성효는《진주신문》출신《오마이뉴
스》기자다.)

"알기는 잘 아는데, 서로 바빠서 자주 만나지는 못하고 있습니다.
가끔 연락은 합니다."

그렇게 시작한 대화였다. 20여 분간 녹차를 마시며 이런저런 이야
기를 나누었다. 덕분에 그동안 궁금했던 몇 가지에 대해 육성으로 그
의 대답을 들을 수 있었다.

먼저 남성(南星)이라는 그의 호(號)와 남성당한약방이라는 상호의

응접실에서 차를 끓이는 김장하 선생.

뜻을 물었다.

"남성이 수를 맡은 별이라고. 목숨 수(壽) 자. 남성이 비치는 곳에는
오래 산다는 그런 속설이 있습니다. 할아버지가 지어주신 건데, 남성
당을 상호로 쓰고 남성을 아호로도 쓰라고 했어요. 남극노인성이란
별자리를 딴 거지."

-손자가 오래 살라는 뜻에서 그렇게 지어주신 겁니까?

"약방에서 지어준 약을 먹고 다들 오래 살라는 뜻이지. 또 그 별은
보일 듯 말듯하면서도 그러나 역할은 한다, 앞에 나서지 말고 항상 제
역할을 하는 그런 사람이 되라는 뜻이지요."

-할아버지가 그런 깊은 뜻을 가지고 지어주셨구나.

"별빛처럼 빛이 아니지만 뭔가 공헌을 하고 있거든. 하지만 공헌했

다는 표를 내지 말고 그렇게 살아라…."

-할아버지가 지어주시면서 그 말씀을 직접 하셨네요?

"그렇죠."

-할아버지는 선생님이 몇 살 때 돌아가셨습니까?

"내가 약방 개업했을 때도 약방에 와서 계셨어. 삶의 지표를 정해주신 분이지. 가족 눈으로 볼 때는 조부이지만 스승의 역할을 하셨죠."

젊은 시절 삶의 자세는 할아버지가 정해주셨다는 이야기였다. 평생 승용차를 사지 않은 이유에 대해서도 슬며시 여쭸다.

"(웃음) 특별한 이유는 없고. 근검절약하면서 살아야 하니까."

-저도 선생님 영향만은 아니지만, 지금까지 차를 안 갖고 있습니다.

"기자 업무상 필요할 텐데?"

-많은 사람이 그렇게 묻는데 꼭 그렇지는 않더라고요. 아주 급한 일이 있을 땐 택시를 타면 되고, 그렇지 않을 땐 그냥 대중교통 타고 다녀도 크게 불편은 없더라고요.

"내 생활은 많이 나다니기보다는 방 안에 있어야 할 일이거든. 그러다 보니까 크게 필요성을 느끼지 못한 이유도 있죠. 바쁘면 택시 타고, 안 바쁘면 걸어 다니고…."

-자전거도 많이 타고 다니셨죠?

"많이 타고 다녔지. 그런데 자전거가 좀 위험하더라고."

-아무래도 사모님은 좀 불만이 있었을 텐데요. 가끔 부부끼리 승용

응접실 벽에 걸려 있는 초상화와 낡은 컴퓨터.

차 몰고 여행도 가보고 싶고 그런 바람이 있었을 텐데요.

"그런 불만도 있을 수 있지. 하지만 이해하고…."

벽에 걸린 초상화는 김장하 선생의 장학금 지원으로 대학을 갈 수 있었던 미술 전공 여학생이 그려온 것이라고 했다. 서양화풍의 초상화 속 얼굴이 40대로 젊어 보였다. 얼마 전 만나고 왔던 여태훈 대표의 말이 생각났다.

"내가 아는 동양화가 한 분이 계셔요. 그분이 우리 지역에서 존경할만한 어른 초상화를 그려드리고 싶다고 하길래 김장하 선생이 딱 좋겠다 싶었죠. 그래서 이야기를 하니까 안 하시겠다 하더라고. '내이거 한 점 있다'라면서…. 자기 방에 가면 조그만 초상화가 하나 있거든. 아마 학생이 그려다 준 것 같은데, '그냥 화가와 비빔밥 한 그릇 먹으면 됩니다.' 그렇게 설득을 해도 '내가 비빔밥은 사줄게, 초상화는 하지 말자'는 거야."

이렇듯 김장하 선생은 유명 화가의 작품보다 자신의 장학생이 그려준 초상화가 마음에 드는 것 같았다. 또 하나 이날 만남에서 알게 된 것은 그가 찾아오는 사람을 내치지는 못하는 성정의 소유자라는 사실이었다. 앞서 박노정·홍창신·여태훈 제씨(諸氏)가 귀띔해준 대로였다.

이어지는 모임

그날 이후 김장하 선생을 알고 좋아하는 사람들 사이에서 알음알음 은밀히 소문이 나기 시작했다. 내가 김장하 선생에 대한 취재와 기록작업을 하고 있다는 내용이었다. 덕분에 김장하 선생이 참석하는 지역사회 모임에 슬그머니 나를 끼워주는 사람들도 생겨났다. 그해 12월 28일 박노정 시인의 네 번째 시선집 『운주사』(필북스) 출판을 축하하기 위한 지인들의 저녁 모임도 그중 하나였다. 참석자는 김장하 박노정 홍창신 김수나 박영선 홍순삼 권영란 이혁 이정옥 강민아 전희진 그리고 나까지 12명이었다. 앞의 세 분이 60대 이상 어른이고, 나머지 아홉 명은 40·50대 후배세대들이었다. 그야말로 조촐한 출판기념회였다.

모임은 저녁을 먹고 인근 커피숍으로 이어졌는데, 참석자들이 돌

왼쪽부터 박노정 시인, 김장하 선생, 홍창신 전 이사장.

아가며 박노정 시인에게 덕담과 축하 인사를 전하는 식으로 진행됐
다. 김장하 선생이 먼저 입을 열었다.

"좀 거창하게 시집 발간 축하를 해드려야 하는데 오늘 모임은 몇
사람 안 됩니다. 그러나 뜻깊은 사람들만 모였으니 더 의미가 있습니
다. 박 선생하고 나하고 나이는 좀 차이가 있는데, 만나고 나서 나도
정신적으로 많이 발전했다고 봅니다. 내가 정신적으로 발전하는 데
지대한 공을 한 사람이 박 선생입니다. 나이는 젊어도 계속 나는 존경
하는 마음을 새기고 있습니다. 만나면 행복해지는 사람이 박 선생입
니다. 오래도록 진주인의 정신적 귀감이 되기를 바랄 뿐입니다. 축하
드립니다."

홍창신 전 이사장이 이어받아 말했다.

"제가 옛날에 칠암동 문화예술회관 옆에서 백수들이 모이는 조그
마한 사무실을 운영하던 때에 박노정 형님을 만나고 김장하 선생님
을 뵙고, 그 시간이 지금까지 내려왔습니다. 저는 진주라는 지역에 살
면서 이 지역이 낳은 여러 가지 것들이 있지만, 사람이 좀 귀해요. 그
런 귀한 사람 중에서 우리한테도 자랑할 만한 사람이 있다. 우리한테

그런 자부심을 준 김장하 선생님과 그 김장하 선생님 옆에서 항상 그 생각을 이행했던 분이 또 우리 박노정 형님입니다. 그래서 두 분이 같이 있었다는 게 진주의 정치, 문화, 운동 이런 모든 쪽에 상당한 영향을 미쳤고 앞으로 아마 우리가 죽고 나도 그런 것들은 기록되어 있을 것이다. 그렇게 생각을 하고 살아있는 동안 같이 좀 자주 뵙고 싶어서 점심 모임을 지난 봄부터 시작했는데 김장하 선생님은 항상 자기 환자들하고 약속을 이행하기 위해서, 한약방이 옛날처럼 그렇게 많이 붐비지 않는데도 불구하고 시간을 꼭 지켰어요. 한 시 반까지 약방에 들어가야 하는 거죠. 그래서 저 어른하고 시간을 맞추기가 참 어려웠는데, 오늘은 특별히 저녁에 노정 형님 출판에 맞춰서 시간을 내주셔서 참 감사합니다. 지금 불과 몇 분 안 되지만 다 모두 소중하고 귀한 분들이라 생각하고 모시고 같이 있게 된 게 저도 너무 행복합니다."

박노정 시인에 대해선 뒤에서 따로 다루겠지만, 이처럼 김장하 선생과 박 시인의 관계는 각별했다. 박 시인에게 김장하 선생은 든든한 후원자이자 뒷배였고, 홍창신 전 이사장 표현대로 김장하 선생의 생각을 직접 행동으로 이행했던 사람이 박 시인이었다. 그런 그가 세상을 떠났을 때 가장 애통해했던 이도 김장하 선생이었다. 박 시인은 이날 모임 이후 3년이 채 되지 않은 2018년 7월 4일 별세했다.

다시 모임 이야기로 돌아와서, 강민아 진주시의원(당시 직책, 1971~)은 박노정 시인의 시집 출간을 축하하고 늘 자신을 챙겨준 데 대한 감사 인사를 전한 뒤, 김장하 선생과 인연을 이렇게 말했다.

"김장하 선생님은 제가 새노리(진주지역 노동자풍물패) 처음 시작할

박노정 시인 시집 출판기념 모임.

때, 기억나시는지 모르겠는데, 저분한테 가면 스폰서를 많이 해준다
는 얘기를 듣고, 어떻게 하면 좀 더 많이 받을 수 있을까 고민을 하다
가 메일을 보냈어요. 어떻게 메일 주소를 입수해 구구절절이 불쌍한
얘기를 썼어요. 제가 명신고등학교 옆에 있는 제일여고 다녔다고 그
걸 막 끌어다 붙이기도 했죠. 그때 제 기억으로 많이 후원해주셨어요.
그 뒤로도 제가 큰일을 겪을 때 한 번씩 찾아뵀던 것 같아요. 통합진
보당을 탈당할 때 그때 아마 찾아뵀던 것 같고, 시의원이 처음 됐을
때도 찾아뵀었는데 그때 기억에 남는 것은 저한테 딱 한 말씀 해주셨
던 것 같아요. 아주 구체적인 조언이신데 '우리 강 의원은 다른 게 다
좋은데' 하시더니, '말이 좀 빨라' 이러시더라고요. 제 성격이 원래 외
향적이고 이러다 보니까 그랬던 것 같은데, 어쨌든 정치인은 항상 말
을 많이 해야 하잖아요. 어느 자리에서 말할 때마다 선생님 말씀이 생
각나고 그래요. 선생님 지역에 이렇게 어른으로 계셔주셔서 너무 든
든하고 감사드립니다."

오랫동안 농민운동을 해온 이정옥(1970~) 씨도 김장하 선생에 대한 기억을 털어놓았다.

"금방 강민아 의원이 이야기했는데, 저도 사실 그 때문에 선생님을 뵈었습니다. 저분한테 가면은 후원금을 그냥 주신다는 소문을 듣고 1994년도, 제가 스물다섯 여섯 이럴 때 여성농민회에서 처음 들꽃어린이집이라고 농사 짓는 분들 아기들 다닐 수 있는 어린이집을 만들자고 하면서 선생님을 제가 뵈러 갔었고요. 진짜 이렇게 딱딱한 표정으로 별말씀 안 하시고 서랍에서 돈을 꺼내 탁탁탁 쳐서 탁 주셨거든요. 하여튼 돈을 그냥 이렇게 주셨어요. 긴 이야기를 했던 것도 아니고, 참 말씀을 안 하시고 딱딱한 표정이었다고 기억을 하고 있는데, 이제 지금 선생님 이렇게 좀 웃으시고 또 박노정 선생님하고의 이야기를 추억하면서 행복했다고 이야기하시니까 제가 되게 좋습니다. 이렇게 웃는 모습을 앞으로도 뵐 수 있으면 좋겠습니다."

김장하 선생이 그 말을 받았다.

"박 선생 시집 덕분에 모여 축하하는 자리에서 내가 덩달아 축하받았네. 그래서 찻값은 제가 내겠습니다."

박노정 시인이 또 이 말을 받았다.

"밥값도 이사장님(김장하)이 냈습니다. 식당에 살짝 미리 10만 원을 맡겨뒀는데 이사장님이 또 그걸 빼앗아 주시고 기어이 계산하셨네요."

강민아 의원 이야기 중 나온 이메일(e-mail)이 화제에 오르기도 했다.

홍창신, "90년대에 이미 이메일을 썼다면 나이 드신 분 중에는 꽤 빠른 거였어요. 당시에는 컴퓨터를 하는 사람도 많지 않았는데, 선생님이 컴퓨터 학원에 다니셨어요. 그걸 배워 나중엔 천리안에서 웹페이지도 만들었죠."

김주완, "그렇더라고요. 저도 에이치티엠엘(html)을 막 배워 홈페이지를 만들어보려던 시절 검색을 했더니 김장하 선생님 홈페이지가 나오는 거예요. 깜짝 놀랐죠. 그때 첫 화면 사진이 촉석루와 남강이었는데, 그 남강 물이 찰랑찰랑하게 인터넷에서 움직이는 것처럼 보이도록 그렇게 돼 있더라고요."

홍창신, "젊은 사람들 기죽이는 일을 많이 했지. 게다가 나중엔 포토샵도 배우려고 했어요. 다행히 거기까진 안 하셨지만, 그것까지 배웠다면 우리는 완전 야코가 죽었지."

그랬다. 1990년대 중반 무렵이면 언론사도 원고지에 펜으로 기사를 쓰는 시대에서 노트북으로 타이핑하여 송고하는 시대로 막 전환하던 때였다. 내가 30대 초입이던 시절이었는데, 40~50대 선배 기자들은 "내가 이 나이에 이런 것까지 배워야 해?"라면서 컴퓨터에 강한 거부반응을 보였다.

그 무렵 50대였던 김장하 선생은 스스로 컴퓨터 학원 문을 두드렸다. 수강생 중 가장 나이가 많았다고 했다. 3개월 과정이었는데, "마지막엔 혼자 남더라"고 회고했다. 포토샵도 학원까지 가진 않았지만 실제 공부를 한 듯 남성당한약방 응접실 책장에 1999년 출간된 『포토샵5 무작정 따라하기』(길벗)라는 책이 꽂혀 있었다. 이를 보면 그는 늘 새로운 기술과 문물을 받아들이는데 적극이었고, 항상 공부하는 사람인 듯했다.

한 번은 내가 이렇게 물은 적이 있었다.

"선생님은 책을 왜 이렇게 많이 읽으시나요?"

그의 짧은 대답은 이랬다.

"내가 배운 게 없으니 책이라도 읽을 수밖에."

이렇게 그는 늘 자신이 부족하다고 생각하는 사람이었다. 이날 모임에서도 책 이야기가 나왔다.

박노정, "내가 40대 때 한창 책을 많이 볼 때니까 신간들 나오면 서점에 가서 살펴보고 좋다 싶으면 '이사장님 한 번 읽어보십시오' 하고 전해드리면 꼭 읽어보시고 얼마 후에 그 책 내용을 말씀하시고 그래서 작은 토론이랄까 그런 이야기가 이어지곤 했어요."

김주완, "선생님. 그동안 읽으신 책은 다 댁에 보관해 두고 계십니까?"

김장하, "뭐 남 줘버리기도 하고. 잘 보관하지 못해."

박노정, "누가 뭐 '이 책 좀 가져가겠습니다' 하면 그건 뭐 당연히 가져가라고, 안 된다는 소리 안 하시죠."

김장하, "안 빌리는 사람 바보, 빌려 가서 갚는 사람 바보."(일동 웃음)

김주완, "주로 소설이나 문학 쪽보다는 역사서나 이런 쪽을 많이 보셨나요?"

박노정, "철학, 사상 뭐 그런 쪽을 많이 보셨지."

김주완, "직접 서점에 가서 사보시기도 하셨나요?"

김장하, "사오는 경우도 많고 또 남이 줘서. 아까 박 선생처럼 내 사상을 돌리려고(웃음) 선물하는 사람이 많았어요."

강민아, "하하. 선생님 개그 코드가 있으시다. 확실히."

개그 이야기가 나오니 홍창신 전 이사장이 한마디 보탰다.

"김장하 선생님 어록 중에 인상적인 게 하나 있는데, 형평 80주년 (2003년)에 일본 사람들이 많이 왔어요. 인도에서도 불가촉천민(달리트) 대표로 왔었고 일본의 부락 해방연구소에서 사람들이 많이 왔어요. 진주성 안에 있는 박물관 세미나실에서 인사말을 하는데 첫 마디가 뭐였나 하면요."

"?…?…?"

"여러분은 지금 진주성에 무혈입성하셨습니다."(일동 웃음)

알다시피 진주성은 임진왜란 당시 왜군과 치열한 공성전이 벌어졌던 전쟁터였다. 일본 사람들 앞에서 뼈 있는 유머였던 것이다.

홍창신 전 이사장은 이후 페이스북을 통해 김장하 선생의 유머 한 토막을 소개하기도 했다.

"얼마 전 저녁을 먹고 노래방 얘기가 나왔는데 선생이 물었다. '빌 게이츠가 노랠 어떻게 부르는지 앎?' '…………?' '마이크로 쏘푸트하게.'(모두 웃음)"

2022년 남성당한약방 문을 닫고 마침내 김장하 선생이 은퇴하자 그를 좋아하는 40·50대 후배들이 월 1회 선생과 등산모임을 추진했다. 이른바 '불백산행'이다. 폐업을 앞둔 어느 날 "곧 백수가 되시겠네요?" 하는 질문을 받은 선생이 "불백이라고 하데? 불러줘야 나가는 백수라고…"라고 대답한 데에서 따온 이름이다. 이 산행의 연락

책임은 하정우(1968~) 씨가 맡고 있다. 이 불백산행 경남 사천시 봉명산 등산을 앞두고 종골(발뒤꿈치뼈) 골절상을 입은 적 있는 권영란(1965~) 전《단디뉴스》대표가 걱정스런 표정으로 말했다.

"저도 그날 함께 가기로 했는데, 제가 워낙 허약체질이어서 못 따라 올라가면 어쩌죠?"

그랬더니 김장하 선생 왈, "사부작사부작 꼼지락꼼지락 가면 돼."(모두 웃음)

나도 그 자리에서 함께 듣고 웃었는데, 며칠 뒤 우연히 박노정 시인의 시집『운주사』를 읽던 중 이 시를 발견했다.

사부작 꼼지락

-달팽이에게

사부작거리는 게 네 장점이야
있는 듯 없는 듯 꼼지락꼼지락
거리는 것만으로 아무렴
살아가는 충분한 이유가 되고도 남지
사부작사부작
꼼지락꼼지락
황홀해
눈부셔

알고 보니 이렇게 '출처'가 있는 유머였다. 자신이 좋아하는 시인의 싯구를 기억하고 있다가 적당한 상황에서 써먹었던 것이다.

이날 참석자 중 한 명은 약간 뜬금없이 남성당한약방 응접실의 오래된 찻잔과 다기(茶器)가 궁금했던 모양이었다.

"찻잔과 그릇은 애정이 있어서 그걸 쭉 쓰시는 겁니까? 아니면 무슨 다른 이유라도?"

이에 대한 대답도 김장하 선생다웠다.

"안 깨지데?"

그러고 보니 응접실의 소파와 차탁도 꽤 낡아 보였다. 거의 골동품 수준이었다. 취재 과정에서 명신고등학교 교지《명신》창간호(1987)를 찾아봐야 할 일이 있었다. 김장하 선생이 유일하게 인터뷰에 응했던 매체였기 때문이다. 그런데 학교에는 교지 창간호가 단 한 권도 남아 있지 않았다. 명신고 정조영(1969~) 총동창회장의 협조로 동문들에게 수배한 결과 어렵게 입수할 수 있었다.

인터뷰가 이뤄진 장소는 남성당한약방 그 응접실이었다. 학생기자들이 찍어 게재한 사진을 보니 그때의 소파와 차탁이 2022년의 바로 그것이었다. 최소 35년은 넘었다는 얘기다. 이 또한 물어봤다면 선생의 대답은 이랬을 게 뻔했다. '안 부서져서.' 그래서 굳이 묻지 않았다.

이날 모임에서 이야기가 나왔던 김장하 선생의 홈페이지 글은 내가 모두 갈무리해두었다. 언젠가 천리안 서비스가 종료되면 사라져버릴 수도 있기 때문이다. 실제 몇 년 후 그렇게 됐다.

1987년 교지 명신 창간호 인터뷰에 실린 응접실 소파 사진.

삶의 지표를 정해준 할아버지

앞서 그는 할아버지가 삶의 지표를 정해주셨다고 말한 바 있다. 할아버지는 어떤 분이었을까 궁금했다. 마침 천리안 홈페이지가 사라지기 전 갈무리해둔 글 중 '영은재기(潁隱齋記)'에서 할아버지 김정모(金頹模)의 면모를 엿볼 수 있었다.

'영은재'는 손자 김장하가 할아버지를 공경하는 마음으로 그의 호를 따서 1992년 사천시 정동면 장산리 노천마을 고향집 터에 지은 재실(齋室)이다. '영은재기'는 이 재실의 기문(記文)인데, 글쓴이는 한학자이자 서부경남 마지막 유림으로 불렸던 진암 허형(許洞, 1908~1995) 선생이었다. 모두 한문으로 된 글인데, 다행히 번역문도 함께 실려있었다. 내용은 다음과 같았다.

사천시 정동면 노천마을 영은재.

영은재 기

영은처사 김해 김공께서는 처음에 철성(고성)의 부련동 영천강 위에 사시다
가 만년에 사천의 니구산 아래에 있는 노천 위에 집을 정하셨다. 조용히 살고
싶어 마음 속으로 찾던 마을의 이름이 공자님의 고향과 비슷하니 이 또한 우
연스럽지 않았다. 거기서 부지런히 몸과 마음을 닦으며 여든두 살까지 사셨
다. 세상을 떠나신 지 스물세 해가 된 임신년에 그분의 손자 장하가 여러 친
척들과 의논하여 사시던 집터에 재실을 짓고 그 집 이름을 영은재라 하고는
나에게 그 기문을 청했다. 나는 이제 너무 늙고 병들어 글 지어 달라는 부탁
을 사절하고 있었지만 장하와는 깊은 친분이 있어 거절할 수가 없었다. 이에

그 행장을 살펴 이 글을 짓는다.

이분의 선조는 가락국의 빛나는 겨레로서 십이대조 되시는 유계 선생께서 조정암 선생과 도의로 사귀신 탓에 기묘 사화록에 올리게 되었다. 이 뒤로 그 후손들은 대대로 맑고 높은 절개를 지키며 살았는데, 이분의 호가 영은인 것도 바로 그런 뜻이다.

대저 이분은 타고난 인품이 여느 사람과 다르고 모습도 늠름하셨을 뿐 아니라, 생각하시는 바가 넓고 깊었다. 일찍이 경사와 제자백가를 통달하시고 곁들여 의약과 음양과 지리에까지 세밀히 공부하지 않은 것이 없었으며, 지극한 효도로써 부모를 모셨으니 가히 하늘의 밝음에 통하고 사람의 마음을 감동시키는 바가 있었다.

사람들의 칭송을 받고 정성을 다해 조상을 모시고 가산을 기울여 여러 선조들 산소를 다듬어 남의 이목에 빛나게 했다. 향교의 책임을 맡았을 때에는 남전의 여씨향약을 세워 다달이 고을의 풍속을 바로잡아 가도록 강론하였으며, 아들과 손자를 가르치심에 자애와 엄격을 아울러 다함으로써 뒷날 반드시 몸을 세우고 이름을 떨치게 하였다.

일찍이'사람은 마땅히 올바른 것에 마음을 두어야지 재물에 얽매여서는 안 된다.'고 하셨더니 이분이 돌아가신 뒤 장하가 한약업을 직업으로 하되 올바름으로 재물을 쌓아 수백억을 들여 명신고등학교를 세워서는 나라에 바쳤다. 그리고는 천만영재가 골고루 그 혜택을 입게 하고 자신은 터럭만큼의 이익에도 관여하지 않았다.

따라서 온 고을 사람들이 그 공덕을 크게 칭송하였으나 장하는'우리 할아버지의 가르침을 따랐을 뿐 저의 뜻에서 나온 것은 아무 것도 없습니다.' 하고 늘 말했다. 이래서 사람들이 이분을 더욱 우러러 마지 않았다.

옛날에 숙손목자가 이 세상에 썩지 않는 것 세 가지를 이야기하면서 첫째는 덕행이요 둘째는 사업이요 셋째는 문장이라고 하였는데, 이제 이분의 덕행과 사업이 진실로 천고에 썩지 않을 것이니 이 재실을 짓는 것이 어찌 헛된 일일까 보냐! 앞으로 이 재실에 오르고 이 재실에 사는 사람들로 하여금 이분이 평소에 지니셨던 모습과 정신을 우러러 사모하여 본받게 될 것이다. 그러니 자손만세토록 제사를 모시는 곳일 뿐 아니라 또한 때묻고 더러워진 세상의 길을 깨끗이 씻을 수 있게 할 것이다. 아아, 말하기는 참으로 쉬운지고!

임신년 백로절에 분성 허형은 쓰다

할아버지의 호 '영은(潁隱)'은 '영천강(潁川江)에 숨었다'는 뜻이라고 한다. 영천강은 고성군에서 발원해 진주시 문산읍을 거쳐 금산면 속사리에서 남강과 합류한다. 이 기문에 따르면 할아버지는 원래 고성 사람이었는데, 만년에 사천으로 이주했다.

또한 '세상을 떠나신 지 스물세 해가 되는 임신년(1992년)'이라 했으니 역으로 계산해보면 1969년 또는 1970년에 돌아가신 것으로 보인다. 그때는 손자 장하가 만 25~26세, 사천 석거리에서 한약방을 연 지 6~7년째 되는 해였다. '경사와 제자백가에 통달했다'는데, '경사(經史)'는 경서(經書)와 사서(史書), '제자(諸子)'란 여러 학자, '백가(百家)'란 수많은 학파를 뜻하는 말이니 그만큼 한학을 두루 깊이 공부한 분이었다는 말이다. 또한 의학과 음양, 지리까지 공부했다는 말도 나오는데, 내가 어느 자리에서 김장하 선생에게 "할아버지는 어떤

할아버지 영은 김정모 선생.

분이셨습니까?"라고 물었을 때 "한학자이기도 했지만, 명리학과 풍수지리를 하셨어요"라고 말했던 것과 상통하는 내용이다.

할아버지는 일찍이 '사람은 마땅히 올바른 것에 마음을 두어야지 재물에 얽매여서는 안된다'고 가르쳤고, 손자 장하는 '우리 할아버지의 가르침을 따랐을 뿐 저의 뜻에서 나온 것은 아무 것도 없습니다'라고 말했다는 대목에서 오늘날 김장하의 철학이 어디서부터 비롯되었는지를 짐작해볼 수 있었다.

이 기문을 쓴 허형 선생은 앞서 1984년 명신고등학교 창건기를 썼던 분이기도 한데, 이를 통해 『대학(大學)』의 '명명덕(明明德) 신민(新民)'에서 따온 '명신(明新)'이란 교명을 권했던 이도 바로 이분이었다는 걸 알게 됐다. 이로 보아 허형과 김장하 두 사람은 오래 전부터 각별한 사이였던 것 같다. 이 또한 한학에 조예가 깊었던 할아버지의 영향과 함께 김장하 스스로도 중국 고전에 관심이 깊었기 때문이 아닐까 싶다. 실제 남성당한약방과 폐업 후 이사한 아파트의 책장에는 『논어』, 『맹자』, 『대학』, 『중용』, 『서경』, 『시경』, 『주역』 등 여러 버전의 중국 고전이 꽂혀 있었고, 스스로도 어린 시절 할아버지 품에서 직접 『소학』과 『명심보감』을 배웠다고 말한 바 있다.

이후 경상국립대 남명학관 건립과정에 대한 취재 중 허권수 (1952~) 전 경상국립대 한문학과 교수(현 동방한학연구원장)로부터 김장하 선생이 허형 선생에게 직접 한학을 배웠다는 이야기를 듣게 됐다.

"1981년 내가 서울에서 대학원 다닐 때 가끔 진주에 오면 진암 허형 선생을 찾아뵀었거든요. 먼 일가이기도 하고 한문을 하니까, 어느 날 찾아갔더니 김장하라는 분이 한문을 배우러 와 있더라고. 그때 허형 선생이 나에게 그분을 소개하면서 좋은 일을 많이 하는 분이니 인사하고 지내라 하더라고. 그렇게 알게 된 인연이 이후 남명학연구소와 남명학관 건립까지 이어지게 됐죠."

컴퓨터학원뿐 아니라 한학도 배우러 다녔다는 말이었다. 다시금 늘 배움을 게을리 않았던 그의 면모 하나를 더 알게 되었다. 이후 만난 자리에서 "허형 선생에게 직접 한학을 배우러 다니기도 했다던데요. 그때 어떤 걸 배우셨습니까?"하고 물었더니 그는 "『대학』을 배웠지"라고 짧게 답했다.

이렇게 영은재 기문만으로 성에 차지 않아 할아버지 묘소의 비문(碑文)을 찾아봤다. 그런데 아뿔싸! 비문 또한 전부 한문으로 되어있는데, 내 짧은 한자 실력으론 번역이 아예 불가했다. 한자를 좀 읽는 것과 한문을 해석하는 건 차원이 달랐다. 결국 서예가이기도 한 이곤정(1961~) 형평운동기념사업회 이사장에게 도움을 요청했더니, 그가 다시 소개해준 사람이 허형 선생의 아들 허만수 봉림서당 훈장이었다. 이 무슨 우연인가? 허 훈장은 흔쾌히 번역을 해주었다. 내용은 다음과 같다.

김정원(金鼎元) 공은 자(字)가 태규(泰奎)이고 자호(自號)를 영은(潁隱)이라 하였다.

아버지 김만정(金萬釘)과 어머니 진양정씨 사이에 고종 기축(己丑, 1889년)에 출생하였다.

공은 체격이 크고, 기량(器量, 사람이 가진 마음과 생각의 깊이)이 크고 깊었다. 부모를 섬김에 승순(承順, 웃어른의 명령을 좇아 따름)하여 어김이 없었고, 형제간에 매우 우애가 있었다.

부친의 병환에 근심이 얼굴에 나타나고, 약이(藥餌, 약물과 음식물을 아울러 이르는 말)를 반드시 손수 조리하고 달여서 남에게 맡기지 아니하였다. 초상을 당함에 가슴을 치고 뜀뛰면서 슬픔을 다하고, 여러 절차를 한결 주자가례(朱子家禮)를 준수하여 시행하였다.

부친의 상복을 마치고, 날마다 어머니를 곁에 모시고, 때때로 보고 들은 것을 말씀드리면, 그 이야기 듣기를 기뻐하셨다. 외출하다가 특이한 맛있는 것을

김장하의 할아버지 김정모 선생 묘비 정면.　　김장하의 할아버지 김정모 선생 묘비 측면.

만나면, 반드시 가슴에 품고 돌아와 어머니께 올렸다.

후일 초상이 나자 또한 앞의 초상과 같이 했다.

공은 일찍 가무(家務, 집안의 일)를 담당하면서 남은 힘으로 독서하여, 경서(經書)와 사기(史記)에 거의 넉넉하였고, 의약(醫藥) 음양(陰陽)에도 다 마치고, 풍수지리(風水地理)에도 깨달음이 있어서 그 선대의 묘를 많이 옮겼다.

일찍 고성(固城)의 문묘(文廟, 공자를 모신 사당)에 장의(掌儀)를 했는데, 남전여씨(藍田呂氏) 향약(鄕約)으로 퇴폐한 풍속을 장려하고 돈독히 하였으니, 지금까지 그 일을 칭송한다.

문족(聞族)이 전부터 청한(淸寒)하여 선대를 위한 사업에는 겨를이 많이 없었다. 공이 처음으로 모의(謀議)를 시작하여 재물을 모으고 부지런히 하여, 무덤에 비석을 세우고 제사를 갖추며, 종실(宗室)을 세우고 재숙(齋宿)에 밑천을 대는 일에, 거행치 아니함이 없었는데, 공은 이 때문에 자기의 재산을 황폐시켜 스스로 유지할 수가 없게 되었다. 집안에 도움을 받는 일이 두세 번에 이르자, 공이 성을 내어 거절하고, 드디어 권속(眷屬)을 이끌고 사천(泗川) 노천(魯川)으로 이사하여 여러 해 동안 고생하다가 마침내 풍요롭고 여유를 이루었다. 그리하여 만년(晚年)의 즐거움을 두었으니, 그 경제(經濟)에도 넉넉함이 다시 이와 같았다. 매양 사기를 읽다가 왕조(王朝)의 성씨(姓氏)를 바꾸면서 나라를 잃는 대목에 이르러서는 일찍 책을 덮고 탄식치 아니함이 없었다. 경술(庚戌, 1910년) 뒤 서울에 가서 고궁(古宮)이 황무(荒蕪)한 것을 보고는, 슬픈 탄식을 이기지 못하여 시(詩)를 지어서 뜻을 나타내었다. 경인(庚寅, 1950년)에 북한군(北匪)이 밤에 집안 뜰에 들어와 방자하게 닭과 돼지를 죽이고, 겁탈을 행하려 하니, 공이 천천히 의리로 깨우치게 하므로, 저들도 또한 알아듣고 감동했다.

집에 있을 적에는 인자(仁慈)와 엄격(嚴格)을 아울러 베풀며 대체(大體)를 보존하기에 힘썼다.

사람들과 더불어 자질(子姪)을 경계하기를, "효제(孝悌) 공경(恭敬) 겸손(謙遜)으로 하여 부모(父母)와 선조(先祖)에게 부끄러움이 없도록 하고, 근검(勤儉)으로 생활을 다스리고, 재물에 탐욕 내어 겸손(謙遜)을 손상시킴으로 치욕(恥辱)을 초래치 말라."라고 하였다. 그 말씀이 그 집안을 크게 했다고 이를 만하다.

(중략)

경술(庚戌1970) 12월 21일에 졸하니 향년 82세이다.

한산(漢山) 안붕언(安朋彦) 짓고

아들 김병수(金柄水) 쓰고

손자 김장하(金章河) 표석을 세우다

　이 비문을 보니 생몰연도가 확실해졌다. 1889년생으로 82세인 1970년에 돌아가셨으니 손자 장하의 나이 27세 때였다. 또한 앞의 기문에서 '향교의 책임을 맡았을 때에는'이란 문장이 있는데, 비문에는 '고성의 문묘에 장의를 했'다고 보다 구체적으로 나와 있다. 장의(掌儀 또는 掌議)란 향교에서 예식이나 교육을 관장하던 직책이다. 혹시나 하여 고성향교를 통해 역대 장의 명단을 확인해봤으나 아쉽게도 전교(典校) 명단은 남아 있지만, 장의 명단은 남아 있는 게 없다고 했다.

　어쨌든 할아버지는 기문과 비문에서 모두 향교의 직책을 맡아 '남전 여씨향약'으로 고을의 풍속을 세웠다고 기록하고 있다. 여씨향약이 뭔지 찾아보니 11세기 초 중국 북송(北宋) 때, 향촌(鄕村)을 교화하고 선도하기 위해 만들었던 자치적인 규약(規約)으로 '좋은 일은 서로 권장한다, 잘못은 서로 고쳐준다, 사람을 사귈 때는 서로 예의를 지킨다, 어려움을 당하면 서로 돕는다'는 4가지를 강령으로 했다고 한다.(비문에는 할아버지와 아버지의 이름이 호적부와 다르게 나오는데, 이는 족보상 이름과 호적상 이름이 달랐기 때문이다.)

　비문에도 역시 자식과 조카들에게 "근검(勤儉)으로 생활을 다스리고, 재물에 탐욕 내어 겸손을 손상시킴으로 치욕을 초래치 말라"고 했다는 말이 나온다. 앞서 기문에서 손자 장하에게 가르쳤다는 내용과 같다.

비석과 재실 모두 장하가 세웠으니 생전에 자신이 할아버지로부터 받은 가르침을 글쓰는 이에게 그대로 전달했을 터. 할아버지가 '삶의 지표를 정해주신 스승'과도 같은 존재였다는 그의 말은 과언이 아닌 듯하다.

한편 비문을 쓴 안붕언(1904~1976)이라는 분은 육천(育泉) 또는 육천재(育泉齋)라는 호를 쓰던 이름 높은 한학자이자 서예가로 경남지역 수많은 문화재와 향교 등의 글을 짓고 썼다. 한산(漢山)은 경기도 광주의 옛 지명으로 광주 안 씨의 본관이다. 그가 할아버지의 비문을 지은 것은 아버지 김경수와 인연이었던 것으로 보인다.

한약업사 시험 합격

할아버지는 장하에게 한약업사의 길을 열어준 분이기도 했다. 가난 때문에 고등학교 진학을 포기하고 아버지를 도와 농사를 짓고 있던 때였다. 그의 나이 열여섯, 1959년의 일이었다. 농사가 전혀 체질에 맞지 않았다.

"낫을 가지고 풀을 베면 풀이 흘러 버리고, 지게에 나무를 지고 꾸부정한 자세로 동네를 다니면 동네 어른들이 한마디씩 할 정도로 농사일이 내게는 맞지 않았다."

이 말은 김장하 선생이 2008년 10월 15일 경상국립대학교에서 명예문학박사 학위를 받을 때 했던 인사말을 형평운동기념사업회 이곤정 이사장이 받아적어 기록으로 남겨둔 내용 중 일부다.

그런 손자의 모습을 지켜보던 할아버지가 어느 날 약방 일을 해보지 않겠느냐고 물었다.

"농사일이 아닌 것에 반색하며 하겠다는 답을 얼른 했다. 그리고 할아버지와 함께 간 곳이 삼천포였는데, 친구분이 운영하는 한약방이었다. 처음에는 드링크나 팔고 하는 약방인줄 알았는데 한약방이라 조금 실망을 했지만, 그날부터 한약방 점원 생활이 시작되었고, 이것이 내 운명이 바뀌는 계기가 되었다."(이후 확인해본 결과 지금은 없어진 사천시 선구동의 '남각당한약방'이었다.)

낮에는 약방의 온갖 허드렛일을 하였고 밤에는 한약 관련 공부를 했다. 밤에 공부할 때 어려움도 많았는데, 방을 머슴들과 함께 쓰다 보니 불을 켜서 책을 볼 수가 없었고 머슴들이 잠이 든 후에 몰래 다시 불을 켜 공부를 해야 했으며 그 때문에 맞기도 많이 했다. 그렇게 3년이 지나고 열아홉 되던 어느 날 우연히 신문의 한 귀퉁이에서 해방 후 처음으로 한약종상(현 한약업사) 시험공고 기사를 보고 응시를 결심하게 된다.

1962년 6월 8일자 관보에 실린 한약종상 시험공고를 보면 6월 10일부터 20일까지 경상남도 의약과에서 원서를 교부하고, 6월 15일부터 30일까지 원서를 접수하며, 필기고시는 7월 2~3일 이틀간, 구두고시는 7월 4일 하룻동안 시행하는 것으로 되어 있다. 시험일을 한 달도 남겨두지 않고 공고가 뜬 것이다.

자격은 '문교부 장관이 인정한 중학교를 졸업하였거나 또는 문교부 장관이 이와 동등의 학력이 있다고 인정한 자로서 약국 한의원 또는 한약종상에서 3년 이상 한약 취급에 관한 실무에 종사한 사실이 있음을 구청장 또는 시장·군수가 확인한 자'로 제한하고 있다. 나이 제한은 없었다.

시험과목과 범위는 ① 본초강목에 수록된 한약의 명칭 및 성상 용도 및 독약과 극약의 구별 또는 저장법 ② 방약합편에 수록된 처방 및 조제 방법 ③ 약사 법규 및 마약 법규 ④ 한약의 감정으로 나와 있었다.

해방 후 첫 시험공고이자 김장하를 위한 맞춤형 자격 규정이었다. 당시 주위에서는 시험은 이제 매년 있을 것이니 다음 해나 나중에 칠

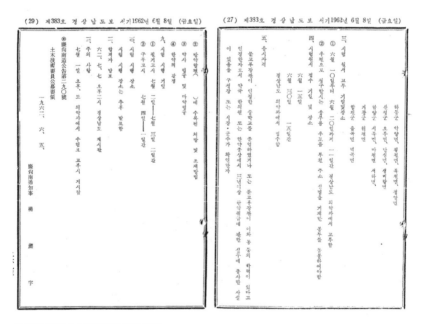

1962년 경상남도 한약종상 시험 공고.

것을 권유했지만, 시험을 치게 되었고, 우수한 성적으로 합격했다.

명신고 교지《명신》창간호 인터뷰에 당시 상황을 술회하는 대목이 나오는데, 주위의 반대가 적지 않았다고 한다.

"1962년 그러니까 내가 18살 때 일이었어요. 아버님(할아버지의 오기)에게서 소개받은 친구분 밑에서 약방 일을 돕다보니 어느 정도 한약에 대해 알게 되었지요. 그리고 열심히 공부도 했고요. 그러던 어느 날, 한약사 시험이라고 일종의 한약업 면허증 시험이 있었어요. 무척 망설였지요. 어린 나이에 한약사 시험을 치르면 남들이 비웃지 않을까? 그리고 많은 반대에 부딪쳐야 했습니다. 그러나 결정했지요. 욕 얻어먹더라도 일단 시험이나 치르고 난 뒤에 얻어먹자는 배짱으로 시험을 치른 거예요."

그런데 문제가 발생했다. 미성년자에게는 자격증을 발급하지 않는 규정 때문에 6개월을 더 기다려 1963년 1월 16일 그의 주민등록상 생일에 맞춰 한약종상 허가증을 받게 되었다. 미성년자가 자격시험에 합격한 일은 전무후무한 기록이었는데, 이것이 김장하가 자신의 운명을 바꾸는 첫 번째 일이었다고 회고했다. 그도 그럴 것이 그때 이후 한약종상 시험은 한동안 없었고 13년이 지난 1975년에야 있었으니 그때 시험을 치지 않았다면 운명이 어떻게 달라졌을지 모를 일이었다.

이 시험제도는 당시 무의약촌을 해소하자는 차원의 정책이었던 만큼 약방이나 의원이 없는 지역을 정해 광역시·도 단위로 치러졌다.

한약업사 허가 및 자격증. 최초 발급일자가 1963년 1월 16일로 되어 있다.

이후 김장하 선생과 많은 사회사업을 함께 하게 되는 진주 명성한약방 이용백(1945~) 원장의 경우 경남에서 시험이 없어 1970년 강원도 한약업사 시험에 합격했다. 그러나 강원도 허가증으로 경남에서는 개업할 수 없었고, 1975년 경상남도 시험에 합격하고서야 고향인 남해 인근 하동군 노량리에서 개업할 수 있었고, 이후 진주로 이전했다.

그는 자신이 쓴 책 『까치집이 부럽네』(북랩, 2014)에서 한약업사에 대해 이렇게 설명하고 있다.

"당시에는 한의사 배출이 적었고, 한의사들은 주로 편리한 도시지역에서 개업을 하여 농어촌에는 한의학 의료혜택이 거의 없다시피 했는데 이러한 점을 고려해 정부에서는 국가 시책의 일환으로 한약업사 시험 제도를 도입하였다. 그러나 이 제도는 도지사가 필요하다고 인정할 때 실시하는 것이었으므로 정기적인 시험이 아니었다. 언제 있을지도 모르는 기약 없는 공부를 시작한 것이다.

그리고 시험 응시 자격요건 중에는 고등학교를 졸업한 자로서 한의원 또는 한약방에서 5년 이상 근무경력이 필수였다."

1962년에 비해 1975년 시험에서는 '고등학교 졸업'과 '5년 이상 근무경력'으로 응시자격이 강화되었던 것이다. 만일 김장하가 1962년 시험에 응시하지 않았다면 지금과는 다른 인생을 살았을 것이다.

할아버지는 발급된 자격증을 보시고 "우리 집안 조상 묘에도 함박꽃이 피겠네"라고 말씀하셨다고 한다. 이렇듯 할아버지는 그에게 삶의 지표를 정해준 스승이었고, 한약사의 길로 인도해준 분이었다.

아버지와 어머니

할아버지는 세 아들을 두었는데, 장남이 김장하의 아버지 김경수(金炅水, 1913~1986)였다. 그리고 세 아들을 각각 다르게 가르쳤는데, 첫째는 한문을, 둘째는 농사일을, 셋째는 신학문을 배우도록 했다. 나름 불확실성의 시대에 살아남는 방법을 궁리한 결과였다. 근대와 전근대가 공존하던 시절이었으니 그럴 만도 했다.

할아버지가 세 아들을 키우던 당시에는 집안 형편이 큰 부자는 아니어도 그럭저럭 괜찮았다고 한다. 멀리 함양 안의면에서 학식 높고 명필로 소문난 스승을 사랑방에 모셔다 놓고 장남을 가르쳤다. 그래서 특히 아버지 김경수는 붓글씨를 잘 썼다. 지금도 사천 일대 곳곳에 아버지의 글씨가 남아 있다고 한다. 앞서 할아버지의 묘지 비석 글씨도 아버지의 작품이었다.

하지만 시대가 급속히 변하면서 장남이 가장 어중간한 처지가 됐다. 둘째는 농사를 배워 먹고사는데 걱정이 없었고, 신학문을 배운 셋째는 교사를 거쳐 교장까지 지냈지만, 아버지가 배운 한문과 서예는 생계에 도움이 되지 않았다. 농사도 서툴렀다.

게다가 결혼을 했는데 신부가 신행(新行)도 오기 전에 친정에서 숨을 거두고 말았다. 1932년 다시 결혼하여 아내 강필순과 사이에 아들 다섯과 딸 하나, 6남매를 낳았으나, 1950년 전쟁 중 진주사범학교(진주교육대의 전신)에 재학 중이던 장남 종하(鍾河, 1932~?)가 북한의용군에 입대해 월북(또는 납북)하는 일이 발생한다.

급기야 1952년에는 아내 강필순마저 숨지는 비극이 잇따르자 집안은 풍비박산이 났다. 장남과 아내를 잃은 아버지는 실의에 빠져 살림은 돌보지 않고 술에 의지하여 나날을 보내게 된다.

넷째 아들 장하는 여덟 살의 어린 나이에 어머니를 잃었다. 그 뒤 아버지는 1955년 세 번째 아내를 맞이하여 다시 6남매를 낳았으나 술을 끊지는 못했다. 어린 장하는 "가정 형편이 이렇게 어려운데 왜 술을 저렇게 많이 드실까? 술을 안 드시면 좋을 텐데" 하고 생각했다. 뿐만 아니라 둘째 형님도 술을 많이 마셨다. 심지어 술을 마시면 아버지와 부자지간에 다투기까지 했다. 장하는 그게 못마땅했다.

그래서일까? 장하는 어른이 되어서도 술을 마시지 않았다. 한약방

을 열고 나서는 더더
욱 입에 대지도 않았
다. 맑은 정신으로 환
자를 돌봐야 한다는
직업의식의 발로였다.

진주사범학교 재학시절의 종하 형님. 오른쪽은 삼종 자형 최부경.

할아버지도 술을 많
이 하셨다. 그러나 어
느 정도 연세가 드신
후에는 절주(節酒)를
했다고 한다. 어느 날
동네 어른이 지나가던
어린 장하에게 물었
다.

"너거 조부님 요즘
도 술 안 자시나?"

"예."

"너거 조부님은 옛날부터 술이 들어가면 기운이 솟아서 힘을 절제
를 못하거든. 그래서 절주한다더니…."

할아버지는 키가 크고 기골이 장대한 분이었다. 180cm는 넘었다
고 한다. 그런데 어느 순간 술을 끊는 모습을 손자에게 보여줬다. 그
영향도 컸으리라 짐작된다.

그런 할아버지는 자신이 가장 아꼈던 손자가 사천 용현면 신기리

석거리에 한약방을 차리고 이듬해인 1964년 결혼을 한 뒤 증손자, 증손녀가 태어나는 행복까지 누린 후 1970년 말 숨을 거둔다.

그러나 아버지의 시련은 끝나지 않았다. 세 번째 아내마저 1972년 세상을 버린 것이다. 그때는 아들 장하가 사천 석거리에 있을 때였다.

1973년 진주시 장대동으로 남성당한약방을 이전 개업한 장하는 네 번째 어머니를 모시기로 하고 직접 수소문한 끝에 1974년 아버지와 혼인을 성사시킨다. 아버지 나이 61세 때였다.

그 과정은 쉽지 않았다. '어머니를 구한다'고 소문을 냈지만, 열두 명의 남의 자식이 있는 집안에 들어올 사람은 없었다. 그래서 장하는 '어린 동생들은 내가 다 책임질 테니까 아버지와 둘이서만 사시면 된다. 생활비도 모두 대 드리겠다'고 하여 어렵사리 한 분을 모셨다. 그리곤 진주시 옥봉동에 아버지와 새어머니가 함께 살 2층짜리 단독주택도 마련해드렸다.

대개 자식은 부모가 재혼하는 걸 원치 않는다. 그런데 왜 그렇게까지 했을까?

"자식이 아무리 부자라도 불여악처(不如惡妻)라고. 효자가 좋다손 치더라도 악처보단 못하다는 말이 있지요."

아버지는 그렇게 12년을 더 살다 1986년 73세의 나이에 세상을 버렸다. 아버지의 장례를 치른 후 장하는 네 번째 어머니를 찾아갔다. 그 어머니에게는 아버지와 결혼 전 전 남편과 사이에 아들이 한 명 있었다.

"어머니, 우리집 귀신이 될랍니까? 아니면 아들한테 가시겠습니까? 우리집 귀신이 되겠다면 노후는 제가 책임지고 제사도 모셔드리겠습니다. 아들한테 가시겠다면 그래도 뭘 좀 가져가야 할 테니 이 집을 팔아 드리겠습니다."

며칠을 생각하던 새어머니는 아들에게 가겠다고 했다. 약속대로 이층집을 팔아 몽땅 어머니께 드렸다. 그렇게 어머니는 아들에게 가서 살다 돌아가셨다. 살아계실 땐 종종 연락도 하고 용돈도 드리고 하며 지냈다.

지금까지를 정리해보면 김장하는 8세에 자신을 낳아준 어머니를 여의고 계모 밑에서 자랐으며 할아버지의 가르침을 받았다. 20세에 사천 석거리에서 남성당한약방을 연 후 사실상 집안을 책임지는 가장이 되었다. 27세에 할아버지가 돌아가실 때까지 석거리에 모셔 부양했고, 29세에 자신을 길러준 계모의 장례를 치렀다. 30세에는 홀로된 아버지를 위해 새어머니를 모셔왔고, 42세에 아버지를 보내고 남은 새어머니에게는 아버지와 함께 살던 집을 팔아 노후를 보장해드렸다. 물론 이런 과정에서 아래 동생들을 키우고 시집·장가 보내는 것도 장하의 몫이었다. 위의 두 형님도 이른 나이에 세상을 버렸기 때문이었다.

조용한 소년 김장하

"오빠는 어릴 때부터 참 순하고 착했어요. 우리 할아버지가 참 선비였는데, 고향 가서 할아버지 이름 대면 모르는 사람이 없었어요. 그런데 할아버지 그 머리 좋은 건 장하 오빠가 다 닮았어."

사촌 여동생 김원자(1944~) 씨의 말이다. 할아버지가 세 아들 중 농사를 가르쳤다는 그 둘째아들의 딸이다. 장하 오빠가 한 달 먼저 태어났는데, 지금도 꼬박꼬박 오빠라 불렀다. 둘은 정동초등학교 동기동창이다.

"공부도 참 잘했어요. 초등학교 때도, 중학교 때도 잘했어. 그래서 할아버지가 더 신임을 했지."

그러나 소년 김장하는 고등학교 진학을 못하고 학업을 포기할 수밖에 없었다. 장남과 아내를 잇따라 잃은 아버지가 살림을 돌보지 않아 가세가 기운 탓이었다. 그나마 중학교 진학도 겨우 할 수 있었다.

"국민학교를 졸업하고 사천중학교 시험을 쳐서 합격을 했는데 등록금이 없어서 입학을 하지 못하고 집에서 빈둥빈둥 있는데, 친구가 와서 등록금이 반값인 동성중학교를 소개해줘서 아버지에게 떼를 쓰며 학교에 보내달라고 했다. 아버지가 어렵게 돈을 구해 와서 중학교를 다닐 수가 있었다. 이것이 내가 다닌 정규학교의 마지막 학력이다."(2008년 경상국립대 명예문학박사 학위 수여식 때 인사말, 이곤정 기록)

김장하의 사촌 여동생 김원자 씨.

당시에는 중학교가 의무교육이 아니었고, 사립학교의 등록금이 공립보다 훨씬 쌌다고 한다. 학교 시설 등 모든 여건이 공립보다 뒤떨어졌고 선호도가 낮다 보니 학생 유치를 위해 등록금을 저렴하게 해준 것이다. 동성중학교는 이후 사천여자중학교로 교명이 바뀌었고, 2004년 공립으로 전환됐다.

친구들이 고등학교 다닐 때 장하는 체질에 맞지 않는 농사를 짓던 중 이를 안타까워하던 할아버지 손에 이끌려 삼천포 남각당한약방에 가게 됐다는 이야기는 앞서 서술한 대로다. 그 한약방에는 나이가 많은 다른 머슴들도 있었는데, 장하는 그들과 좀 남다른 데가 있었다.

한약방에서 구독 중인 신문을 꼼꼼히 읽었다. 이승만 정권 말기 3.15마산의거와 4.19혁명도 신문을 통해 알았다. 한약종상 자격시험 공고도 신문을 통해 알게 됐다. 또한 책읽기를 좋아해 가끔 고향 집에 가면 동생들에게 밤늦게까지 자신이 읽은 소설을 이야기해줬다고 한다.

"삼천포 한약방에 가서도 오빠는 책만 끼고 살았어. 오빠 오면 우리는 맨날 모여 가지고 홍길동전 그런 이야기를 들었어요. 이야기를 잘해요. 그때는 특별히 먹을 게 없으니까 오빠 오면 준다고 고구마 삶아놨다가 밤새도록 이야기 듣고…. 그땐 오빠가 무슨 우상처럼 좋데? 지금도 좋아요. 우리 사촌들이 많은데 다른 오빠들은 그리 안 좋더만 그 오빠가 유달시리 인정이 많고 하니까."

이렇게 동생들에게 자상한 오빠였고 책을 좋아하는 남다른 소년 이었지만, 친구들에겐 별로 눈에 띄지 않는 조용한 아이였던 것 같다. 최관경(1943~) 전 부산교대 교수(교육철학)도 장하와 정동초등학교 동기다. 지금은 김장하와 가장 절친한 친구로 지내지만, 정작 초등학교 시절엔 장하를 잘 몰랐다고 했다.

"그냥 얌전한 아이였던 기억이 나요. 참 2학년, 3학년 땐가? 장하 어머니가 돌아가셨다는 이야기를 들었어요. 그때 어린 마음에도 참 안 됐다는 생각을 했던 것 같네요."

최 교수는 "장하가 1944년생이지만 음력으로는 43년생이어서 같은 계미생 양띠이고, 그래서 동갑계도 함께하고 정동초등학교 22회 동기 모임도 같이 하고 있다"며 "그때 같이 졸업한 동기가 90명인데, 지금도 모임을 하면 30여 명이 모인다"고 말했다.

말 나온 김에 최관경 교수에 대해서도 좀 기록해두자면, 여러 모로 독특한 면모가 있는 분이었다. 이분도 김장하 선생처럼 자가용 승용차를 가져본 적이 없다. 걷는 걸 좋아하고 등산을 즐긴다. 게다가 현직 교수 시절이었던 1988년부터 2006년까지 18년간 매일 새벽 신문배달을 했던 이력도 있다. 찾아보니 공교롭게도 내가 재직했던《경남도민일보》2003년 8월 23일자에 '구두쇠 열전'이라는 제목으로 최교수 이야기가 실린 적이 있었다.

"환갑이 되어버린 나이에도 신문배달을 하고 있는데 대해 주책이라고 생각할 지도 모른다. 또 돈(?) 때문이라고 이상한 생각할지도 모른다.

하지만 신문배달은 돈이 목적이 아니다. 딸 때문에 우연찮게 시작한 신문배달은 교육자인 나로서 많은 것을 배운다. 신문배달원을 무시하는 사람들로 인한 인권, 내 자신에 대한 통제와 절제, 꼭 해내야 한다는 책임감, 다른 사람에 대한 겸손함, 우유배달원·환경미화원·경비원 등 모르는 사람 그리고 가족들의 참여로 가족 간의 화목 등이다.

김장하가 졸업한 사천 정동초등학교 전경.

특히 교수라는 직업에서 올 수 있는 거만함을 통솔할 수 있어 좋다. 신분을 감추고 또 다른 조그마한 삶을 살면서 그 삶이 지닌 가치를 경험하고 있다.

아내와 함께 하는 신문배달 부수는 140부 정도. 돈으로 치자면 얼마 안 된다. 신문배달 때문에 하루에 10개의 신문을 본다. 정보도 알고 다양한 삶의 방식도 접한다. 이를 통해 알게 된 정보를 학생들과 교류하고 배움에 접목한다."

뿐만 아니다. 여름에도 선풍기나 에어컨을 켜지 않고, 5000원짜리 고무신을 신고 다니는 구두쇠지만 전공서적 등 책 구입비만 한 달에 50만 원 선이다. 그리고 구입한 책을 모두 읽고 선물한다. 글은 이렇게 맺는다.

"이런 삶에 만족한다. 바람은 좋은 책을 쓰고, 학생들에게 부끄럽지 않는 교육자로 남고 싶다. 그리고 세계적인 논문을 발표해 이름을 알려 고향·모교·부모·은사님 등 나를 알고 있는 사람들에게 보답하고 싶다."

이만하면 훌륭한 어른 아닌가? 최 교수에게 "친구 김장하와 닮은 점이 많은 것 같다"고 인사를 건네자 "우리는 말만 하는 학교 선생이고, 장하 같은 사람은 이 나라에 없는 진짜 참 스승"이라며 자신을 낮췄다. 그러면서 김장하에 대한 이런 뒷말도 있었다고 전해주었다.

"장하는 딸과 아들 결혼식에 청첩장을 돌리지 않았어요. 그래도 알음알음으로 알게 된 수많은 사람이 하객으로 참석했는데, 축의금을 받는 창구 자체가 없었던 겁니다. 참석한 하객들은 최상의 음식을 대접받았지만, 일부 불쾌하게 여기는 이도 있었죠. 자신은 모든 지인의 경조사에 다 참석해 축의금이나 부의금을 전달하고도 받지 않으니 '돈 있다고 유세하는 거냐'는 반응을 보이기도 했지요."

나와 그렇게 인사를 나눈 뒷날부터 최 교수는 매일 새벽 카카오톡 메시지를 보내온다. 그날그날 다르지만 대개 이런 내용이다.

"늙어가면서 아름답게 사는 10계명, 일 : 일일이 나서지 마라. 이 : 이것저것 따지지 마라. (…중략…) 구 : 구질구질 살지 마라. 열 : 열어라! 지갑과 마음을…."

나보다 인생 선배이자 어른의 이 메시지를 열면서 매일 흥미로운

초등학교 동창 최관경 전 부산교대 교수.

아침을 맞는다.

사촌 여동생 김원자 씨는 살아오는 과정에서 오빠에게 큰 도움을 받았다고 털어놓았다. 진주 중앙시장에서 남의 점포를 임차해 식료품과 건강식품 장사를 했는데, 장사가 좀 될라치면 점포주가 임대료를 올리거나 나가라는 일이 잦았다. 아예 점포를 하나 사고 싶은데 그럴만한 형편이 되지 않았다. 그래서 장하 오빠를 찾아갔다.

"오빠, 이래저래 해가지고 점포 하나 사면 안 되겠나?"

"그러면 그리 해봐라."

덕분에 오빠 점포에서 안정적으로 장사를 했다. 여러 해가 지나 점포 가격이 두 배로 올랐다. 어느 날 오빠가 말했다.

"이제 점포 네가 가져가라."

"아이고 오빠 점포가 많이 올라서 내가 돈이 그리 안 되는데."

"내가 그것 갖고 뭐 하겠노. 돈은 되는 대로 주고 네 꺼로 해라."

그래서 처음 매입할 때 그 가격으로 점포를 넘겨받았다.

"그때 돈이나 다 줬는가 몰라. 그래서 산 게 내가 그 가게를 지금도 세놓고 이렇게 살고 있잖아요. 나를 도와주려고 그런 거지. 나한테만 그랬나? 못 사는 학생들 공부시킨 거는 말도 못 하지예. 조금 뭐 홀로

사는 엄마가 아이 키운다 하면 그거 다 돌봐주고, 우리가 다 모르는 것도 많지."

김원자 씨는 점포 말고도 오빠 덕을 많이 봤다. 건강식품 장사를 할 땐 인삼을 남성당한약방에 납품했던 것이다.

"오빠, 인삼 그거 내가 가져오면 안 될까? 하니까 '인삼을? 그러면 그리 해봐라' 하데? 그래서 트럭을 한 대 내면 신랑이 우리 물건 가져오는 길에 금산에 들러 인삼을 싣고 와서 약방에 공급했지. 오빠한테 이리저리 덕 보고 살았어."

그러던 중 한 번은 중국산 인삼을 권했다가 일언지하 거절당했다고 했다.

"우리 신랑이 오빠보다 나이가 많고 선배라, '처남, 중국 인삼이 들어왔는데, 싸고 괜찮은데 그거 쓰면 어떨까?' 하니까 '그런 소리 하지 마라, 중국 건 안 한다. 절대로 안 한다. 그거 하지 말고 딱 딱 해서 들은 정품! 그것만 가져와라' 했다고. 그런 데는 조금이라도 이윤 남기려고 그런 짓도 안 하고…."

어쨌든 이런 덕분에 지금 김원자 씨는 중앙시장의 그 가게에서 은퇴 후 꼬박꼬박 월세를 받아 노후를 보내고 있다. 내가 찾아간 그날은 진주시 남가람체육공원 게이트볼장에서 스포츠를 즐기고 있었다. 나보다 훨씬 건강해보였다.

한편, 소년 장하가 졸업한 정동초등학교는 지금도 정동면 대곡리 290번지 옛 그 자리에서 90여 년의 역사를 자랑하며 아이들을 키워내고 있다. 지난 2018년 12월 《경남도민일보》 역사문화탐방 전문기자인 김훤주(1963~) 출판국장이 정동초등학교를 찾았다가 거기 세워져 있는 충무공 이순신 장군 동상을 보고 감동받아 페이스북에 올렸다. 그는 지역탐방을 나가면 오래된 학교를 찾아가 이런 걸 세세히 살피는 버릇이 있다.

"사천 정동초교 교정의 충무공 이순신 장군상. 이렇게 꼼꼼히 만든 상을 아직은 본 적이 없네. 장군의 연대기까지 간략하지만 적었다. 거북선 모형과 해전 부조 그림도 있고."

첨부된 사진을 확대해보니 '증 제22회 졸업 김장하 1978. 4. 28.'이라는 글귀가 눈에 들어왔다. 댓글로 김훤주 기자와 대화를 나눴다.

"헐. 기증자가 김장하 선생!"

정동초등학교 이순신 장군상.

"동명이인인 줄 여겼는데 우리가 아는 그분과 동일 인물이셨네예. 감동이 곱절로 밀려옵니다."

"그분이 그 학교 출신이고 44년생이니 아마 맞을 겁니다."

"다시 따져보니까 정확합니다. 56년 2월에 22회 졸업식이 있었습니다. 김장하 선생님 만세~~~!!!!"

그 뒤 나도 정동초등학교를 찾아갔다. 확실히 여느 학교에 서 있는 동상과 차원이 달랐다. 서울 광화문 광장의 충무공 동상이 칼을 오른 손으로 잡고 있어 고증이 잘못됐다는 논란이 있는 것과 달리 여긴 왼 손으로 제대로 잡고 있었다. 게다가 충무공뿐 아니라 세종대왕 동상도 있었다. 이 동상 역시 동판에 훈민정음이 새겨져 있었고, 같은 날 졸업생 김장하가 기증한 것이었다. 취재과정에서 또 우연히 이런 걸 발견하는 기쁨이란!

이후 김장하 선생을 만났을 때 슬쩍 물었다.

"정동초등학교 이순신 장군과 세종대왕 동상은 그 학교에서 요청이 와서 기증한 건가요?"

"내가 찾아갔지. 뭐 필요한 게 없냐고."

사천 석거리의 젊은 한약사

신기(新基)

석거리라고 부르기도 하는데 1965년에 개통하여 1980년 10월 1일 적자운행

정동초등학교 세종대왕상.

으로 폐지되기까지 진삼선 철도의 선진역이 있었던 마을이며(개양에서 사천읍
간의 철도는 1953년에 개통하였음) 1963년에는 용남공설시장이 섰던 곳으로 유
흥업소도 많았고 경제활동이 활발하였던 곳이다. 그리고 1952년 5월 1일에
개교한 용남중학교와 1967년 10월 5일 개교한 용남고등학교가 있는 마을이
기도 하다. 석거리는 섬거리가 변음되었다고도 하는 설이 있는데 그 내용은
덕석골에서 나는 곡식을 섬에 넣어 쌓아 두던 거리라 하여 섬거리란 이름이
생겼다는 이야기가 있으나 확실한 이야기인지는 확인할 수 없다.

사천시 용현면사무소 홈페이지에 올라 있는 선진리 신기마을에 대
한 설명이다. 박대지(1936~) 용현면 노인회장은 "저기 앞에 신복리가

덕석골이거든? 덕석골에서 덕석에 널어 말린 벼를 한 섬, 두 섬 또는 한 석, 두 석 담는 곳이 여기라 하여 석거리라 했지"라고 설명했다.

1968년 사천시 축동면에서 이곳으로 이주한 박대지 회장은 1972년부터 11년간 마을 이장을 지냈다. 그에 따르면 이곳 용남시장에는 우(牛)시장도 있었고, 사남면 초전과 용현면 선진항, 종포 등에서 잡힌 생선과 해물이 매일 아침 이곳에 모여 팔려나갔다. 진주와 대구의 상인들도 용남시장에서 물건을 받아갔다고 한다.

이렇듯 스무 살의 김장하가 한약방을 열던 1963년 석거리는 곧 들어설 철도역이 있고, 중·고등학교, 공설시장까지 있어 사천읍을 능가하는 번화가이자 교통 요충지였다.

그러나 이런 지리적 여건을 모두 고려하여 석거리를 선택한 것은 아니었다. 시험에 합격은 했으나 당장 약방을 열 밑천도 없었고, 이듬해 1월 면허가 나왔지만 그해 가을까지 더 열심히 배우고 공부하며 개업을 준비했다.

석거리의 남성당한약방 자리는 원래 낡은 함석지붕의 허름한 시골집이었다고 한다. 이미 거기서 신약 약포(藥鋪, 약사 면허가 없이 약종상 면허만으로 양약을 파는 곳) 면허를 가진 외삼촌이 약방을 하고 있었다. 더부살이로 반을 나눠 한쪽은 신약을 팔고, 다른 한쪽은 한약을 팔게 되었던 게 남성당한약방의 시초였다. 간판도 함석 문짝에 엉성하게 써붙였다. 그때가 1963년 10월이었다.

지금은 그 자리에 3층짜리 빨간 벽돌 건물이 들어서 있고, 1층에는 편의점이 영업 중이었다. 어쨌든 당시 결혼도 안 한 젊은 총각이 연

사천시 용현면 석거리 남성당한약방이 있던 자리에는 지금 3층 건물이 들어섰다.

허름한 한약방이었지만 1년쯤 지나자 '명의'로 소문이 났다. 어느 순간 손님이 확 늘었다.

"먹고 나면 효과가 있고 약값이 워낙 헐해요(싸요). 싸다고 해서 사다 먹었는데 효과도 있으니까 그 소문이, 입소문이라는 게 그게 뭐 엄청나거든요. 그래서 진주에서도 오고 막 각지에서 오니까 손님이 밀려 줄을 서고 하니까 번호표를 받아서 기다릴 정도였어요. 나도 여러 번 지어먹었지. 먹으면 확실히 효과가 있으니까. 그래서 나중에 진주로 옮겨간 뒤에도 찾아가 몇 번 더 지어먹었어."

그러나 김장하는 한약방에 찾아오는 손님을 독점하지 않았다고 한다. 석거리에는 한약방이 하나 더 있었다. 오동철이라는 분이 운영하는 한약방이었다.

"그 사람이 우리 재종 시동생이거든. 거기는 장애인이라 앉아 있는 사람인데, 김약국 집에 손님이 많아 그때는 번호표를 받았다고. 자기 집에 온 사람을, 우리 재종 집에까지 그 손님을 보내줘. 그래 갖고 재종 집도 살아나고. 그렇게 남한테 늘 살게 해줘서 장하 밑에 살아난 사람이 얼마나 되는지 모르겠는데."

취재 중 옛 남성당한약방 자리 앞 도로에서 우연히 만난 강남선 (1940~) 씨의 말이다. 박대지 회장의 기억도 같았다.

"장하 씨가 자기 집 손님을 오동철 한약방으로 인도해줬어. 그렇게 두 한약방이 다 번성하니 이 동네 사람들도 다 좋아했어요. 당시에는 여기 전부 다 상가였거든요. 상가니까 약 지으러 오면 음식도 사 먹고 술도 자시고 그리 안 됩니까? 그러다 보니 항시 약봉지 꾸러미를 들고 걸어 다니는 손님들이 많고. 그러니까 한약방 덕분에 더 석거리가 번창했지요."

진주에서 석거리로 시집온 강남선 씨는 남성당한약방이 개업할 때부터 지켜봤던 바로 맞은편 집의 이웃이었다. 그에게 총각 한약사는 어떻게 보였을까?

"인상이 좋았지. 모난 것도 없고, 보기에도 순하게 생겼지. 지금 그대로였어. 말도 잘 안 하고 딱 할 말만 하고. 그 당시에 한약방은 나이 든 사람이 하는 걸로 생각했는데 젊은 사람이 와서 한복 입고 한약방을 하니 그냥 그런가 보다 했지. 약방에서 일할 땐 한복을 많이 입었어."

'의로복소(醫老卜少)'라는 말이 있다. 의사는 늙어 경험이 많아야 하고, 점쟁이는 처음 배워 겁 없이 떠들 때 용하다는 말이다. 김장하도 일부러 나이 들어 보이려 한복을 입었다고 한다.

　총각이었던 장하는 1년 후인 1964년 이곳 한약방에서 결혼식을 올렸다. 구식결혼이었다. 박대지·강남선 두 분은 "사남면 죽천 최덕봉 씨의 딸과 결혼했는데, 새댁이 고생을 참 많이 했다"고 기억했다.

　"시동생과 시누이, 그리고 일꾼들까지 열 명 정도가 함께 살았는데, 밥 다 해먹이고 참 어렵게 살았습니다. 그때는 우리가 장하보다는 잘 살았지."

　초창기엔 그랬던 것 같다. 개업 후 1년, 결혼 후에도 한동안 허름하고 좁은 한약방의 젊은 부부였다.

　1970년 17세의 나이에 남성당한약방 종업원으로 들어가 1998년까지 함께 일했던 서창길(1953~) 씨도 그 식구 중 한 명이었다.

박대지 정동면 노인회장.

남성당한약방의 석거리 시절 이웃 강남선 씨.

"선생님 댁에서 숙식을 다 같이 했기 때문에 한 가족처럼 그렇게 살았어요. 그때는 조제실이 앞에 있고 그 뒤에 방이 하나 있었어요. 저희가 잠은 거기서 잤거든요. 식사는 주택에 들어가서 했죠."

종업원들까지 밥을 해먹이는 전통은 진주로 이전하고 난 뒤에도 80년대까지 계속됐다고 한다. 이어지는 서 씨의 말이다.

"사모님이 참 고생 많으셨어요. 사천에 있을 때부터 장대동, 그 뒤에 여기(동성동) 와서도 한동안 직원들이 3층 댁에 가서 점심을 다 먹었어요. 세월이 지나고 보니 사모님이 너무 고생을 많이 했다는 생각이 참 많이 들어요. 사천에 있을 때는 식구가 좀 적었지만 여기는 식구들이 많았거든. 그 많은 식구들 밥 해먹이기가 쉬운 게 아니거든."

한복을 입은 김장하 가족.

그래서 당시 직원 중 제일 고참이던 서 씨가 어느 날 "식당을 이용하자"고 건의했다고 한다.

"자꾸 세월이 가고 식구가 많아지는 게 부담스럽고 그래서 선생님한테 '이래서는 안 됩니다. 식당을 이용합시다' 건의를 드렸어요. 그래서 가까운 식당을 정해두고 점심도 먹고 저녁도 먹기 시작했는데, 그게 너무 늦었죠. 좀 일찍부터 사 먹고 편하게 해드렸어야 하는데, 철없이 아무것도 모르고 주는 밥 먹고 일만 했으니까."

서창길 씨 역시 석거리 시절에도 한약방은 문전성시를 이뤘다고 말했다.

"새벽에 날이 새면 벌써 첫차 타고 오는 사람들이 문을 두드렸어요. 주변 분들보다는 진주나 사천읍, 삼천포 그런 먼 거리에서 많이 오셨어요. 대부분 장거리 손님들이었죠."

당시는 지금처럼 한의원이나 병원이 없었고, 무의촌, 무약촌까지 많던 시절이어서 웬만한 질병은 다들 한약방을 찾았다고 한다.

"내 고향이 남해군 창선면인데, 여기 입사하기 전 내가 어릴 때 코피를 많이 흘려서 우리 어머니 따라와서 남성당한약방 약을 지어서 먹어 고쳤거든요. 그때는 신약보다는 한약을 많이 선호했기 때문에 여러 질병은 거의 다 한약을 썼어요. 뇌경색, 중풍 환자도 한약으로 고친 적이 있어요. 석거리에 직원으로 있을 때였는데, 한 번 쓰러져가지고 말이 좀 어둔하고 할 때 약을 몇 첩 먹고 조리하여 나은 분이 있었어요. 그걸 보면서 아! 한약도 과연 신약이나 병원 치료 못지않게 초기에는 그런 중병도 치료할 수 있구나 하는 생각을 했죠."

젊은 시절의 서창길(좌)과 김장하.

20대 시절 김장하의 인간적 면모를 엿볼 수 있는 일화도 있다. 17세 소년 창길도 김장하처럼 가정형편이 어려워 고등학교 진학을 못했다. 마침 6촌 형님이 김장하의 할아버지 김정모 선생에게 풍수지리를 배운 제자였다. 그 형님의 소개로 오게 된 곳이 남성당한약방이었다.

그런데 몇 달이 지나도 학교 가고 싶은 마음이 떠나질 않았다. 결국 김장하 한약사에게 "집으로 돌아가 고등학교에 진학하겠다"고 말했다. 그러자 김장하는 "갔다가 여의치 않으면 다시 오너라"고 했다.

그렇게 집에 돌아갔으나 아버지에게 야단만 맞았다. 하지만 제 발로 떠나온 남성당으로 돌아가긴 멋쩍었다. 공장에 취직하기 위해 부산으로 갔다. 그러나 공장은 정말 힘든 곳이었다. 김장하에게 편지를 썼다.

"내가 '여차저차해서 부산에 왔습니다' 하고 편지를 썼지. 그랬더니 당장 답장이 왔더라고. 사천으로 다시 오라고. 그래도 한 달 정도 미적미적했어요. 그런데 어느 날인가? 골목을 오르는데 내가 아는 사람이 골목에 쭉 걸어오더라고. 선생님 동생이 한 분 계셨는데, 김기하라고, 그 형님이 날 잡으러 왔어요. 허허허."

김장하는 서창길의 편지에서 행간을 읽어 그가 남성당으로 돌아오고 싶어 한다는 것을 간파했던 것이다. 그러나 제발로 돌아오는 건 멋쩍어한다는 것까지도 알았다. 그래서 편지 겉봉투에 적힌 부산의 주소지로 동생을 보내 '강제(?)'로 데려오게 한 것이다.

"그렇게 잡혀 사천으로 내려오면서 내가 다시는 다른 생각은 안 해야 되겠다 하고 생각해서 고마 세월을 평생 선생님과 함께 그렇게 보냈습니다."

다시 박대지 회장의 말이다.

"그 당시에는 장하 씨가 어렵게 살았는데도 인정이 있고 베푸는 걸 좋아했거든. 마을에서 뭐 한다고 하면 찬조도 잘하고, 심지어 자기가 진주로 가서도 우리 마을회관 짓는데 기부를 했습니다. 그 당시에도 아마 기백만 원 했던 성 싶어요. 내가 이장 할 땐데, 우리 마을에선 제일 많이 낸 사람이지."

강남선 씨도 한마디 보탰다.

"장하 덕분에 살아난 사람이 참 많았어. 우리도 특별한 도움은 아니라도 소소한 도움을 많이 받았지. 그때는 돈이 귀할 때여서 돈도 많이 빌렸다. 우리 금고처럼 갖다 썼지. 당시 그집에는 돈이 늘 있으니까."

석거리에서 김장하와 특별히 가깝게 지낸 사람들은 누구였을까?

"이 동네에 이정우 씨라고 자전거방도 하고 사진관도 하던 분이 있었어요. 돌아가셨는데 살아계시면 95세나 될 겁니다. 또 문기근 씨라고, 경상대학(현 경상국립대)을 마치고 이 마을에서 수의사를 했어요. 그분이 살아계셨다면 지금 83살 되는데 벌써 고인이 되었어요. 그분들하고 다 잘 지냈습니다."(박대지)

그런데 알고 보니 두 분 중 이정우 씨는 명신고등학교 2회 졸업생으로 현재 창원에서 종합홍보기획사 ㈜브레인을 운영하고 있는 이인안(1969~) 대표의 5촌 당숙이었다. 이 대표는 7살 때부터 석거리에서 살았는데, 남성당한약방 근처에 집이 있었고, 김약국네 집 마당에서 놀고 자랐다. 그 집에는 늘 사람들이 많았고, 마당에 솥이 있었으며 밥하느라 분주한 모습이 기억에 남아있다고 한다.

초등학생 때까진 몰랐지만 중학생 시절에는 5촌 당숙이 이웃 어른들과 김장하에 대해 이런저런 이야기를 나누는 걸 귓전으로 들은 기억도 있다. 주로 '좋은 일을 많이 한다'며 칭찬하는 내용이었다. 한약방이 진주로 옮긴 뒤에도 당숙은 계속 교류를 한 듯 진주에 다녀오면 어김없이 김장하 이야기를 했다고 한다. 당숙이 나중엔 자신이 운영하던 자전거포와 사진관을 김 씨 성을 가진 이에게 넘겼는데, 그분도 김장하 선생과 가까웠던 것으로 기억한다.

아마도 이인안 대표가 뛰어놀았다는 그 마당은 한약방 맞은편 골목에 새로 지은 살림집을 말하는 듯했다. 앞서 박대지·강남선 두 분은 한약방에 마당이 있었다는 기억은 없다고 말했다. 대신 한약방을 차리고 1964년 결혼 후 몇 년이 지나 헌집을 매입해 살림집을 새로 지었다고 했다. 그 집은 지금도 옛 모습 그대로 남아 있었다. 본채와 아래채 사이 마당도 있었다. 강남선 씨의 바로 옆집이었다. 대문이 잠겨 있었다. 강 씨 집 옥상에 올라가 사진을 찍었다. 외관으로만 보아도 보통 시골집과 달랐다. 당시로선 꽤 공들여 지은 집이었다. 현재 이 집은 다른 사람에게 매각돼 빈집으로 남아 있다.

"처음에는 한약방에서 먹고 자고 하다가 결혼하고 나서는 이집에서 살림을 살았지. 여기 살다가 진주로 갔는데, 한동안 장인어른이 여기 와서 살았어. 그런데 농사만 짓던 분이 장사하는 사람들만 사는 이 동네에서 적응하기 힘들었던가 봐. 결국 몇 년 뒤 사남면 본집으로 돌아갔지."(박대지·강남선)

한 마을에 있는 용남중학교를 졸업한 이인안 대표는 진주 연합고

김장하 가족이 살았던 사천 석거리 살림집.

사를 거쳐 명신고등학교에 진학하게 됐다.

"솔직히 신설학교인데다 당시로선 너무 외곽에 있는 학교라 처음엔 실망했죠. 그러나 입학 후 선생님들이 김장하 이사장의 학교 설립 취지에 대해 끊임없이 설명해주었고, 선생님들 스스로도 우수 교원으로 스카웃돼 왔다는 자부심과 이사장님에 대한 존경심이 대단했습니다."

그렇게 명신고 2회 졸업생이 된 이 대표는 1988년 경상국립대에 진학, 이른바 운동권 학생이 된다.

"대학시절에도 학교 동아리 중 이사장님 후원금을 안 받아 본 곳이 없을 걸요? 김장하 선생에게 가면 후원을 받을 수 있다는 소문이 파다했어요. 행사 팸플릿이 나오면 다들 남성당한약방을 찾아갔죠. 그러면 좌우를 따지지 않고 10만 원씩 후원금을 주셨다더군요. 그 시절 10만 원이면 큰 돈이었죠."

그는 졸업 후《진주신문》에 취업했다. 가보니 김장하 선생이 그 신문의 최대주주이자 후원자로 있었다. 그는 1996년부터 1998년까지 이 신문사에서 일한 후 마산의 홍보기획사로 옮겨 오늘에 이르고 있다.

이 대표는 현재 마산YMCA 이사장을 맡아 더 나은 사회를 위해 봉사하고 있다. 명신고등학교 도서관 건물 2층에 있는 '명신역사관'에 갔더니 '역사관 개관을 위해 도움을 주신 동문들' 명단에 네 번째로 이름이 올라 있었다.

"이사장님은 늘 제 삶에 따라다니시는 분이죠. 저는 이사장님에 비하면 아무것도 아니죠."

도시로 나온 남성당한약방

김장하는 석거리에서 한약방을 연 지 10년이 되던 1973년 3월 진주시 장대동 106-2로 남성당한약방을 이전개업한다. 현재 반도병원 옆에 GS편의점이 있는데, 그 옆 2층 짜리 건물이었다. 하지만 지역 이전 요건을 충족하지 못한 부분이 있었고, 이를 빌미 삼은 진주지역 한의원들의 반발로 인해 1년간 사천으로 되돌아갔다가 확실히 진주에서 약방을 시작한 건 1974년쯤으로 보인다. 앞서 석거리의 박대지 노인회장과 강남선 씨도 그렇게 기억하고 있었다. 이에 대해 그 과정에 함께 있었던 서창길 씨는 이렇게 설명했다.

"진주로 이전할 때는 정상적으로 한다고 했는데, 약간의 문제되는 점이 있었던 것 같아요. 하여튼 그런 이유로 다시 사천으로 가서 좀 있다가 또 진주로 왔죠."

다시 정리해보면 1963년 석거리에서 한약방을 개업한 김장하는 이듬해인 1964년 사남면 출신 최송두(1946~)와 결혼했고, 1966년 장남 성효를 낳았다. 1970년 12월엔 정신적 지주였던 할아버지가 세상을 버렸고, 1972년 12월엔 셋째 어머니도 돌아가셨다. 진주로 이전한 뒤에는 새어머니를 어렵게 구해 1974년 12월부터 아버지와 함께 옥봉동 2층집에 살 수 있도록 해드렸다. 아버지 부부는 그 집 한 층을 세놓아 임대료로 생활했다.

그러나 김장하·최송두 부부의 살림집은 약방 건물 뒷골목에 있는 단층 기와집이었다고 한다. 1975년 무렵부터 그집에 함께 기숙했던 조해정(1959~) 씨는 "마당이라고는 시멘트 바닥 조금 있고, 마루를 사이에 두고 방이 몇 개 있는 그런 흔한 서민주택"이었다고 기억했다.

"그때 선생님 댁에 아이만 해도 4명(1남 3녀)이었고요. 그러니까 선생님 부부와 아들·딸 합쳐 6명, 나이 어린 동생들, 그리고 저까지 합쳐 10명 정도가 함께 살았는데, 각자 방을 쓰는 게 아니라 여러 명이 방을 함께 쓰는 그런 구조였고요. 게다가 한약방에 일하던 직원들도 열 명 가까이 되었던 것 같은데, 그분들도 식당 밥을 먹는 게 아니라 선생님 댁에 오셔서 사모님이 해주시는 그 밥을 먹었어요."

매일 20인분의 밥을 해먹여야 하는 상황이었지만 부엌이 넓거나 조리시설이 잘 돼있는 것도 아니었다. 연탄 화덕과 석유 곤로를 썼고, 큰 찜통에 국이나 찌개를 끓이고, 반찬을 만들기 위해 늘 다듬고 데치고 무치고 볶는 일의 연속이었다.

그 후 아들·딸이 자라 공부방이 필요한 나이가 되자 옥봉동 802-1 현 동방호텔 주차장 자리에 있었던 2층짜리 주택으로 이사하게 된다.

장대동 김장하 선생 댁에서 함께 살았던 조해정 씨.

"그 집은 장대동보다 좀 컸어요. 연탄이 아니라 기름보일러도 들어왔고 그나마 숨통이 좀 트였죠. 그런데 제가 지금도 기억에 남는 게 있어요. 선생님이 '그래도 내 서재가 안 나온다'라고 말씀하셨어요. 서재 정도는 가지셔도 되는데…, 그 말씀이 참 잊히지 않아요."

남성당한약방은 1977년 4월 동성동 212-5 3층 건물로 이전한다. 2022년 5월 말 폐업할 때까지 있었던 바로 그 건물이다. 하지만 살림집은 계속 옥봉동 2층 주택에 두고 걸어서 출퇴근했던 것으로 보인다. 등기부등본상 이 건물 3층을 주택으로 개조해 전거(轉居, 이사)한 것은 1987년 8월 9일이었다. 주택의 건평은 39평 5홉이었다. 그때는 동생들도 커서 독립하고 장남도 대학을 갈 나이였다.

이곳으로 와서야 비로소 김장하는 서재를 가질 수 있었다. 유일하게 창문이 있는 도로쪽 방이었지만, 차량 소음이나 매연으로 인해 창문을 마음대로 열 수는 없었다. 건물 뒤편과 맞닿은 부엌에도 조그마한 창문이 있었으나 다른 방은 아예 창문조차 없는 집이었다.

조해정 씨가 장대동 주택 시절 생면부지의 김장하 가족과 함께 살게 된 것은 '입주 가정교사' 명목이었다. 산청군 가난한 농부의 2남 4녀 중 장녀였던 그는 진주 선명여상(현 선명여고)에 수석으로 입학한다. 3년간 전액 성적장학금을 보장받았지만, 집이 산청이었던 그에겐 진주에서 거주할 곳이 마땅찮았고 부모로부터 생활비 지원도 받을 수 없는 처지였다. 중학교 때부터 그의 재능을 눈여겨 봤던 한 교사가 그의 손을 잡고 남성당한약방 김장하를 찾아갔다.

"선생님이 어려운 아이들 장학금을 많이 주신다던데, 우리 아이도 좀 돌봐주세요."

딱한 사정을 들은 김장하는 조해정을 자기집 식구로 받아들였다. 그렇게 조해정은 장대동 남성당한약방 뒤 주택에서 먹고 자고 선생의 아들·딸 공부를 도우며 고등학교를 졸업할 수 있었다.

"그땐 선생님이 그렇게 훌륭한 분인지도 몰랐고 장학생 개념인 줄 몰랐습니다. 입주 가정교사라 하니까 그저 그런 건 줄 알았죠."

그런데 문제가 생겼다. 대학입시에서 낙방한 것이다. 고민 끝에 선생님께 말씀드렸다.

"제가 사실 공부를 제대로 해본 적이 없어요. 재수를 하고 싶은데 도와주시면 정말 제대로 공부를 해보겠습니다."

70년대로 보이는 김장하 최송두 부부의 가족사진. 명신고등학교 총동창회가 제공해줬다.

김장하도 아쉬웠다. 당시 장학생 중 진주여고 학생도 있었는데 그도 시험에 떨어졌다. 김장하는 두 여학생이 부산에서 입시학원에 다니며 재수를 할 수 있도록 학원비에 하숙비까지 지원해줬다. 그렇게 하여 둘은 나란히 서울 소재 대학에 진학했고, 김장하의 지원은 이들이 대학을 마칠 때까지 계속됐다.

그 시절 여고생 조해정 눈에 비친 김장하는 어떤 어른이었을까?

"키가 그렇게 크지는 않았지만 아우라가 좀 크셨어요. 말씀도 크게 안 하시고 조용하시지만 형형한 눈빛이 살아있었어요. 뭐라 해야 할까요? 깊고 부드럽고 따뜻하고, 째려보는 날카로운 눈빛이라기 보다는 모든 걸 포용하는 그런 눈빛이죠. 그때 선생님이 30대 초중반 쯤 됐을텐데 그런 카리스마가 있었어요."

그러나 식구가 많은 집에 이런저런 갈등이나 마찰도 없지 않았을 텐데, 그럴 땐 어땠을까?

"그 집에 있는 동안 한 번도 선생님의 큰 소리를 들은 기억이 없고요. 선생님은 뭔가 하실 말씀이 있으면 딱 이렇게 안방으로 누구 들어와 봐 하셔서 말씀하시면 다 해결되었던 걸로 기억합니다. 그렇게 말고는 큰 소리로 훈육하거나 다툼 소리도 들은 적이 없습니다. 물론 아이들이 아직 어려서 막 뛰어다니고 하니까 사모님이 좀 조용히 해라 이런 말 정도는 있었지만…."

다음은 어릴 때부터 장하 형님의 보호 아래 자란 막내동생 김춘하 (1965~) 씨의 말이다.

"원장님은 가족 중에 제일 중심이 되는 분이시죠. 크나큰 병풍 같다고 할까? 큰 소나무 같다 할까, 커다란 나무 같은 분, 우리가 그 보호 아래 있는 그런 느낌을 갖고 있습니다."

춘하 씨는 1988년 군대를 제대한 후부터 2022년 폐업하는 날까지 남성당한약방에서 일했다. 그래서인지 그는 형님을 '원장님'이라고 불렀다. 그는 형님이 재산을 축적하지 않고 사회에 환원하는 모습을 보고 어떤 생각을 했을까?

"워낙 우리한테 풍족하게 해주셨으니까 그런 일(사회환원)은 저희들이 간섭할 부분도 아니고 그냥 '벌어서 좋은 일에 쓰시는구나' 이렇게 생각했지 다른 생각은 못했습니다. 제가 형님 밑에서 학교 다니고 용돈 받으며 컸고, 한약방에 근무하면서 여기서 결혼하고 애를 낳고, 그 애가 장가를 가고 손녀를 낳고 그렇게 다 인생을 책임져 주셨는데 더 뭘 바라겠습니까. 그저 감사하게 생각하고 있습니다."

동생 김춘하 씨. ⓒ엠비씨경남

그에 따르면 김장하 아래 세 명의 남동생이 남성당한약방에서 일했다. 석하, 강하, 춘하가 그들이었다. 석거리에 있을 땐 여동생도 함께 일했다고 한다. 춘하 씨는 형님이 한없이 따뜻한 사람이지만 때로는 단호한 면도 있었다고 말했다.

"옛날에는 거지들이 약방에 많이 찾아왔어요. 그런 분들이 오면 저희들은 '한 번 오면 자꾸 온다. 그만

매정하게 보내는 게 어떻겠나' 그렇게 이야기를 해봤는데도 원장님은 '나를 믿고 온 사람인데 보시를 해야 한다' 이렇게 늘 도와주시고 그랬습니다."

한 번은 이런 일도 있었다. 시골에서 온 할머니였는데, 늦게까지 약을 짓다가 돌아갈 막차를 놓치고 말았다.

"원장님이 '저희 집에 가서 주무시고 내일 아침에 가시라'고 하여 이 약방 3층 집에 모신 적도 있었어요. 그렇게 주무시고 다음 날 약을 가지고 가셨죠. 서부경남 인근에서 오는 분들이 많았고, 또 많이 기다리시니까 우유와 빵을 점심으로 대접했죠."

그러나 약속시간에 대해서는 매정할 정도로 딱 끊었다고 한다.

"직원들과 등산을 많이 다니셨는데, 예를 들어 차를 대절시켜 놓고 공설운동장 앞에서 아침 9시에 출발한다 그러면 9시 땡 하면 가버려요. 그렇게 한두 번 하면 다른 사람들도 약속을 칼 같이 지킵니다."

문전성시

근무시간도 칼 같이 지켰다. 김장하는 2022년 5월 31일 폐업하는 그날까지 정확히 오전 8시 45분 출근, 9시에 문 여는 시간을 지켰다. 근무복은 늘 양복 정장에 넥타이 차림이었다.

80년대까지는 매월 15일 하루만 휴무였고 일요일도 약방 문을 열었다. 90년대 들어 첫째와 셋째 일요일 월 2회 휴무를 하다가, 언제부턴가 매주 일요일 쉬었고, 2022년 폐업할 때까지 주 6일 근무를 계속

했다.

한약방이 폐업한 후 늘 마주 앉았던 선생의 책상과 의자를 안쪽에서 볼 기회가 있었는데, 맞은편에서 볼 때와 달리 생각보다 비좁았다. 마치 작은 감옥 같은 느낌이 들 정도였다. 거기서 선생은 50년, 아니 석거리까지 합쳐 60년을 갇혀 살았던 게 아닌가 싶었다.

김춘하 씨는 직원들이 원장보다 쉬는 날이 더 많았다고 말했다.

"저희 직원들은 여름에 휴가가 7·8일 정도 있었거든요. 교대로 휴가를 갔죠. 그럴 때도 원장님은 늘 약방을 지키고 계셨으니까. 속된 말로 그때는 '원장님보다 직원이 낫네' 이런 생각도 했어요."

김장하는 1992년 대통령으로부터 국민훈장 모란장 서훈을 받게 되었는데 전수식 참석을 거부하여 경남교육청이 난리가 났다. 속내는 노태우 군사정권이 주는 훈장이 달갑지 않아서였는지 모르나, 그때도 표면적인 거부 이유는 '약방을 비울 수 없어서'였다. 당시 관선 교육감이 '내 목이 날아간다'며 사정사정하는 통에 결국 참석은 했으나 두고두고 회자되는 일화다.

2003년 1월에는 노무현 대통령 당선자가 부산에서 개최한 오찬간담회와 토론회에 1번으로 초청을 받았으나 불참했다. 역시 같은 이유였다. 나도 사람들과 어울려 선생과 몇 번 점심을 먹은 적이 있는데, 어떤 상황에서도 일정 시간이 되면 "손님이 기다린다"며 어김없이 일어섰다.

사천 석거리에서 진주 장대동으로 이전한 후 손님이 약 2~3배 늘었다고 한다. 서창길 씨의 이야기다.

남성당한약방 김장하 선생이 늘 앉아있던 자리. ⓒ강호진

"사천에 있을 때는 장소도 협소하고 교통도 불편하고 그러다 보니까 아침 일찍 와도 4시간, 5시간은 거의 보편적으로 기다려야 했죠. 진주 장대동에 오니 장소도 많이 커지고 선생님이 하루에 볼 수 있는 환자들이 배로 늘었는데, 한 사람이 와서 어차피 기다리는 시간은 비슷하니까 가족이 한꺼번에 와서 너댓 개, 여러 사람 약을 지어갔어요. 그때는 전부 첩약을 할 때거든, 한 제에 스무 첩이니까 약을 지으면 그걸 전부 일일이 손으로 쌌거든요. 그러니까 자꾸 밀리고."

1981년 김장하와 인연을 맺었던 허권수 교수는 당시 남성당한약방을 이렇게 기억했다.

"한약방 옆에 수정다방이라고 있었는데, 손님들이 번호표를 받아서 거기서 대기를 했어요. 꽤 큰 다방이었는데 거기와 연결해가지고 그 다방 레지(waitress, 여종업원)가 '287번 나오세요' 하면 가서 약 짓고, 그러니까 다방 주변 길가에서 할매들이 나물도 팔고 호박도 팔고 그럴 정도였어요."

한약방에 오는 손님 덕분에 길거리 노천시장이 형성될 정도였다는 말이다. 그러다 보니 직원 수도 점점 늘었다. 서창길 씨는 가장 전성기 시절을 이렇게 기억했다.

"여기만 여덟 명에서 열 명이 있었고, 재료실에 서너 명 있었고, 약을 달이는 데도 6명이 있었나? 그러니까 제 기억으론 최고 많을 때 18명~20명 사이 정도는 됐을 것 같아요."

그래도 손님이 많다 보니 저녁 8시~10시까지 연장근무는 일상이었고, 밤 12시 넘어까지 일했던 적도 많았다.

"90년대 들어 환자가 최고 많을 때였습니다. 그럴 때는 환자들이 그날 다 못 가져가니까 지금처럼 주문해놓고 다음 날 찾으러 오는 경우가 많았거든요. 하루에 온 손님이 주문한 건 그날 다 정리를 해야 다음 날 일이 또 그만큼 되니까, 미뤄놓으면 안 되니까 우리 동생들(후배직원들)을 내가 많이 다그쳤지."

그때만 해도 근로기준법이니 야간근로수당이니 하는 개념이 없었다. 하지만 직원들 불만은 없었다고 한다.

"특별히 야간수당이라고 그런 명목은 안 붙었지만, 선생님이 그런 부분에 대해선 워낙 후하게 해줬고, 다른 일반적인 혜택들도 직원을

서창길 씨.

위해 배려를 많이 해줬거든요. 금전적인 걸 가지고 불만을 갖거나 논하고 싶지 않게끔 다 해줬었어요."

이와 관련, 동료 한약업사인 진주 명성한약방 이용백 원장도 남성당한약방에 대해 "종업원에게 참 잘해줬다"며 "늦게까지 일을 하면 보너스도 많이 챙겨준 것으로 알고 있다"고 말했다. 그는 남성당한약방 손님이 자신의 한약방보다 대략 10배 정도 많았다고 했다.

그렇다면 남성당한약방의 임금 수준은 어느 정도였을까? 다시 서창길 씨의 말이다.

"다른 한약방보다 두 배, 세 배는 되었겠네. 세 배는 되겠네. 직원들도 우리 월급이 다른 데보다 훨씬 많다는 사실을 알았어요. 그러니까 야간수당이니 그런 개념이 전혀 없었죠. 아침은 각자 집에서 먹고 오지만 점심 저녁은 여기서 다 해결하고."

앞서 석거리에서 취재 중 강남선 씨가 했던 말이 있었다.

"직원들 중에 두 명이 약사 시험에 합격해서 한약방 차려 나갔지 아마? 한 명은 진주 개양에 연수당한약방이라던데 또 한 명은 생각이 안 나네."

상호가 특정된 연수당한약방부터 찾았다. 한약업사 정종경(1947~) 씨는 부재 중이어서 만나지 못하고 그의 부인 최점자(1952~) 씨를 통해 다른 한 명의 한약업사가 누군지 알 수 있었다. 그는 김장하의 처남 최치홍(1950~) 씨였다. 1983년 한약업사 자격시험에 합격하여 진주 한성당한약방을 운영 중인 최 씨는 당시 남성당 직원 월급이 공무원 월급보다 50%가 많았다고 말했다.

"친구들 중에 공무원도 있었던데, 그 공무원 월급보다 우리가 50% 더 많았습니다. 공무원이 30만 원일 때 남성당 직원들은 45만 원을 받았으니까."

정종경 씨 부인 최점자 씨도 "직원들 월급은 가장 많고, 약값은 대한민국에서 제일 싼 곳이 남성당이었다"고 말했다.

정종경·최치홍 두 사람 모두 개업하여 남성당을 나올 때 김장하로부터 물심양면 많은 도움을 받았다고 한다.

"우리로선 은인이지. 고등학교 졸업하고 남성당에 들어가 거기서 배워 갖고 약사 시험 쳐서 한약방을 하니까 완전히 은인이지. 부모나 마찬가지지."(최점자)

서창길 씨는 남성당에서 일하는 동안 못다한 공부도 했다고 한다.

"처음 사천에 있을 때는 저녁에 선생님하고 한학 공부를 참 열심히 했어요. 그래서 제가 특별히 어디 가서 한문을 배운 일도 없는데 웬만한 한문은 다 볼 수 있을 정도가 됐죠. 그러다 손님이 점점 늘어나니 저녁에 공부하는 게 어려웠죠."

진주로 옮긴 후 서창길 씨는 방송통신고에 진학해 고등학교 과정을 마치고 방송통신대까지 진학했다.

"방통대 3학년 때 일요일에 가서 시험을 봐야 하는데 못 봤어요. 시험 두 번 못 보니까 유급이 되어버렸어. 그래서 '내가 지금 이 나이에 대학 하면 뭐 하겠노' 하며 포기해버렸는데, 함께 공부하던 애들 몇 명은 졸업까지 했어요."

1992년부터 2022년 폐업까지 30년을 남성당 직원으로 있었던 하봉백(1965~) 씨는 정직원으로 입사하기 전 대학 시절 여기서 아르바이트를 했는데, 그 당시에도 가정형편이 어려워 고등학교 진학을 못한 아이들이 한약방에서 일하며 방송통신고를 다녔다고 했다.

"서너 명이 있었어요. 80년대였는데, 지금의 1층 응접실이 그때 아이들 사는 방이었죠. 거기서 먹고 자고 하면서 일도 하고 일요일엔 방통고에 다녔죠. 그 아이들이 졸업을 하고 성인이 되어 군대를 갔는데, 그때 그 빈자리에 제가 들어왔어요."

그러다 1997년 아이엠에프(IMF) 사태가 왔다. 한약방에도 타격이 왔다. 서창길 씨 말이다.

"아이엠에프 오고 1년쯤 지나보니까 손님이 절반 정도 줄어버리더라고요. 손님이 줄면 욕심 같아선 이제 일 좀 적게 하고 떡 앉아 있으면 편하겠지 생각할 수도 있겠지만, 일이 자꾸 없어지는데 그냥 앉아

하봉백 씨.

있을 수 있습니까? 내가 제일 연장자고 오랫동안 생활했고 그래서 제가 먼저 그만두겠다고 했습니다. 그렇게 오래된 순으로 자발적 퇴직을 했죠. 그게 98년 10월쯤 됐나 봐."

그는 남성당을 퇴직한 후 한동안 한약재료 도매상을 했다고 한다. 퇴직금이 밑천이었다.

"원래 퇴직금에다 몇 달치 월급을 한꺼번에 얹어줬으니까."

직원들도 그저 받기만 한 것은 아니었다. 1984년 김장하가 명신고등학교를 설립하자 남성당 직원들은 십시일반 벽돌 한 장이라도 보태는 마음을 냈다. 서창길·정종경 씨는 향나무를 사서 교정에 심었고, 최치홍 씨는 축구 골대를 기증했다. 이에 대한 기록은《명신 30년》에도 남아 있다.

남성당한약방은 도대체 돈을 얼마나 벌었기에 명신고등학교 설립에 100억 원이 넘는 돈을 쓰고, 또 그만한(그 이상일지도 알 수 없는) 기부와 장학금 지원 등 사회환원을 할 수 있었을까? 과연 부동산 투기나 주식 등 재테크 수단을 이용하지 않고, 한약방 운영만으로 그만한 돈을 버는 게 가능했을까?

서창길 씨는 하루에 가장 많이 지었던 약이 500제(劑, 탕약의 스무 첩)였고, 평균 300~400제 정도였다고 한다. 명성한약방 이용백 원장이 20여 년 전 서창길 씨에게 들었던 말로는 최고 800제까지로 기억하고 있었다. 이용백 원장의 단순 계산법으로 하루 400제, 제당 5만원씩 치더라도 하루 2000만 원, 거기에 25일을 곱하면 월 5억 원, 그중 1억 원이 순수익이라고 보더라도 연간 12억 원, 10년이면 120억원이 나온다는 것이다. 그는 "한 제에 5만 원이면 굉장히 저렴하게 잡은 것"이라고 말했다.

이 원장은 한약의 성수기가 1997년 아이엠에프 때까지였다고 말했다. 그 이후에는 매출과 수익이 확 꺾였다는 것이다.

사실 김장하는 아이엠에프 이전에 매입한 한약방 옆 건물과 뒷 건물을 헐고 새로운 건물을 신축할 계획이었다. 건축설계까지 마친 상태였다. 그때 덜컥 아이엠에프 사태가 터졌다. 착공하지 않은 게 천만다행이었다. 이후 선생에게 슬며시 물었더니 "그때 공사를 진행했다면 빚더미에 앉았을 것"이라고 말했다.

이때 건물 신축을 위해 준비했던 돈으로 경상국립대학교 남명학연구소 후원과 남명학관 건립에 거액을 기부했고, ㈜서경방송 창립 때에도 2대 주주로 참여했다. 그 주식은 이후 남성문화재단의 종잣돈이 된다.

부동산과 주식에 대해서도 선생과 지리산 뱀사

이용백 명성한약방 원장.

골 탐방로를 함께 걸을 때 슬쩍 물었다. 부동산은 좀 있었는데 명신고등학교를 설립할 때 팔아서 썼고, 주식은 서경방송 외《한겨레》신문 창간 당시 샀던 2600만 원 말고는 없다고 했다. 한겨레 주식은 사실상 기부금이나 마찬가지다.

신축하려 했던 옆 건물과 뒷 건물은 자전거 대리점과 여행사 등에 임대하고 있는데, 한약방의 탕제실로 사용해온 옆 건물 3층 이외 나머지는 모두 자전거 대리점이 사용하고 있다. 김장하는 두 건물을 1990년과 1994년에 각각 매입했다.

두 건물에서 자전거 대리점을 운영 중인 이호봉(1961~) 씨는 "전국에서 제일 규모가 큰 자전거 방"이라고 자부했다. 실제 등기부등본을 확인해봤더니 두 건물 중 자전거 점이 사용하고 있는 연면적만 623 m^3(약 188평)에 이를 정도로 규모가 컸다. 두 건물 2층도 자전거 부품창고로 쓰고 있었다.

이호봉 씨는 월 200만 원의 임대료를 내고 있는데, 32년 전 가격 그대로라고 했다.

"이 건물에 신흥관광이 함께 있었거든. 그땐 월 120만 원을 줬는데, 신흥관광이 다른 곳으로 이전해가고 거기까지 우리가 쓰니까 200만 원씩 주고 있지. 그게 90년도부터 그대로야. 한 번도 안 올렸어. 인근 다른 건물보다 3분의 2 가격이라 볼 수 있지. 3분의 1만큼 헐케(싸게) 쓰고 있지."

주변 건물 시세의 2/3 정도라는 뜻이다. 게다가 2020년 코로나19 전염병 확산으로 자영업이 어려워졌던 시기에는 2년 동안 50만 원을

남성당한약방과 옆 건물 자전거대리점.

더 깎아줬다고 한다.

"우리가 도움을 많이 받고 있지요. 세입자가 득을 많이 봤죠."

그가 보는 김장하 선생은 어떤 사람일까?

"훌륭한 일을 많이 하신 분이죠. 명신고등학교도 국가에 기부하고…. 제 아들도 거기 명신고등학교 나왔거든요. 그런데 바로 옆에 있어도 대면할 일은 없었어요. 하루 종일 저기 약방 안에 딱 앉아가지고, 워낙 조용하신 분이어서…. 그렇게 대화는 많이 안 했어도 참, 이제 문 닫고 떠나신다고 하니 많이 아쉽죠. 제가 세상을 살면서 참 좋으신 분을 만나서 살았다고 생각합니다. 워낙 사회에 좋은 일을 많이 하신 분이라."

그 남편에 그 아내

이야기 도중 이호봉 씨의 부인(이름은 극구 밝히지 않았다)이 끼어들었다.

"약방 사모님도 대단한 분이지. 사치 그런 건 일체 없고, 뭐랄까, 자기 위치? 그런 걸 떠나서 손을 딱 걷어부치고 장갑도 안 끼고 일을 하시고, 종업원들 밥을 다해서 먹이고, 그걸 사모님이 다 직접 했어요. 아휴~, 저라면 그렇게 못해요."

내가 다시 물었다. "혹시 약방 사모님에게 '어떻게 그러실 수 있느냐'고 물어본 적은 없습니까?"

"한 번씩 시장에서 만났을 때 어떻게 그렇게 고생을 하시냐고 물어봤죠. 그랬더니 '아이고 내가 할 일인데 뭐' 이렇게 말씀하시더라고. 여러 말도 안 해요. 크게 웃고 그런 것도 없고."

다시 이호봉 씨의 말.

"새 옷 사 입은 것도 본 적이 없어. 두 분이 똑 같애. 돈이 없는 것도 아닌데 왜 그렇게 사시는지 나는 아직도 의문이야."

사실 김장하 선생을 취재하는 과정에서 가장 많이 들었던 말 중 하나가 "선생님도 훌륭하지만 사모님이 진짜 대단하신 분"이라는 것이었다.

2021년 11월 어느 날 엠비씨경남 김현지(1981~) 피디(producer)로부터 연락을 받았다. 김장하 선생에 대한 다큐멘터리 영화를 만드려한다며 공동취재와 출연을 제안했다. 흔쾌히 동의하고 2022년 1월부터 본격 공동취재를 시작했는데, 과연 취재를 하면 할수록 선생의 부인 최송두 여사가 위대해 보였다. 김 피디가 말했다. "우와~ 김장하 선생이 보살이라면, 사모님은 부처님이다." 김 피디는 다른 취재원을 만나 최 여사 이야기를 들을 때마다 감탄사를 쏟아냈다. "생불이네, 생불!"

물론 지금의 관점에서 보면 최 여사는 현대적 여성상과 거리가 멀다. 김 피디는 "남편이 지금 당장 100억을 들고 와서 그렇게 살아달라 해도 못 살겠다"고 말했다. 조해정 씨도 "맞아. 보따리를 싸도 몇 번 쌌지"라며 맞장구를 쳤다. 하지만 어쨌거나 최 여사는 그렇게 살았다.

정삼조(1954~) 시인이 2021년 12월 29일자《뉴스사천》에 쓴 칼럼

인터뷰 중인 자전거대리점 이호봉 씨. ⓒ엠비씨경남

중 최송두 여사의 면모를 알 수 있는 대목이 있다. 정 시인은 1984년 명신고등학교 개교 당시 국어교사로 초빙되어 7년 동안 이 학교에 재직했으니 믿을 만한 이야기일 터.

"1987년 2월에 제1회 명신고등학교 졸업식이 열렸을 때였다. 키가 그리 크지 않으신 아주머니께서 운집한 학부형들의 뒤쪽에서 앞이 보이지 않아 까치발로 애를 쓰고 있는 모습이 한 교사의 눈에 띄었다. 이사장 부인이셨다. 그 교사가 살며시 다가가 단 위의 자리로 옮기실 것을 권하자 사모님께서는 극구 사양하시면서 자기가 여기 온 것을 어디에도 말하지 말아달라고 부탁하셨다. 이윽고 졸업식이 마치자 이사장 부인께서는 조용히 버스를 타러 학교 문을 나서는 것이었다. 남편의 필생 사업인 학교의 첫 졸업식에 와 보고 싶은 마음이야 인지상정이겠지만, 그 일을 행여 누가 보고 폐를 끼칠까 보아 조심하는 모습에서 그들 가족의 마음 씀이 참으로 예사롭지 않다는 것을 짐작할 수 있는 일이었다."

이처럼 최 여사는 웬만해선 자신을 드러내지 않으려 한다는 점에서 남편과 닮았다. 정 시인이 칼럼에서 '그 교사'로 표현했던 사람은 나중 인터뷰 과정에서 알고 보니 바로 자신이었다.

앞서 사천 석거리에서 만난 박대지 회장에 따르면 최송두 여사는 사천 사남면 죽천리 출신이다. 최덕봉 씨의 7남매 중 맏이였다. 찾아보니 죽천리는 평야지대로 용현면 신기마을 석거리와 바로 인접한 마을이었다. 박 회장은 최 여사 친정도 꽤 많은 농토를 가진 부잣집이었다고 말했다.

"그땐 땅 있으면 부자 아닙니까?"

처남 최치홍 씨에 따르면 자형이 사천에서 진주로 이전해올 때 보유 중이던 논 일부를 아버지(김장하의 장인)에게 드렸다고 했다. 이후 확인 결과 진주 이전 당시 석거리 살림집도 장인어른에게 드렸다.

운 좋게도 최송두 여사를 만나 짧게 대화할 기회가 있었다. 2022년 5월 말 남성당한약방 폐업을 앞두고 시민사회단체 사람들이 인사를 하러 와 어수선할 때였다. 그때 응접실과 진료실 사이 복도에 최 여사가 서 계신 모습이 보였다. '이때다' 싶었다. 급히 가서 인사를 드렸다.

-안녕하세요? 오늘 어떻게 여기 나와 계시네요.

"전화기를 냅두고 갔어. 할배가 전화기를 놔두고 갔어."

전화기를 갖다주러 왔다는 말이었다. 제일 궁금한 것부터 물었다.

-훌륭하신 분하고 평생 사니까 좀 피곤하지 않으셨어요?

"앞발 들었어. 우리 손자 말마따나 앞발 들었어. 할배 때문에 진주 시내 나가서 말도 못한다고 하는데…."

'앞발 들었어'는 무슨 뜻일까? 그 자리에서 바로 무슨 뜻인지 물었어야 했으나 마음이 급해서 미처 묻지 못했다. 녹음된 음성파일을 반복해서 들어보니 '앞발 저렸어'라고 들리기도 했다. 나이 지긋한 어른들이 많은 카카오톡 단체방에 이 부분 음성을 올려 자문을 구했다. '앞발 들었어'가 맞다는 의견이 많았다. '항복했어' 또는 '내가 졌어'라는 뜻이라고 했다. 나이 드신 어른들이 흔히 쓰는 표현이라고도 했다. 대화 자리에 함께 있었던 김현지 피디에게도 자문을 구했다. "두

손 두발 다 들었다는 뜻입니다. 확신합니다. 저희 이모가 쓰는 말인지라….."

그리고 '할배 때문에 진주시내 나가서 말도 못한다'는 말은 아마도 할아버지 이름에 누가 될까봐 언행을 함부로 할 수 없었다는 뜻으로 이해됐다. 손자는 서울의 한 대학에 재학 중이었다. 이어 명신고등학교 국가헌납에 대해서도 물었다.

김장하 최송두 부부. 요즘 파크골프에 재미를 붙였다. ⓒ강호진

-학교도 만들어가지고 그냥 국가에 줘버리고 할 때 어떠셨어요?

"명신? 잘 줬지 뭐. 아들도 돈 잘 벌고 하는데."

-진주에서 약국하는 아들이요?

"응, (아들은) 그 하나뿐이야."

-조해정 씨 아시죠? 전에는 직원들 밥도 사모님이 지어서 먹이고 했다면서요?

노치수
이사장님 이야기가 맞는 것 같아요.
힘들게 살았다~^^

할 말 제대로 못하셨거나 내주장 제대로
못하고 힘들게 살았나봅니다~ㅎ
오후 6:33

"아파 저렸어"라고 들리기도 하고.
오후 6:00

박덕선
앞발 들었어!

도저히 힘을 쓸 수 없는 사람에게 그런말
하지요.
두발 다들었다. 라고도 ㅎㅎ
오후 6:36

고승하
앞발들었어, 앞발뒷발다들었어라는뜻,아
닐까요? 손자한테확인?
오후 6:04

고승하에게 답장
앞발들었어, 앞발뒷발다들었어라는뜻,아닐...

네. 좀 유력한 것 같습니다. 고맙습니다.
오후 6:05

박덕선에게 답장
앞발 들었어!...

어른들 말에 그런 말이 있나요?
오후 6:38

고승하
ㅎㅎ
오후 6:05

노치수
김주완에게 답장
어른들 말에 그런 말이 있나요?

그런 말 있어요.
이전 옴마들이나 할매들 모여 이바구하
는 얘기 들어모 그런말 마이 씁디더~ㅎ
오후 6:44

이상익
앞발들었어, 이게 맞나보네요.의미는 '내
가 졌다.' '항복했다' 그런의미, 그러니까
'정말 꼼짝없이 힘들었다'는 뜻일 겁니다
오후 6:07

이상익에게 답장
앞발들었어, 이게 맞나보네요.의미는 '내가...

아. 네. 점점 유력해져가고 있습니다.

노치수
이전에 우짜다가 아들끼리 싸움하다보모
'니한테 졌다'하는기나 비슷~^^
오후 6:48

앞 발 들었어의 뜻.

"뭐, 점빵이 바로 옆인데 밥도 해줘야지 어쩔끼고. 그때 직원이 어
덨습니까? 다 시동생이고 시누이고, 우리 아이들이고…. 그때 도시락
도 진짜 많이 쌌다.(웃음)"

어차피 가족에게도 밥을 지어먹여야 했고, 직원 중 시동생도 있었
으니 전체 직원과 함께 먹는 게 당연했다는 말이었다.

-조해정 씨 기억하시죠.

"우리 장대동 있을 때 고등학교 때부터 계속 있었어."

-네. 조해정 씨 만났더니 그때도 한약방 직원들이 점심 때는 집에

와서 밥을 먹었다 하더라고요.

"해정이가 부산에서 대학에 강의 나가는데.(웃음)"

-그래도 돈도 많이 벌고 했으면 집이라도 좀 번듯한 데서 편하게 살자는 그런 생각은 안했습니까? 여기 3층에서 계속 사셨는데.

"우리집이예? 이만하면 안 좋습니까?"

-그래도 다른 부잣집에 비하면….

"떠들어도 아무 소리 안 하고, 아파트 가면 감시 받고 뭐….(웃음)"

김현지 피디가 그 말을 받았다.

-(3층 올라가는) 저 계단이 너무 가파르잖아요. 안 힘드셨어요?

"응, 옛날 집이거든. 이 근방에서는 제일 오래된 집인데 가파르지. 새로 지은 집이 아니거든."

-시장 봐 가지고 들고 올라가시려면 힘드셨을텐데.

"시동생들이 많이 있어 가지고(웃음), 저기 우리 승강기도 있고(웃음)."

요즘 1층에 조리실이 있는 2~3층 식당에서 볼 수 있는 그런 도르래 같은 승강기였다.

-한약방이 이 자리로 옮겨오기 전에는 저 아래 반도병원 옆에 있었죠?

"응, 그 뒤에 기와집 있었고. 거기 있을 때 해정이가 있었어."

-그때 장대동 한약방 건물이랑 기와집은 어떻게 됐습니까?

"저 명신(고등학교) 그거 하면서 다 팔았다. 건물이고 뭐 팔고 그래 갖고 저기 동방호텔 주차장 있는데 거기 갔다가 여기로 왔지."

-잠깐만요 어머니. 그러면 남편이 젊었을 때 나이 마흔에 학교 세운다고 갖고 있는 집이랑 건물을 다 팔자 했다는 거예요?

"다 팔았지. 논이고 뭐고….""

-화 안 나셨어요?

"그때는 좀 그럴 사정이 있었어. 그거 있어봤자. 지 벌어 지 가져간다 이거지 뭐. 잘 줬지 뭐. 아들이고 딸이고 뭐시고 다 잘 줬다 그리 생각하는 데 뭐 별 거 있나."

-그런데 조해정 씨가 그러시던데요? 선생님은 다 좋은데 삼식이(하루 세 번 집에서 밥 먹는 남자의 속어)라고.

"삼식이고 고집쟁이 그렇지 뭐. 별것 있나."

-하하하.

"그때 고집을 그만치 안 부렸으면 살아나도 못한다. 8살인가, 7살에 엄마가 죽었는데 그 정도 고집을 부렸으니 살아났지."

-요즘 아프시다던데 어디가 불편하십니까?

"다리 수술을 해 놓은께, 무릎 수술을….""

-그래서 산에도 같이 못 다니시고?

"산에는 이제 안 따라다녀요."

-아, 그러셨구나. 예전에는 함께 산에도 많이 다니셨죠?

"예전에는 하모. 천왕봉하고 막 그런데 다녔지. 시간만 있으면."

-김장하 선생님하고 혹시 가정 일로 젊을 때 싸우시거나 그런 적은 없습니까?

"안 싸우는 사람이 있습니까?(웃음)"

2008년 경상국립대 명예박사 수여식 당시
최송두 여사. ⓒ경상국립대

-서로 의견이 부딪히거나 그런게 별로 없었나요?

"부딪힐 수가 있습니까? 시어머니 시아버지 다 있는데. 시할배까지 있는데. 우리집에 그 사진 있지예?"

-네?

"액자 거기. 잘생겼더라 아닙니까? 한복 입고 사진 그거. 우리 할배라. 할배가 다 키운 거라. 아버지가 키운 거 아니고 할배가 다 키운 거라."

-네. 선생님이 할아버지 영향을 많이 받았다 하더라고요.

"다 할아버지가 한 거라. 할아버지가 중학 졸업하고 거기(삼천포 남각당한약방) 넣고 한 것도 할아버지가 다 한 거라."

이쯤에서 대화는 끝났다. 김장하 선생이 무슨 낌새를 느꼈는지 복도로 통하는 문을 열었기 때문이다. 선생이 말했다. "어른(애먼) 소리 하지 말고."

조해정 씨도 사모님에게 그 시절 고생했던 일을 물어본 적이 있다고 했다.

"결혼한 친구들 만나면 남편에 대한 불만, 살아온 세월에 대한 회한을 되게 많이 이야기하거든요? 그래서 제가 가끔씩 사모님에게

'그 시절 그 많은 일을 어떻게 하셨어요?' 하고 물어보면 '그래도 그때 참 재미있었다'고 기억을 하시더라고요. 그렇게 살아온 과정이나 남편에 대해서 회한이 있다거나 좀 언짢은 기억을 말씀하시거나 이런 걸 한 번도 들은 적이 없습니다. 하루에 20인분의 밥을 해야 했던 그 시절의 기억을 오히려 '그때 재미있었다, 행복했다'고 말씀을 하시는 게 개인적인 입장에서는 너무너무 놀라울 따름입니다. 그런 기억이 어떻게 가능하실까라는 생각이 들 정도로, 힘겹지 않았다는 게 말이 돼? 이런 생각이 듭니다."

그런 아내가 아파트로 이사하면서 안마기를 사달라고 했을 때 '나쁜 남자'(김현지 피디 표현) 김장하는 한동안 그걸 사주지 않아 조해정 씨의 거센 반발을 샀다고 한다.

"보통 가정에서 러닝머신 이런 걸 막상 사놓으면 빨랫줄로 사용되고 그러잖아요? 아마 안마기도 그렇게 생각하셨던 것 같아요. 결국 사주긴 하셨죠. '사드리셨어요?' 하니까 빙그레 웃으며 그렇다 하시더라고요. 사실 약방 3층에서 아파트로 이사 가게 된 것도 사모님이 무릎 수술하셔서 계단 오르내리기 힘드니까 그랬다는 걸 이번에 처음 들었어요. 요즘 선생님은 사모님 이야기만 나오면 빙그레 웃음꽃을 피우더라고요."

2022년 6월 22일 선생의 장학생들이 맡겨둔 선물을 전달해드린다는 핑계로 엠비씨경남 취재팀과 함께 아파트를 찾아갔다.

-선생님, 계속 남성당 3층 그 낡은 집에 사시다가 이렇게 이제 좀 탁 트인 데로 오시니까 좀 어떻습니까?

김장하 선생의 새 아파트. 그냥 평범한 30평대 아파트였다. ⓒ강호진

"이 아파트 사는 문제는 우리 집사람하고 관계가 많은데(아마 무릎 관절 수술을 뜻하는 듯), 사실은 고생을 무척 시켰거든."

-고생 많이 시켰죠.

"참 나도 안타깝죠. 미련하고…. 그래서 집사람을 위해서 좋은 집 하나 샀으면 좋겠다. 그런 생각을 가지고 하나 마련했지. 나야 아무래도 좋은데."

-사모님이 평생을 남성당 종업원들, 시동생들도 밥도 해서 먹이면서 그렇게 해오셨잖아요. 거기에 대해서 선생님께서 앞으로 좀 갚아 나가야 되겠다 뭐 이런 생각을 하고 계십니까?

"약방 문 닫기 전 친정 형제들이 서운하다고 저녁을 샀어요. 그래 '내가 영광의 길을 걸어왔는데, 집사람의 공로가 컸다. 앞으로는 잘 모시고 잘 살겠습니다.' 그랬지. '이제 우리 집사람 좀 구경도 좀 즐기고, 좀 호화로운 생활을 할 수 있도록 노력을 다하겠다.' 그 말 하고 박수를 많이 받았죠."

선생은 '좋은 집', '호화로운 생활'이라고 표현했지만, 새로 장만한 집은 그냥 평범한 30평형대 아파트였다.

제2부

전달식 없는 장학금

장학사업의 시작

"내가 배우지 못했던 원인이 오직 가난이었다면, 그 억울함을 다른 나의 후배들이 가져서는 안 되겠다 하는 것이고, 그리고 한약업에 종사하면서 내가 돈을 번다면 그것은 세상의 병든 이들, 곧 누구보다도 불행한 사람들에게서 거둔 이윤이겠기에 그것은 내 자신을 위해 쓰여져서는 안 되겠다는 생각 때문이었습니다."

그의 나이 48세, 1991년 8월 17일 명신고등학교 국가 기증 선언 및 이사장 퇴임식에서 김장하가 한 말이다. 여기에 그가 장학사업을 비롯한 재산의 사회 환원을 결심한 이유가 잘 드러나 있다.

하지만 지금까지 그가 언제부터, 얼마나 많은 학생에게 장학금을 지원했는지, 그 전체 금액이 얼마나 되는지 아는 사람은 아무도 없다. 그가 밝히지 않기 때문이다.

물론 그가 명신고등학교를 설립해 학교재단 남성학숙 장학회를 통해 공식 지원한 장학생 숫자와 명단은 학교의 공식 기록물《명신30년》(2015)에 나와 있다. 1984년부터 1991년까지 7년간 213명이었고, 그 중 21명은 졸업 후 대학 4년간(의과대는 6년) 등록금 전액을 지원받았다. 재학생의 장학금은 입학금과 1년간 수업료 전액이었다. 또 김장하는 학교 헌납 후 퇴임하면서도 5000만 원의 장학금을 추가로 내놓고 떠났다. 덕분에 명신고등학교는 공립 전환 후에도 '명신장학회'를 계속 운영할 수 있었다.

그러나 이 외에는 명단과 숫자를 알 수가 없다. 이후 2000년부터 2021년까지 22년간 재단법인 남성문화재단을 통한 장학사업도 계속 되었지만, 명단과 숫자, 금액이 공개된 적은 없다. 그도 그럴 것이 명신고등학교 7년 이외 김장하의 장학사업은 '장학금 전달식'이라는 행사 자체가 없이 이루어졌기 때문이다. 대개 기업이나 독지가들이 운영하는 장학재단은 장학생들을 한 자리에 불러 모아 장학증서 수여식을 하고 사진을 찍어 보도자료와 함께 언론에 공개하는 과정을 거친다. 하지만 김장하는 그런 생색내기식 행사를 철저히 배격했다.

다만 이에 대해 남성문화재단 설립에서 해산까지 이사로 참여했던 김중섭(1954~) 경상국립대 명예교수(현 진주문화연구소 이사장)가 《문화고을 진주》(2021, 통권 15호)에 쓴 글이 있다.

"장학금 지원은 자연스럽게 남성문화재단의 핵심 사업이 되었다. 해마다 진주 시내 고등학교에 장학생 선발 안내 공문을 보내 추천을 받았다. 신년 초에 열리는 이사회의 주요 업무는 장학생 선발이었다. 선발 기준은 김장하 선생이 해온 예전 방식대로 가정 형편에 잣대를 두었다. 학업 성적은 고려 대상이 되지 않았다. 진학할 대학도 고려 대상이 되지 않았다.

간혹 남성문화재단의 장학 사업 취지를 이해하지 못하고 성적으로 추천한 사례도 있었다. 그렇지만 대부분 장학금 취지에 부합된 학생들이 추천되었다. 그렇다고 하더라도 대상자를 선정하는 일은 간단하지 않았다. 대상자 수는 정해져 있는데 가정 형편이 어려운 학생이 적지 않았기 때문이다. 이런 경우 김장하 선생은 운용의 묘를 살려 탄력적으로 정원 외 대상자 확대를 제안

하였다. 그렇게 늘어난 예산을 메꾸는 것은 언제나 이사장의 기부금으로 충당되었다. 재단의 사업비는 기본재산의 수익금 이외에도 해마다 수천만 원이 더 필요했다. 어느 해는 1억 가까이 더 들기도 했다."

하지만 이 글에도 장학생 숫자와 지원금액은 나오지 않는다.

남성문화재단의 장학생 추천의뢰 공문.

그러던 중 나는 남성당한약방이 폐업한 후 마지막 직원이었던 김춘하·하봉백 씨의 배려와 안내로 1·2·3층 빈 공간을 살펴볼 수 있는 기회를 얻었다. 1층 서재 겸 응접실 책장에서 남성문화재단의 낡은 문서철을 발견했다. 재단이 진주 시내 각 고등학교에 보낸 '장학생 선발 추천' 의뢰 공문에는 혜택으로 '대학 입학금 및 4년간 등록금 전액 지급'이라고 되어 있었다.

그리고 전체 장학생 명단은 볼 수 없었으나, 2006년 제7기 남성 장학생은 17명이었고, 이들에게 한햇동안 지급해야 할 장학금 총액이 7700만 원이었다는 사실은 확인할 수 있었다. 또 매년 4명씩 선발한다는 규정으로 보아 이미 졸업한 장학생까지 포함하면 2006년까지 모두 28~29명 정도로 보인다. 그런데 김중섭 교수의 글에는 이런 대목도 나온다.

"안팎의 여건 변화에 따라 남성문화재단의 장학사업 정책도 바뀌었다. (…중략…) 대학의 장학 제도가 바뀌고 저소득층의 수혜 기회가 늘어난 점도 고려하여 장학 수혜를 소수의 4년 수업료 전액 지급에서 다수의 입학 준비금 지급으로 바꾸었다."

이게 무슨 뜻일까? 그래서 김중섭 교수에게 직접 물어봤다.

"아, 그건 차츰 국가장학금 지원범위가 확대되고 차상위 계층 자녀도 국가장학금을 받을 수 있게 되니 가정 형편이 어려운 학생은 대부분 국가장학금을 받게 되었어요. 중복지급은 별로 의미가 없으니까. 그래서 매년 지원하는 장학금의 규모는 그대로 유지하되, 장학생 수를 늘려 등록금 외 교재구입비라든지 주거비용을 지원하는 방식으로 바뀌었다는 거죠."

김중섭 교수.

언제부터 그렇게 바뀌었고, 1인당 지급액은 얼마였을까?

"정확한 기억은 아니지만 아마 2006년 그 언저리였던 것 같아요. 1인당 지원 금액은 200만 원 정도였던가?"

하지만 김 교수 역시 전체 장학생 숫자를 추산하지는 못했다. 다만 매년 지급하는 장학금 규모는 그대로 유지했다고 하니 2006년 기준 7700만 원으로 잡으면, 아니 그보다 적게 연간 5000만 원으로만 잡더라도 2007년부터 2021년까지 15년간 단순 계산으로 375명이 나온다. 여기에 4년 전액 등록금을 지원했던 장학생 28~29명까지 포함하면 2000년부터 22년 동안 지급한 장학금 액수는 10억 원이 훌쩍 넘는다.

그러면 1991년 명신고등학교 헌납 이후부터 2000년 남성문화재단 설립 때까지 8년의 공백기에는 김장하 장학금이 없었을까? 물론 그 시기에는 자료나 기록이 전혀 없다. 김장하 본인도 입을 열지 않는다.

그런데 또 우연한 일이 생겼다. 2022년 5월 31일 남성당한약방이 문을 닫는 날 오후 2시에 맞춰 옛 진주신문 기자들이 김장하 선생을 찾았다. 그들이 막 들어서려는데 약방 안에서 한 남자가 나왔다. 처음 엔 그냥 한약을 지으러 온 손님인 줄 알았다. 그런 그가 바로 가지 않고 길에서 약방 안으로 들어가는 사람들을 관찰하듯 서 있었다. 다가가서 물었다.

–어떻게 오셨습니까?

"기사를 봤어요. 약방이 문을 닫는다는 기사를 보고 인사드리러 왔습니다."

아하! 그는 장학생이었다. 앞서 27일 시민사회단체 인사들이 남성당을 찾아 그동안 고마웠다는 인사를 했고, 그 내용을 윤성효(1965~)

남성당한약방 폐업 소식을 듣고 서울에서 온 장학생 김종명 씨.

기자가 《오마이뉴스》에 보도했는데, 서울에서 그 기사를 본 장학생이 아침 일찍부터 차를 몰아 한달음에 진주로 왔다는 것이다.

이름은 김종명(1974~)이었고 1993년 진주에서 고등학교를 마치고 서울의 대학에 입학할 때부터 졸업까지 4년간 등록금 전액을 지원받았다고 했다. 명신고 7회 졸업생이었는데, 그땐 이미 공립으로 전환한 뒤였고, 남성학숙 장학회나 명신장학회가 아닌 김장하 개인 장학생으로 선발돼 수혜를 받았던 것이다.

"저도 여기 말고는 댁을 모르니까. 만약에 여기 문을 닫으면 인사를 드릴 수가 없지 않습니까? 기사를 못 봤다면 어쩔 수 없었겠지만, 보고도 안 올 수는 없더라고요."

그는 서울의 한 증권회사 아이티(IT, Information Technology) 쪽에서 일하고 있는데, 대학 입학 당시에는 집안 형편이 어려워 생활보호대상자(현 기초생활수급자)였다고 했다.

"그때 많이 힘들었죠. 부모님도 그렇고 형제들도…. 사실 저희가 생활보호대상자였거든요. 선생님 장학금이 아니었다면 대학을 제대로 다닐 수 있었을까? 어떻게든 나왔을 수도 있겠지만 상당히 고생을 했겠죠."

그는 내가 2015년 포털 다음에서 연재했던 '풍운아 채현국과 시대의 어른들' 기사도 읽었다고 했다. 대화 도중 그가 먼저 "혹시 김주완

기자 아니냐?"고 물었다.

"예전에 '시대의 어른들' 마지막 편 김장하 선생님 이야기까지 다 찾아 읽었습니다. 그때 그 기사도 참 감사드립니다."

사실 그런 기사도 관심이 있어야 보이는 법이다. 이렇듯 장학생 김종명 씨의 삶에는 늘 김장하 선생이 함께하고 있었던 것이다. 기자로서 보람과 효능감도 이런 우연에서 느끼게 된다. 나도 기분이 좋았다.

1984년 명신고 설립 후 국가 헌납까지 7년 동안은 이 학교 재학생과 졸업생에게 지급되는 '남성학숙 장학회'만 운영한 것으로 알려져 있다. 하지만 예외도 있었다. 다시 명신고등학교 개교 당시 국어교사로 재직했던 정삼조 시인 이야기다.

"제가 삼천포고등학교에 있다가 명신고로 오게 되었는데, 삼천포에서 내가 가르쳤던 학생 중 집안 사정이 너무 안 좋아서 대학 진학을 못할 처지의 아이가 있었어요. 1984년 졸업하는 아이였는데, 제가 초면이나 다름없는 김장하 이사장님을 찾아가 말씀 드렸죠. 이런 영특하고 착한 아이가 있는데 이사장님이 좀 도와주면 어떻겠나 그랬더니 두 말도 않고 '얼마나 필요합니까' 그래요. 그리고 그 자리에서 바로 돈을 세어서 저한테 줘요. 갖다주라면서…. 성적증명서나 그런 조건도 없고 장학증서 뭐 그런 것도 없어요."

이런 사례로 보아 명신고 설립 후에도 이미 진주와 서부경남에 파다했던 소문으로 인해 찾아오는 교사가 적지 않았을 것으로 짐작된다. 그럴 때마다 김장하는 내치지 못했을 게 뻔하다. 이런 상황이었으니 어쩌면 김장하 본인도 자신의 장학생 수가 몇 명이나 되는지 모를 가능성이 높다.

김장하는 언제부터 이렇게 어려운 학생들을 돕는 일을 시작했을까? 지금까지는 대체로 1972년부터라고 알려져 있었다. 이는 명신고등학교 설립 당시 교감이자 2대 교장을 역임했던 강춘득(1935~2021) 선생의 증언에서 비롯됐다. 앞에서 인용했던 김중섭 교수의 글에도 "1972년부터 그 일을 하였다는 기록이 있다"는 대목이 나온다.

강춘득 선생은 김장하 이사장이 명신고 설립 당시 특별히 초빙해 온 분이었는데, 그가 진주고등학교에 재직할 당시 장학담당 교사로 알게 된 사이였다. 그런 인연으로 명신고 설립 과정의 실무 책임도 맡았던 분이었으니 나름 신빙성 있는 증언이다.

이에 따라 2004년에 발간된 《명신 20년》 중 '명신고등학교의 태

2015년 명신 30년 발간 기념식에서 축사하는 강춘득 교장.

동-설립자 김장하 선생' 편은 강춘득 선생의 증언을 인용해 "1972년 부터 1999년까지는 연간 7~8천만 원이 지급되었다"며 "남몰래 이룬 장학사업만 해도, 올해(2004년)로 32년째를 맞고, 연 수혜인원은 천 명에 달하며, 장학금 액수는 무려 24억 원을 상회한다"고 기록하고 있다. 이 글은 2015년 내용을 추가해 발행된 《명신 30년》에도 그대로 실려 있다.

실제 내가 취재과정에서 따로 확인한 바로도 김장하가 본격 장학 사업을 시작한 것은 1972년부터였던 게 사실이었다. 이 시기 장학생 들은 중학교나 고등학교 3년 또는 대학 4년간 입학금과 등록금, 하숙 비(또는 기숙사비)와 생활비, 책값은 물론 심지어 교복비, 수학여행비, 과외학원비까지 지원하는 방식이었다. 석·박사 과정까지 지원받은 학생도 있었고, 그런 경우 학위논문 인쇄비까지 지원받았다. 또 어머 니가 아들 뒷바라지를 위해 함께 상경한 경우도 있었다. 이들은 모자 의 생활비까지 지원받았다.

그 시기 장학생들의 출생연도는 1952년생부터였다. 1944년생인 김장하와 불과 열 살 차이도 나지 않았다. 그의 나이 스물여덟 살 때 였다.

조해정 씨가 선명여상 재학 시절부터 장대동 남성당한약방 뒤 기 와집에서 함께 살았던 시기가 1975~1976년 무렵이었다는 것은 앞 에서 이야기한 바 있다. 그때 장학생이 된 계기도 선명여중 은사였던 교사가 직접 남성당한약방을 찾아가 부탁한 것이었으니, 이미 그 시 절 김장하의 장학사업이 진주시내 중·고등학교 교사들에게 익히 알

최치홍 한성당한약방 원장.

려져 있었다는 추론이 가능하다. 그 조해정 씨와 함께 부산에서 학원을 다니며 재수를 했다던 또 다른 여학생은 알고보니 중학교 2학년 때부터 고등학교 3년을 거치며 공납금과 책값, 하숙비, 잡비, 영어 과외비 지원을 받았고, 재수 시절 학원비와 하숙비, 그리고 대학 졸업까지 등록금과 생활비를 지원받았다.

그런데 한성당한약방 최치홍 원장을 만났을 때 새로운 이야기를 들었다. 그가 김장하의 처남으로 남성당한약방에서 일했고 1983년 한약업사 자격시험에 합격, 독립했던 사람이라는 건 위에서 서술한 바 있다.

"제가 중학교를 졸업하고 5년제 진주농림고등학교에 입학했을 때였어요. 열차 통학을 많이 할 땐데 그때 자형 심부름을 많이 했어요. 제 기억으로는 자형이 진고(진주고등학교) 학생들 공납금을 저에게 줍니다. 그러면 개양역에서 내려 마이크로 버스 타고 진고 서무실에 갖다줬다 아닙니까?"

최치홍 원장이 1950년생이니 고등학교 입학은 1967년 무렵이었을 것이고, 그보다 앞서 1965년 12월 진삼선(晉三線, 진주~삼천포 간 철도) 선진역이 개업했으니 아마 그는 석거리에 있는 선진역에서 진주

개양역까지 열차 통학을 했을 것이다. 진주농림고도 1965년에 5년제로 승격된 것으로 나온다. 그 시기 고등학생 처남이 자형 김장하의 장학금 심부름을 했다는 말이었다.

처음에는 2~3명의 공납금을 대납했는데, 이후 숫자가 늘어났는지는 기억나지 않지만 그 심부름을 약 2년 정도 했던 건 확실하다고 말했다. 그는 장학금 심부름뿐 아니라 진주의 건재상에서 한약재를 사다주는 심부름도 했다고 한다.

그의 말이 사실이라면 기존에 알려진 1972년보다 4~5년 정도 이른 시기부터 장학사업을 시작했다는 것이다. 아마 대규모는 아니고 주변의 몇몇 어려운 학생들에게 공납금을 대납해주는 정도였을 것으로 보인다. 그때 김장하의 나이는 고작 스물너댓 살이었다.

아마 김장하도 1972년부터 장학사업이 시작되었다는《명신 20년》과《명신 30년》, 그리고《문화고을 진주》에 실린 글을 봤을 것이다. 하지만 그는 어느 누구에게도 '아니야, 그 이전부터 시작했어'라는 말을 하지 않았다. 내가 직접 물었을 때도 그랬다. 늘 그랬듯 "기억이 안 나"라며 넘어갔다. 만약 나에 대해 후배기자가 그런 기사를 썼다면 그에게 이렇게 말했을 것 같다. '기사 잘 봤는데, 그래도 팩트는 중요하니까 말해야 할 것 같아. 1972년이 아니라 1967~8년부터였어.'

이쯤에서 김장하 장학금을 시기별로 구분해보면 다음과 같다.

제1기 1967~1971년, 주변의 어려운 학생들 공납금 대납
제2기 1972~1983년, 각 학교 및 각계 인사들의 추천을 받아 중·

고등학교 또는 대학 전 과정 등록금과 생활비 지원

제3기 1984~1991년, 명신고등학교 '남성학숙 장학회' 운영

제4기 1992~1999년, 2기와 동일한 방식으로 장학생 선발과 지원

제5기 2000~2021년, '남성문화재단'을 통해 장학생 선발과 지원

그런데 취재과정에서 추가로 알게 된 사실이 있었다. 제3기 명신고등학교 설립과 함께 시작된 '남성학숙 장학회'를 통한 장학금 지원 외에도 제2기 방식의 추천과 선발이 계속되고 있었다는 것이다. 정삼조 교사가 추천한 삼천포 학생 말고도 명신고 재학생이나 졸업생(대학진학자)이 아닌 타 학교 학생에 대한 장학금 지원이 별도로 이뤄지고 있었다는 얘기다. 물론 그들 중에는 제2기 때 선발된 학생들이 그 시기까지 이어져오는 경우도 있었지만, 새로운 장학생들도 계속 추가되고 있었던 것이다. 이때 선발된 장학생들은 제4기로도 자연스럽게 이어진다. 한 번 선발되면 짧게는 3~4년, 길게는 6~7년 동안 지원받았기 때문이다. 드문 케이스지만 대학 졸업 후 추가로 1년간 사법고시 공부과정을 지원받은 사람도 있었다.

이렇게 내 방식대로 대략 장학생 숫자를 추산해보면 앞서 강춘득 교장이 말했던 1000명은 족히 넘을 것으로 보인다. 금액 또한 30억~40억 원 정도로 추산된다.

특히 명신고등학교와 남성문화재단을 통해 선발된 장학생들 말고는 모두 김장하 선생이 직접 우체국이나 은행에 가서 전신환 또는 무통장 입금 방식으로 매월 학비와 생활비, 책값 등을 송금했으니 그 수

고 또한 나로선 어떻게 감당했을까 싶다.

지금까지 취재한 바를 바탕으로 김장하 장학금의 특징을 정리해보면 다음과 같다.

① 장학금 수여식 또는 전달식을 하지 않는다. 당연히 사진도 찍지 않는다.
② 성적보다는 가정형편이 어려운 학생을 우선하여 선발한다.
③ 가급적 1회성이 아니라 졸업할 때까지 전액 지원한다.
④ 등록금뿐 아니라 생활비 등 각종 경비까지 지원한다.
⑤ 드물지만 재수생에게 입시학원비와 하숙비까지 지원한다.
⑥ 살 곳이 마땅찮은 아이는 아예 자신의 집에 들여 함께 살면서 자식처럼 키운다.
⑦ 그런 기록 자체를 남기지 않고 누가 물어봐도 말해주지 않는다.

그리고 마지막 한 가지가 더 있다. 바로 그렇게 지원한 학생에게 '아무것도 기대하지 않는다'는 것이다. 기대가 없으니 실망도 없다.

앞서 남성당이 문 닫는 날 서울에서 찾아왔다던 그 장학생 김종명 씨가 선생에게 말했다.

"제가 선생님 장학금을 받고도 특별한 인물이 못 되어서 죄송합니다."

그러자 선생이 이랬다고 한다.

"내가 그런 걸 바란 게 아니야. 우리 사회는 평범한 사람들이 지탱

하고 있는 거야."

'평범한 사람들?' 아! 그랬다. 돈·권력·명예보다 늘 '시시하고 소
박한 삶'을 강조했던 채현국 선생의 생전 말씀과 김장하 선생의 '평
범한 사람'이라는 표현이 오버랩되는 장면이었다.

투사가 된 장학생들

우종원(1961~)과 이준호(1962~)는 진주고등학교 동기생이다. 둘
다 공부를 잘했으나 공납금을 제때 내지 못할 정도로 가정 형편이 어
려웠다. 1977년 1학년 어느 날 선생님이 교무실로 불러 "너는 참 운
이 좋다"며 김장하 장학생으로 선발되었음을 알려줬다. 둘은 그렇게
1학년부터 3학년 졸업까지 전액 공납금 지원을 받았다. 3개월에 한
번씩 남성당한약방으로 오라 해서 찾아가면 김장하 선생이 점심을
사주며 봉투에 공납금을 넣어줬다고 한다.

둘은 졸업 후 각각 서울대 경제학과와 미생물학과로 진학했다. 김
장하 선생의 장학 지원은 대학 졸업 때까지 계속됐다. 등록금뿐 아니
라 생활비도 함께였다. 이준호는 대학원 석사과정까지 지원을 받았
다. 우종원은 7년, 이준호는 9년 동안 장학금을 받은 셈이다.

시대가 시대였던지라 우여곡절도 있었다. 이준호는 대학 3학년 때
단과대 학생회장으로 학생운동에 몸담았다가 전두환 군부정권에 의
해 강제징집과 함께 무기정학을 맞았다. 이른바 '녹화사업'(綠化事業,
전두환 정권이 1981~1983년 사이 불온하다고 판단한 학생들을 강제 징집시켜

이준호(좌) 교수와 우종원 교수.

특별교육을 받게 만들었던 일) 피해자다. 하지만 군 제대 후 다시 열심히 공부하여 대학원에 진학했고, 석사와 박사를 거쳐 세계적인 '예쁜꼬마선충' 권위자가 됐다. 현재 서울대 생명과학부 교수이자 자연과학대 학장으로 재직하고 있다.

우종원은 더 힘든 과정을 겪었다. 그 역시 학생운동을 거쳐 인천에서 노동운동을 하던 중 1986년 11월 전두환 정권에 의해 '반제동맹당' 사건으로 구속됐다. 고문기술자 이근안 경감(당시 경기도경 공안분실장)에 의해 혹독한 고문을 받고 국가보안법 위반(이적단체 결성 등)으로 만 2년 넘게 옥고를 치렀다. 당시 검찰은 "반제동맹당이 미제국주의의 식민지통치 철폐와 자주적 민중정권의 수립, 파쇼독재체제의 소탕과 사회 정치생활에서의 민주주의의 실현, 중요산업의 국유화와 자립적 민족경제 건설, 자위적 민족군대의 창설 등 통일혁명당 강령을 부분 수정하여 강령을 채택하였고, 따라서 이적단체에 해당한다"고 기소하였다.

1988년 12월 22일자《한겨레》기사 〈"나도 이근안에게 당했다" 폭로 잇따라〉는 우종원 등이 고문기술자 이근안에게 어떻게 당했는지를 이렇게 보도하고 있다.

역시 21일 석방된 반제동맹사건의 박충렬(27)씨와 이민영(26)씨는 "이 경감으로부터 통닭구이 고문과 고춧가루물 고문을 기절할 때까지 받았다"면서 "우리와 같은 사건의 우종원(27)씨는 '관절뽑기 고문'을 당하다 기절했는데 얼굴에 찬물을 끼얹고는 다시 고문을 했다"고 증언했다. 이들은 "이 경감의 장기는 관절뽑기였다"며 "엄청나게 큰 손으로 팔을 확 잡아당겨 관절을 뽑았다가 다시 쭉 밀어 집어넣었다"고 말했다.

이런 고초를 겪은 후 출소한 우종원은 김장하 선생을 찾아갔다.

"제 나름대로 민주주의의 불을 지피기 위해 노력하다가 이런 일을 겪었습니다."

그러자 선생이 이렇게 말해주었다고 한다.

"누군가 민주주의를 위해 싸웠으면 하지만 내 자식은 안 다쳤으면 하는 게 인지상정이다. 이준호처럼 열심히 공부하여 이 사회에 기여

할 수도 있지만, 너 우종원처럼 민주화를 위해 싸우는 것도 크나큰 애국이다.”

우종원은 그때의 전과로 인해 한동안 제대로 된 직업을 구하지 못하고 김대중 총재 시절 민주당 당보《민주전선》기자로 일하기도 했다. 그러던 중 일본 문부성 국비장학생에 실력으로 선발돼 도쿄대학교에서 경제학 박사 학위를 받았다. 현재 사이타마대학교 경제학부 교수로 재직 중이다. 그는 경제학 중에서도 특히 노동(학문적으로는 고용관계론) 분야를 전공, 보다 나은 사회를 만드는데 기여하는 마음으로 일본 내 '노동연구회'를 이끌고 있으며 특히 2022년 5월부터는 외국인으로서는 최초로 일본 사회정책학회 회장을 맡았다. 사회정책학회는 1986년 설립되어 이 분야의 가장 권위있는 학회로 평가받고 있으며, 회원수만 1100명에 이른다.

2022년 5월 말 남성당한약방이 문 닫는다는 말을 들은 우종원·이준호 두 장학생이 각각 도쿄와 서울에서 김장하 선생을 찾아온다는 정보를 얻었다. 미리 연락해 취재일정을 잡았다.

이 과정에서 또 재미있는 인연이 불쑥 나타났다. 경남 진주의 대표적인 노동운동가 중 한 명이자 민주노동당 진주시의원을 지냈던 김임섭(1962~) 씨가 진주역으로 우종원 교수 마중을 나왔던 것이다. 알고보니 우 교수가 인천에서 노동운동을 할 때 김임섭 씨가 그에게서 '학습'과 '지도'를 받았다는 것이다.

그는 진주기계공고를 졸업하고 당시 경상국립대 가좌캠퍼스 옆에 있던 삼미단조에서 노동자로 일하다 나와 1983년 본격적인 노동운동을 해보겠다며 인천으로 갔다. 거기서 친구 소개로 만난 '윗선'이 우종원이었다.

"인천 주안공단 똥고개라고 화장실도 없는 집, 아침에 신문지에 똥을 싸서 버리는 그런 곳에서 종원이 형과 같이 살았죠. 잊지 못할 형님이고 반제동맹당 사건으로 형님이 감방에 간 후 만나질 못했는데, 일본에 교수로 있다는 소문은 들었고 마침 진주에 온다기에 반가운 마음에 마중을 나간거죠."

우종원 교수가 온다는 소식은 하정우 씨에게 들었다고 했다. '불백산행' 연락책임을 맡고 있는 그 하정우 맞다.

연락이 된 김에 김임섭 자신과 김장하 선생의 인연은 없냐는 것도 물어봤다.

"있죠. 제가 중학교 3학년 때였어요. 그때 우리 집이 시외버스주차장 앞 삼일공사라고 보안대(보안사령부 진주파견대) 뒤에 있었는데 고문하는 소리도 들렸어요. 할아버지가 3층 계단에서 내려오시다가 다리가 부러지셨는데, 걷지도 못하고 누워계시니까 등이 썩어 문드러지고 그랬죠. 그때 할아버지에게 침을 놓으러 오신 분이 있었는데 그분이 나중에 알고 보니 김장하 선생이었어요."

그의 기억이 맞다면 당시 김장하는 이른바 '불법의료행위'를 했던 것 같다. 한약업사가 약을 처방하고 지어줄 수는 있었지만 침 시술까지는 금지되어 있었을 테니.

"어머니 고향이 사천 석거리 바로 옆 동네여서 김장하 선생님과 잘 알아요. 할아버지 몸에서 송장 썩는 냄새가 그리 나는데도 와서 침을

2008년 65세 때의 김장하 ⓒ경상국립대.

눠주고 그러면 할아버지가 '아이고 시원하다. 이제 살 것 같다' 이랬던 게 기억이 나요. 어머니가 아는 의사라고는 그분밖에 없었고 하도 부탁하니 외면할 수 없었겠죠. 그때 어머니가 '우리 동네 사람이다. 저 사람이 잘한다. 그리 할 만한 사람이다' 라고 이야기하셨어요."

결국 할아버지는 돌아가셨지만, 김임섭과 김장하의 인연은 80년대 우종원과 간접적 연결과정을 거쳐 진주에서 그가 노동·사회운동을 할 때로 이어졌다.

"89년도였나? 진주시내에서 집회를 할 때 진주엠비씨 방화사건 선동을 한 혐의로 구속이 되었어요. 그때 제가 좀 과격하긴 했죠. 그랬다가 석방돼 나와서 무슨 실내에서 행사가 있었는데, 그 자리에 김장하 선생님이 오셨어요. 그때 모인 사람들이 저분 대단한 분이라고, 진주시장으로 뽑아야 할 사람이라고 하더라고요."

이에 대한 그의 기억은 부정확할 수도 있다. 시장을 선거로 뽑기 시작한 것은 1995년부터이기 때문이다. 어쨌든 그가 직접 김장하 선생의 도움을 받았던 일도 있었다.

"민주노총이 창립되기 한참 이전에 진민노련(진주지역민주노동조합연합)이라고 있었어요. 그 진민노련을 세우는데 사무실을 구하려고 하니까 돈이 모자란 거예요. 그때 김장하 선생님을 찾아가면 된다는 이야기를 듣고 당시 박영숙 사무차장과 함께 남성당한약방에 갔죠. 사실은 우리가 이리저리해가지고 사무실을 하려고 하니까 돈이 모자란다, 선생님한테 오면 조금 도움을 받을 수 있다고 해서 우리가 왔습니다 라고 솔직히 이야기를 했죠. 하니까 김장하 선생 하시는 말씀이 '그런 일이 있으면 진작 오시지' 하면서 아무 소리 안 하고 그냥 들어가더니만 봉투를 하나 주시더라고. 봉투 안에 솔직히 제법 많은 돈이 있었어요. 그때 내가 액수는 정확히 잘 모르겠어. 박영숙이가 받았으니까. 그게 큰 도움이 됐죠."

-지금까지 여러 문화예술단체에 지원하셨다는 건 알고 있는데, 노동운동단체에 지원했다는 말은 처음 들었네요.

"언뜻 나는 그때의 기억이…. 선생님이 가만히 앉아 계시다가 사무실로 쑥 들어갔다 오시더니 '잘 오셨습니다. 좀 일찍 오시지. 그런 것 같으면 좀 더 일찍 오시지' 하면서 봉투를 하나 그냥 주시더라고. 우린 깜짝 놀랐지. 왜냐하면 여러 가지 이야기도 안 하고 말도 없이 그냥 쑥 들어갔다 와서 주시더라고. 그래 잘 쓰라고."

이번 취재의 묘미는 이처럼 생각지도 못했던 사람이 불쑥불쑥 나타나고 그 역시 씨줄날줄처럼 김장하와 연결되어 있었다는 걸 확인하며 나도 놀라고 그도 놀랐다는 것이다.

이어지는 우연과 인연

이준호 교수도 그랬다. 그는 1987년 경남교사협의회 회장이자 1989년 전교조(전국교직원노동조합) 초대 경남지부장이었던 이영주 (1954~) 선생의 막내동생이었다. 김장하 선생이 이사장으로 있던 명신고등학교는 1989년 전교조 교사 대량 해직사태 당시 단 한 명의 교사도 자르지 않았다. 당시 상황을 취재하기 위해 이영주 선생을 만났을 때 그가 말했다.

"5남 2녀 중 내가 차남이고 준호가 막내였는데, 준호가 고등학교 갈 무렵 우리집이 망했어요. 원래는 사천에서 나름 부잣집이라 했는데 망해서 가산을 정리하고 진주로 솔가해 전세를 살고 있을 때였죠."

그때 마침 동생이 김장하 장학금을 받게 되어 무사히 공부를 계속할 수 있었다는 것이다. 이영주 선생이 장교로 있던 군대를 박차고 나와 교사로서 교육운동에 나서게 된 것도 동생 준호와 관련이 있었다.

"사범대를 나왔지만 교사가 싫어 공군에 단기장교로 입대했어요. 군대가 체질에 맞았어요. 대개 중위로 제대하는데 나는 대위로 특진까지 했죠. 그런데 공군본부 벙커에서 상황장교를 하는데, 당시 동생이 다니던 서울대에 공수부대가 진입해 학생들을 무차별 폭행했다는 사실을 알게 됐죠. 이대로 있어선 안 되겠다 싶어 바로 군복을 벗고 나왔죠."

그때가 전두환 신군부가 집권한 1980년 7월 말이었다. 그해 9월 통영여중 교사로 발령났고 숙명적인 교육운동가가 됐다.

또다른 장학생 권재열(1965~)도 우연히 남성당한약방에서 만났다. 부부가 함께 있기에 약 지으러 온 손님인 줄 알았다. 김현지 피디가 혹시나 해서 물었더니 역시나 장학생이었다. 그는 1981년부터 진주 동명고등학교 3년과 서울대 미생물학과 졸업 때까지 장학금을 받았다.

84학번인 그 또한 대학 시절 시대상황을 외면할 수 없어 학생운동에 열심이었으나 다행히 우종원·이준호 선배들과 달리 구속이나 강제징집 등 고초를 당하진 않았다.

"어쩌면 역설적인데요. 대학 4년 동안 선생님의 장학금이 있었기 때문에 제가 주눅 들거나 위축되지 않고 학생운동도 열심히 할 수 있었던 것 같아요. 가난한 집안의 학생이었지만 가난의 제약을 받지 않고 사고의 폭, 활동의 폭을 자유롭게 할 수 있었던 게 아니었을까."

그는 지금 충남대학교 의과대 교수 겸 이 학교 사회공헌센터장으로 일하고 있다. 함께 왔던 아내는 대학시절 같은 과 동기였던 강주경(1966~) 씨인데, 현재 카이스트(KAIST) 교수로 재직 중이다.

그런데 이 부부 또한 김장하 선생과 얽힌 기막힌 인연이 있었다. 결혼 후 알게 된 사실인데, 장모님이 된 정행길(1941~) 여사가 김장하 선생과 아주 각별한 사이였던 것이다. 뒤에 자세히 다루겠지만, 정행길 여사는 김장하 선생이 가정법률상담소 진주지부 이사장을 할 때 함께 일했고, 또한 가정폭력 피해여성들을 위한 보호시설 '내일을 여는 집'을 설립해 운영 중인 분이다. 이 일에도 김장하 선생이 적극 지원을 아끼지 않았다.

권재열 강주경교수 부부. ⓒ엠비씨경남

　뿐만 아니라 권 교수의 장인어른인 강춘성(1938~) 전 경남도의원
은 전국농민단체협의회장 시절, 김장하 선생이 최대 후원자로 있던
《진주신문》의 칼럼 필진으로 참여한 인연도 있었다.

　하남칠(1967~) 상주초등학교 교장도 장학생이다. 앞서 김장하 선
생 아파트를 방문했을 때 최송두 여사가 비파(枇杷) 열매를 먹으라고
내놨다. 비파는 처음 먹어보는 거라 어디서 났냐고 물었더니 남해에
서 누군가 보내준 거라 했다. 누구냐고 또 물었더니 하남칠이라는, 학
교 교장으로 있는 분이라 했다.

　이후 인터넷에서 '하남칠 교장'이라는 키워드로 검색한 결과 상주
초교 교장인 걸 알아냈다. 학교 서무실로 전화를 걸었다. 서울 출장
중인데, 개인 휴대전화 번호를 알려줄 순 없다고 했다. 이러저러하여
남성당한약방 김장하 선생을 취재 중이라는 이야기를 전해달라고 말

한 후 전화를 끊었다. 곧이어 서무실에서 전화가 왔다.

"그런 일이라면 전화번호 알려줘도 된답니다."

이렇듯 취재과정에서 '김장하'라는 이름만 대면 모든 사람이 순식 간에 협력자가 됐다. 대개 기자라며 불쑥 전화하거나 찾아가면 혹 안 좋은 일로 뒤를 캐러 온 것은 아닌지 경계하거나 일단 거부하는 게 다 반사다. 하지만 이번 취재는 달랐다. 이 또한 새로운 경험이었다.

짐작한대로 하남칠 교장도 장학생이었다. 사천 정동면 출신인 그 는 사천중학교를 졸업하면서 진주지역 평준화 고등학교 시험에 합격 했으나 가정형편상 진학이 어려웠다. 아홉 살에 아버지가 돌아가셨 고, 중2 열다섯 살 때 어머니마저 여읜 상황이었다. 이런 처지를 알게 된 중학교 은사의 추천으로 김장하 장학생이 되어 진주 동명고등학 교 3년간 등록금을 지원받았다.

"그렇게 해서 남성당한약방에 인사드리러 가니까 '등록금 걱정 말 고 학교 열심히 다녀라' 하시더라고요. 뒤에 알게 된 일이지만 저희 고향 어른이시고 제 초등학교 선배님이기도 하더군요. 정동초등학교 시절 늘 이순신 장군과 세종대왕 동상을 보고 그 주변에서 뛰놀며 자 랐는데, 그 동상을 세운 분이 바로 김장하 선생이라는 것도 그때서야 알았죠."

하지만 그는 고교 시절 성적이 그다지 우수하지 않았다고 했다.

"당시 인문계 고등학교는 모두 밤 10시까지 야간자율학습을 했는 데, 저는 사천에서 통학을 했으니까 친구들이 공부할 때 저는 4시쯤 나와 집에 가서 농사 거들고 그랬으니 차이가 날 수밖에 없었죠."

그때도 장학금은 분기에 한 번씩 남성당한약방에 직접 가서 받아왔다고 했다.

"장학금 받으러 가면 선생님이 저의 그런 처지도 다 이해해주시고 상처받지 않도록 따뜻한 말씀을 많이 해주셨습니다."

그는 고교 졸업 후 등록금이 저렴한 진주교육대학에 진학해 초등학교 교사가 됐다.

"혹시 제 말이 선생님께 누가 되지 않을는지 모르겠습니다. 나중에 책이 나와 출판 축하행사 같은 걸 열게 되면 꼭 연락 주십시오. 몇 년 전에도 선생님 생신 축하 행사를 진주시민들이 열었다는 이야기를 신문 기사 보고 알았는데, 저는 그때도 그런 게 있는지 몰라 참석을 못한 게 많이 아쉬웠거든요."

책이 나오면 꼭 보내드리겠다고 약속하고 전화를 끊었다.

헌법재판관 문형배의 경우

문형배(1965~) 헌법재판관이 김장하 장학생이라는 것은 이미 많이 알려진 사실이다. 일찍이 블로그와 페이스북을 통해 여러 차례 자신이 김장하 장학생이었음을 스스로 밝혔기 때문이다. 그래서 그는 2019년 1월 16일 진주 시민사회가 비밀리에 준비한 김장하 선생 생신잔치에 장학생 대표로 초대받아 인사말을 올리기도 했다. 그때 나도 현장에 있었는데, 당시 《경남도민일보》에 썼던 기사는 다음과 같았다.

진주시민사회가 마련한 김장하 이사장 깜짝 생일잔치.

"김장하 선생 베푼 삶 따라 걷겠습니다"

진주 시민사회 120명, 본인 모르게 생일잔치 마련

깜짝 감사표현…김 이사장 "부끄럽지 않게 살 것"

"저는 고등학교 2학년부터 대학교 4학년 때까지 장학금을 받았습니다. 1986년 사법시험에 합격하고 선생님께 고맙다고 인사를 갔더니, 자기한테 고마워할 필요는 없고 이 사회에 있는 것을 너에게 주었을 뿐이니 혹시 갚아야 한다고 생각하면…."

단상에 불려 나간 문형배(53) 부산고법 부장판사는 목이 메어 한참 말을 잇지 못했다. 그런 그에게 청중이 격려 박수를 보냈다. 잠시 뒤돌아서서 감정을 추스른 그가 말을 이었다.

"갚아야 한다고 생각하면 이 사회에 갚으라고…(말씀하셨습니다). 제가 이 사회에 조금이라도 기여한 것이 있다면… (다시 청중 박수) …있다면, 그 말씀을 잊지 않았기 때문이라고 생각합니다."

이어 강동옥 경남문화예술회관 관장이 나왔다. "선생님은 진주오광대 복원과 진주탈춤한마당, 진주민예총 활동에 많은 도움을 주셨고, 극단현장에도 전세금 3000만 원을 선뜻 내주셔서 지금의 현장아트홀이 있게 됐습니다."

문 판사와 강 관장이 말한 '선생님'은 김장하(75) 남성문화재단 이사장이다. 진주 남성당한약방 대표 한약업사이기도 하다.

16일 오후 7시 경남과학기술대 백주년기념관 아트홀에는 김장하 이사장에게 직간접적으로 도움을 받았거나 평소 그를 흠모해오던 사람들 120여 명이 알음알음으로 모였다. 사전에 전혀 공개되지 않은 모임이었다. 이날은 김장하 이사장의 생일이었다.

행사를 준비해온 홍창신 전 형평운동기념사업회 이사장은 "되돌아보면 우리는 한 번도 그분에게 제대로 고마움을 표한 적이 없다. 더 늦기 전에 그이와 따뜻한 시간을 갖고 마음에서 우러나는 깊은 감사의 인사를 드리고 싶어 이 자리를 마련했다"고 말했다. 이어 그는 "워낙 그 어른이 낯을 드러내거나 공치사를 싫어하시는 분이라 미리 알게 되면 못하게 할 게 뻔해서 비밀리에 자리를 마련했다"고 설명했다. 실제 이날 참석자들은 모두 개별적으로 은밀히 연락을 받고 온 사람들이었다.

그 시각 김장하 이사장은 전혀 이 행사를 모른 채 가족과 저녁을 먹고 있었다. 식사 후 사전에 주최측과 말을 맞춘 아들이 "좋은 공연이 있다"며 행사장으로 아버지를 이끌었다.

오후 8시 20분 김 이사장이 가족과 함께 행사장에 들어서자 큰 박수가 쏟아졌다. 무대 앞 벽에는 '김장하 선생님 고맙습니다'라고 적힌 펼침막이 내려왔다. 이어 생일축하 케이크가 나왔고, 참석자들은 축가를 합창했다.

영상으로 '선생님이 살아온 길'을 관람한 참석자들은 노래패 맥박과 큰들의 축하공연과 전지원 양의 판소리 등을 함께 즐겼다.

이어 사회자인 윤성효 오마이뉴스 기자가 김 이사장에게 인사말을 청했다. 그가 무대에 오르자 참석자들은 일제히 "선생님, 고맙습니다"며 허리 숙여 인사했다. 무대 옆쪽에 있던 사람들은 큰절을 올렸다.

"아직도 얼떨떨하다"고 말문을 연 김 이사장은 "여태까지 살아오면서 부끄럽지 않게 살려고 노력을 많이 했지만 아직도 부끄러운 게 많다"며 "앞으로 남은 세월은 정말 부끄럽지 않게 살도록 노력하겠다"고 말했다.

참석자들은 놀이패 큰들과 함께 노래 〈만남〉을 합창하면서 행사를 마무리했다. 큰들 단원들은 노래가 진행되는 동안 스케치북에 쓴 여러 카드를 대목마다 펼쳐 보였다.

"선생님이 걸어오신 그 길, 저희도 따라 걷겠습니다."

"돈은 모아두면 똥이 된다."

"똥이 거름 되어 꽃이 피었습니다."

"여기 진주에 꽃이 피었습니다."

"진주사람 웃음꽃이 피었어요."

"선생님이 계셔 든든합니다."

"선생님 늘 건강하십시오."

"♡♡♡참 고맙습니다~ 선생님♡♡♡"

이렇게 문형배 판사의 눈물로 시작된 행사는 모든 사람의 행복한 웃음으로 마무리됐다.

문 재판관은 경남권에서 오랫동안 판사로 재직했고, 나도 기자로서 그를 주목한 기간이 길었다. 앞에서도 잠시 등장했던 그 김훤주 기자가 법원 출입을 할 때 그에 대한 기사를 많이 썼고, 나에게도 많은 이야기를 해줬기 때문이다. 여기서 문형배에 대한 이야기를 좀 길게 쓰는 걸 양해해주길 바란다. 그만큼 오래 봐 왔기 때문이다. 물론 여기서 그의 이력을 나열하려는 건 아니다. 그가 살아온 이력과 주요 판결은 이미 위키백과에 자세히 나와 있으니 그걸 참고하면 된다.

내가 보기에 문 재판관은 태도나 말투, 자세 등에서 느껴지는 풍모가 김장하 선생과 많이 닮았다. 늘 책을 가까이하고 자신의 부족함을 채우려 하는 모습도 같다. 다만 그는 선생과 달리 읽은 책에 대한 짧은 독후감을 블로그(https://favor15.tistory.com)에 올리는데, 2006년부터 지금까지 쓴 독후감이 1330여 편에 이른다. 헌법재판관이 된 후에도 매월 4~5권의 책을 읽고 블로그에 올리고 있다. 2015년 5월 그를 만나 저녁식사를 한 후 『풍운아 채현국』을 선물했는데, 며칠 후 이 책 독후감도 올라왔다. 그의 독후감은 개괄-발췌-소감으로 구성되는데, 다음은 마지막 소감 부분이다.

개인적으로 자서전, 전기를 좋아한다. 그 속에 모든 장르가 다 들어 있다고

생각하기 때문이다. 철학도, 문학도, 역사도, 사회도, 심리도, 예술도 다 들어 있다. 채현국 선생의 인터뷰를 보니 남은 인생을 어떻게 살까 생각이 많아진다.

2015년 5월 창원에서 만난 문형배 판사.

이런 왕성한 책읽기를 눈여겨 보던 진주문고 여태훈 사장이 2019년 3월 7일 그를 초청해 '문학 속 재판'이라는 주제로 강연회를 열었다. 당시 문형배 부산고법 수석부장판사는 자신이 책을 많이 읽는 이유에 대해 "무지, 무경험, 무소신 등 3무에서 벗어나기 위해서"라고 말했다. 판사로 살아온 그의 궤적이 그냥 머리 좋고 공부 잘한 여느 판사와 달랐던 것은 이처럼 늘 자신의 부족함을 인정하고 채우려 노력했기 때문으로 보인다. 이는 앞서 김장하 선생이 "내가 배운 게 없으니 책이라도 읽을 수밖에"라고 대답한 것과 상통한다.

그동안 언론은 그가 '우리법연구회' 회장을 했다는 이유로 '진보 성향의 판사'라고 많이 보도했지만, 내가 볼 때 그는 진보·보수를 떠나 지극히 상식적이고 합리적인 사람이었다. 김장하 선생의 삶이 그러했듯이 편향적 시각으로 보는 사람들에겐 상식과 합리마저 진보·좌파로 보였던 것이다.

그가 2011년 2월 창원지법 진주지원장으로 부임했을 때의 일이다. 하동 출신으로 진주 대아고등학교를 나온 그가 진주를 비롯한 서부

경남의 재판을 관할하는 사법기관장으로 돌아왔으니 금의환향(錦衣還鄕)이라 할 만하다.

그러나 부임 후 김장하 선생에게 식사 대접을 하고자 했으나 거절 당했다고 한다. 그 이야기도 블로그에 올렸는데, 『삶을 바꾼 만남』(정민 지음, 문학동네)이라는 책 독후감 마지막 소감 부분에 이렇게 썼다.

나에게도 이런 스승이 있다. 고등학교 1학년 때 김장하 선생을 만난 이래 지금까지 한 번도 선생의 가르침을 잊은 적이 없다. 그분은 나에게 대학교까지 장학금을 주셨지만 내가 받은 것은 가르침이었다. (…중략…) 진주지원장으로 부임했으니 식사 한번 대접하겠다고 하여도 공직자와 식사하는 게 불편하다며 거절하는 분. 내 삶이 헛되지 않다면 그 이유는 선생님을 만났기 때문이다.

즉 김장하 선생은 비록 자신의 장학생이더라도 직접 해당 지역 사법권을 관할하는 자리에 있는 동안 사적 만남은 부적절하다고 생각했던 것이다. 문형배 재판관은 결국 진주지원장 임무를 마치고 진주를 떠날 때에야 겨우 밥 한 그릇을 대접할 수 있었다고 한다. 이 이야기는 '선순환이 되면 공동체가 아름다워진다'라는 블로그 글 아래에 추기로 올라와 있다.

2012년 2월 인사발령이 나서 진주를 떠나기 전 식사 한 번 대접하겠다는 말씀을 드렸더니 선생님은 또 거절하였습니다. 언제 다시 뵙겠느냐고 식사 한

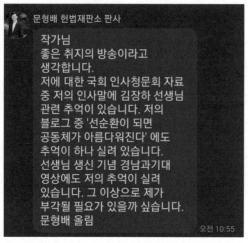

문형배 헌법재판소 판사

작가님
좋은 취지의 방송이라고
생각합니다.
저에 대한 국회 인사청문회 자료
중 저의 인사말에 김장하 선생님
관련 추억이 있습니다. 저의
블로그 중 '선순환이 되면
공동체가 아름다워진다' 에도
추억이 하나 실려 있습니다.
선생님 생신 기념 경남과기대
영상에도 저의 추억이 실려
있습니다. 그 이상으로 제가
부각될 필요가 있을까 싶습니다.
문형배 올림

오전 10:55

문형배 헌법재판관이 인터뷰를 사양하며 보내온 문자메시지.

번 대접 못하고 떠나는 제 마음도 생각 좀 해주시라고 억지를 부려 겨우 승낙을 얻었고, 7000원짜리 해물탕을 한 그릇 대접했습니다.

이번 취재 과정에서 엠비씨경남 차선영(1977~) 작가가 문형배 재판관에게 인터뷰 요청을 했으나 이 역시 거절당했다. 문 재판관이 문자로 보내온 거절 사유는 다음과 같았다.

"좋은 취지의 방송이라고 생각합니다. 저에 대한 국회 인사청문회 자료 중 저의 인사말에 김장하 선생님 관련 추억이 있습니다. 저의 블로그 중 '선순환이 되면 공동체가 아름다워진다'에도 추억이 하나 실려있습니다. 선생님 생신 기념 경남과기대 영상에도 저의 추억이 실려있습니다. 그 이상으로 제가 부각될 필요가 있을까 싶습니다. 문형배 올림"

역시 문형배다웠다. 천생 김장하 과(科)였다.

2019년 3월 문형배 판사는 문재인 대통령으로부터 헌법재판관 후보자로 지명받았다. 4월 9일 국회 인사청문회가 열렸는데, 후보자 모두발언을 김장하 선생 이야기부터 시작한다. 그 부분은 다음과 같다.

◆헌법재판소재판관후보자 문형배

(…전략) 저는 1965년 경남 하동군에서 가난한 농부의 3남 1녀 중 장남으로 태어났습니다. 낡은 교복과 교과서일망정 물려받을 친척이 있어 중학교를 졸업할 수 있었고, 고등학교 2학년 때는 독지가인 김장하 선생을 만나 대학교 4학년까지 장학금을 받을 수 있었습니다. 덕분에 학업을 무사히 마칠 수 있었고 사법시험에도 합격할 수 있었습니다.

김장하 선생은 한약업사로서 번 돈으로 명신고등학교를 건립하여 경상남도에 기증하였고 수백 명의 학생에게 장학금을 지급하였으며, 형평운동기념사업회, 진주오광대복원사업, 경상대학교 남명관 건립 등 좋은 일을 많이 하였습니다.

선생은 제게 자유에 기초하여 부를 쌓고 평등을 추구하여 불합리한 차별을 없애며, 박애로 공동체를 튼튼히 연결하는 것이 가능한 곳이 대한민국이라는 것을 몸소 깨우쳐 주셨습니다.

제가 사법시험에 합격하고 인사하러 간 자리에서 '내게 고마워할 필요는 없다. 나는 이 사회의 것을 너에게 주었으니 갚으려거든 내가 아니라 이 사회에 갚아라'고 하신 선생의 말씀을 저는 한시도 잊은 적이 없습니다.

법관의 길을 걸어온 지난 27년 동안 저는 한결같은 마음으로 대한민국헌법의 숭고한 의지가 우리 사회에서 올바로 관철되는 길을 찾는 데 전력을 다하였습니다. 그것만이 선생의 가르침대로 제가 우리 사회에 진 빚을 조금이나마 갚을 수 있는 길이라 여기면서 살아왔습니다. 제가 헌법재판관에 임명되더라도 지금까지 간직해 온 저의 초심은 언제나 변하지 않을 것입니다.

그는 또한 김장하 장학생답게 도덕성 문제에서 아무런 흠결이 나오지 않았고, 재산도 가장 적고 청렴한 공직 후보자로 드러나 화제가 됐다. 다음은 백혜련 국회의원과 후보자의 질의·응답.

◆백혜련 위원

여태까지 저희 몇 번의 청문회를 했지만 이렇게 암기해 가지고 인사말을 하는 후보자는 처음 본 것 같아요. 그만큼 준비가 된 것으로 보이고요.

도덕성과 관련해서는 정말 야당 위원님들이 하실 게 없을 것 같습니다. 여태까지 청문회를 했던 후보 중에서 가장 훌륭하지 않은가 그렇게 보입니다.

헌법재판관들 기본 평균 재산이 제가 보니까 한 20억쯤 되는 것 같습니다. 그런데 지금 후보자 재산을 보니까 6억 7545만 원이에요. 이렇게 신고해서 만약 헌법재판관이 되신다면 가장 적은 재산을 가진 헌법재판관이 되실 것 같은데, 그래도 27년 동안 법관생활 하셨는데 너무 과소한 것 아닌가. 뭐 특별한 이유라도 있습니까?

◆헌법재판소재판관후보자 문형배

제가 결혼할 때 다짐한 게 있습니다. 평균인의 삶에서 벗어나지 않아야 되겠다 생각했습니다. 최근 통계를 봤는데 평균 재산이 가구당 한 3억 남짓 되는 것으로 알고 있습니다. 제 재산은 한 4억 조금 못 되는데요……

◆백혜련 위원

신고하신 건 한 6억……

◆헌법재판소재판관후보자 문형배

그건 아버지 재산이고요. 제 재산은 4억이 안 됩니다.

◆백혜련 위원

아, 본인 재산은…… 그러니까 이건 직계존속 재산까지 포함한 금액이고.

◆헌법재판소재판관후보자 문형배

예, 평균 재산을 좀 넘어선 것 같아서 제가 좀 반성하고 있습니다.

◆백혜련 위원

청문회를 하는 저희들이 오히려 좀 죄송한 느낌입니다.

이어 표창원 의원이 그렇게 청렴하게 살아온 이유를 묻자 후보자는 다시 김장하 선생 이야기로 답변한다.

◆표창원 위원

우리 누구나 다른 사람의 흠결을 지적하는 것은 쉽습니다. 다른 사람에게 청렴 요구하는 것도 쉽고요. 그런데 문형배 후보자님은 계속 여야 위원들 다수가 말씀하시듯이 재산 형성 과정의 흠결을 하나도 찾을 수가 없습니다. 그리고 현재 보유하고 계신 재산도 청렴이라고 할 수 있을 정도이고요. 아파트 한채, 차량 하나, 예금 일정 부분 정도밖에 없고요. 그런 부분에서 일단 존경의 말씀을 드리고.

헌법재판소.

어떻게 본다면 우리 고위공직자들이 입법부, 국회에도 48% 정도의 국회의
원들이 다주택자로 확인이 되고 있고요. 최근에 장관 후보자들의 그런 부동
산 문제로 국민들께 많은 우려를 끼쳐 드린 것도 있고요. 그런 가운데 본인
스스로가 다른 사람의 문제를 재판하는 판사로서 철저하게 청렴 관리를 해
오신 것은 높이 평가를 합니다. 거기에 대해서 혹시 하실 말씀 있으신가요?

◆헌법재판소재판관후보자 문형배
저는 사실 김장하 선생이 안 계셨더라면 저는 판사가 못 됐을 거라고 생각합
니다. 그래서 제가 살아가는 것은 그분 말씀을 실천하는 것, 그것을 유일한
잣대로 저는 살아왔습니다.

법조계에 만연한 전관예우 문제점을 지적하면서 헌법재판관 임기를 마치면 어떻게 살 것이냐는 질문에도 문 후보자는 이렇게 대답한다.

◆표창원 위원

전관예우에 대해서 솔직히 말씀해 주셔서 너무나 감사한데 저나 일반 국민들께서 가지고 계신 기본적인 인식은 이런 겁니다. '사법농단이다' 그런 큰 단위 것은 제쳐 두고요. 왜 판사들께서 퇴직하신 이후에 대형 로펌에 가시느냐, 혹은 개업을 하신다고 하더라도 1년 사이에 수십억 원의 수임료를 받으시느냐, 전관이 아닌 일반 판사들은 허덕허덕 대면서 사무실 운영비용 내기도 어려운 상황인데 그게 단적으로 이해하기에는 전관예우의 현실 아니겠습니까? 동의하십니까?

◆헌법재판소재판관후보자 문형배

예.

◆표창원 위원

그러면 지금까지는 청렴하게 살아오셨는데 앞으로 후보자께서는 헌법재판관 임기가 끝나신 이후의 인생 설계는 어떻게 하고 계십니까?

◆헌법재판소재판관후보자 문형배

제가 구체적으로 생각해 보지는 않았지만 영리 목적의 변호사 개업 신고는 하지 않겠습니다.

◆표창원 위원

지금 약속을 해 주시는 겁니까?

◆헌법재판소재판관후보자 문형배

예, 합니다.

◆표창원 위원

그 모범을 후배 판사들도, 후배 재판관들도 좀 따르셨으면 감사하겠고요.

급기야 이 대답을 들은 박지원 의원은 그의 노후를 걱정해주기까지 한다. 아마도 국회 인사청문회에서 이런 장면은 전무후무하지 않을까 싶다.

◆박지원 위원

거듭 후보자의 도덕성에 대해서 존경을 표합니다.

◆헌법재판소재판관후보자 문형배

부끄럽습니다.

◆박지원 위원

그런데 후보자께서 '헌법재판관이 끝나더라도 영리를 목적으로 하는 변호사 활동은 하지 않겠다'라고 하셨지요?

◆헌법재판소재판관후보자 문형배

예.

◆박지원 위원

지금 부친 재산을 포함해서 후보자는 6억 7500만 원…….

◆헌법재판소재판관후보자 문형배

예, 맞습니다.

◆박지원 위원

부친 재산을 빼면 후보자 재산은 부인과 함께 4억입니다.

◆헌법재판소재판관후보자 문형배

4억, 예.

◆박지원 위원

이것 가지고 애들하고 먹고살겠어요, 일생?

◆**헌법재판소재판관후보자 문형배**

다른 방법을 찾아보겠습니다. 제가 기대하는 것은 시니어 법관 같은 그런 제도가 좀 있었으면 좋겠습니다.

◆**박지원 위원**

물론 연금도 타고 그러니까 그러시겠지요. 그렇지만 진짜 우리 사회에서 왜 사법부 법관들이 존경을 받지 못하고 있는 일부 인사들이 있는가 하는 문제에 대해서 저는 우리 문형배 후보자만은 그 길을 가실 것 같아요, 과거의 경력을 보면 또 그렇게 삶을 보면.

그래서 제가 한번 국민들한테 재산 4억밖에 없는 헌법재판관도 임기가 끝나면 영리를 목적으로 하는 어떠한 활동도 하지 않겠다 하는 것을 약속했다는 것을 다시 한번 컨펌하기 위해서 제가 질문드린 겁니다.

물론 이런 문답만 있었던 건 아니다. 앞에서도 잠시 언급한 진주문고 강연을 트집 잡은 국회의원이 있었다. 그를 초청한 여태훈 사장의 정치적 성향을 문제삼은 것이다. 여기서도 김장하 선생 이야기가 함께 나오는데, 기록삼아 옮겨두면 다음과 같다.

◆**장제원 위원**

그리고 한 가지만 더 여쭤볼게요.

여태훈 씨 아세요?

헌법재판소 대심판정에서 강호진 촬영감독, 김현지 피디와 함께.

◆헌법재판소재판관후보자 문형배

압니다.

◆장제원 위원

어떻게 잘 아세요?

◆헌법재판소재판관후보자 문형배

강연을 한 번 해 달라고 해서 갔습니다.

◆장제원 위원

지명 직전에 여기서 강연했지요?

◆헌법재판소재판관후보자 문형배

예.

◆장제원 위원

이분이 어떤 분인지 아세요?

◆헌법재판소재판관후보자 문형배

저는 잘 모릅니다.

◆장제원 위원

모르시고……. 아신다면서요, 여태훈 씨?

◆헌법재판소재판관후보자 문형배

아니, 그러니까 김장하 선생님의…….

◆장제원 위원

아니, 그러니까 여태훈 씨가 주최하는 진주문고, 여기서 특별강연 하지 않았습니까?

◆헌법재판소재판관후보자 문형배

예.

◆장제원 위원

그러면 여태훈 씨를 안다면서요, 어떤 사람인지를.

◆헌법재판소재판관후보자 문형배

그러니까 안다는 뜻이 한 번 만났다는 뜻입니다. 김장하 선생님의 생신 모임에 가서 그분을 만났고 그분이 강연 요청을 하길래 김장하 선생님도 그렇게 해주라는 뜻으로 말씀해서 간 것밖에 없습니다.

◆장제원 위원

여태훈 씨는 잘 모르는데?

◆헌법재판소재판관후보자 문형배

예.

◆장제원 위원

어떤 성향이고 어떤 사람인지 잘 모르는데?

◆헌법재판소재판관후보자 문형배

저는 모릅니다.

◆장제원 위원

몰라요?

◆**헌법재판소재판관후보자 문형배**

예.

(…중략…)

◆**장제원 위원**

여태훈 씨라는 분이 문재인 대통령후보 지지선언을 하고 경남 문화예술인에

문재인 대통령을 아주 핵심 지지하는 분이에요. 저는 이런 분의 행사에 가서

세미나 한 것도 과연 부산고법 판사로서 이게 적절한 일인지에 대한 걱정도

합니다.

(…중략…)

◆**헌법재판소재판관후보자 문형배**

우선 여태훈 대표님이 대통령 지지자인 걸 알았다면 저는 안 갔을 겁니다.

◆**장제원 위원**

다행이네요.

여기까지다. 논평은 생략한다.

무한한 믿음과 지지

우종원·이준호 교수가 김장하 선생에게 장학생들의 명단을 알려

달라고 요청한 적이 있었다. 선생의 도움을 받은 장학생들끼리라도

서로 알고 지내자는 소박한 이유였다. 하지만 선생은 그것도 완곡히 거절했다. 우종원 교수의 전언이다.

"처음엔 선생님 주위에 네트워킹이 생겨서 그게 이상한 세력으로 된다든지 그걸 경계하시는 때문이라고 생각했거든요. 그런데 말씀을 들어보니 꼭 그것뿐만이 아니고 사실은 그들 중에 잘돼 있는 사람도 있고 또 잘 못돼 있는 사람도 있을 수 있다, 그런데 이걸 한꺼번에 묶으면 못돼 있는 사람들은 참여하기가 힘들어진다는 거죠. 그래서 당신은 그런 걸 안 하려고 했다, 이렇게 말씀하시더라고."

장학생들 중 사회적으로 성공한 사람도 있지만, 그렇지 못한 사람도 있으니 그들을 배려하는 차원에서라도 명단을 공개하거나 모임을 만드는 걸 못하게 했다는 말이었다.

그리고 무엇보다도 그런 모임을 통해 김장하 자신이 드러나고 부각되는 게 불편했을 것이다. 나중에 내가 다시 물었을 때 선생은 "그런 것도 있고, 무엇보다 내가 내세우고 싶지 않거든"이라 말했다.

과거 그들이 학생이던 시절에는 일부 장학생들의 모임이 있었다고도 했다. 매년 연초에 남성당한약방에 모여 인사를 드리다 보니 서로 자연스레 알게 되어 모임으로 발전했다는 것이다. 그런데 어느 날 김장하 선생이 그 모임을 더 이상 못하게 했다고 한다.

그때의 기억으로 우종원·이준호 교수가 이미 알고 있는 장학생 선후배들의 이름도 제법 있었다. 그들 중에는 이름만 대면 알만한 정부 고위직 인사도 있었고, 법조인도 꽤 됐다. 스님이 된 사람도 있었다. 하지만 나 또한 이쯤에서 장학생들을 더 이상 추적하지 않기로 했다.

아울러 내가 직접 만나 인터뷰한 인물 외에는 다른 장학생 실명도 밝히지 않는다.

다만 드러난 인물 중 조해정·우종원 교수에 대해 김장하 선생은 이렇게 말한 적이 있다.

"귀하게 공부시킨 학생들이 독재정권의 피해자가 되는 과정을 지켜보며 울화가 쌓였다."

특히 조해정 씨에 대해선 "차라리 나를 만나지 않았더라면 평범한 길로 가서 평범한 사람 만나 결혼해서 잘 살 수도 있었을 텐데, 날 만나는 바람에 너무 힘든 길을 걸었다"며 안타까운 심정을 표현했다.

고2 시절부터 김장하 선생 집에서 함께 살았고 재수를 거쳐 1980년 성균관대학교 철학과에 입학한 조해정은 민주화의 봄을 거쳐 전두환 신군부의 출현과 광주항쟁의 참상을 마주하게 되었고 곧바로 학생운동에 뛰어들었다.

3학년 때 시위를 주도한 혐의로 학교에서 제적됐다. 이후에도 경기도 안양과 부산의 노동현장에 위장취업, 노동운동을 했고, 1993년 《내일신문》 창간멤버로 합류해 기자로 일하기도 했다. 그때까진 오로지 사회변혁이 목표였다. 그가 다시 공부를 시작한 건 40대가 넘어서였다. 방송통신대를 거쳐 대학원에 진학하여 철학박사 학위를 받은 후 지금은 대학에서 강의를 하고 있다.

이런 조해정의 순탄치 않았던 삶에 대해 김장하 선생은 "차라리 나를 만나지 않았더라면…"이라 탄식했던 것이다. 이에 대한 조해정의 생각은 어땠을까?

부산대 교양교육원에서 강의 중인 조해정 씨.

"선생님이 그런 말씀을 하시기에 '그랬을 것 같지는 않습니다'라고 말씀드렸죠. 다른 선택지가 있었던 것 같지는 않다고…. 제가 대학에 가지 않고 산업체로 바로 갔다 하더라도 아마 제 성격에 가만히 있지는 않았을 겁니다. 오히려 김장하 선생님이 없었다면 훨씬 굴곡진 삶을 살았을 겁니다. 선생님은 제 은인이죠."

그는 특히 자신의 어떤 선택에 대해서도 믿고 지지하며 기다려준 김장하 선생이 살아오는데 가장 든든한 배경이었다고 말했다.

"사실 저를 김장하 선생님께 소개해준 중학교 은사님은 철학과를 간다고 하니 크게 실망하셨어요. 제가 민주화운동으로 구속됐을 때도 그러셨고요. 다른 모든 사람이 그래도 너는 그래서는 안 되는 사람이라고. 장학금도 받고 그렇게 해서 대학까지 갔으면 보란 듯이 성공해서 잘 사는 것이 보답하는 길이라고 생각하셨던 것 같아요. 죄송하죠. 제가 상처를 드린 것 같아서….”

그러나 김장하 선생은 달랐다.

“구속 후 수형생활을 마치고 김장하 선생님을 찾아뵈었는데, 죄송하다고 말씀드리니 오히려 격려를 해주셨어요. 민주화를 위해 자신을 던지는 게 쉬운 일이 아니라고, 그 또한 사회에 기여하는 길이라면서…. 그 이후에 노동운동을 할 때도 그러셨어요. 안타까워하면서도 오히려 자랑스럽다고까지 말씀해주셨어요. 대학원 공부를 할 때는 선생님과 메일도 주고받고 했는데, 메일을 통해서도 늘 지지와 격려를 해주셨어요.”

대학 3·4학년 시절 수배 중 도피생활을 할 때는 경찰이 남성당한약방까지 찾아간 일도 있었다고 한다. 그러나 선생은 최근까지도 그 말을 해정에게 하지 않았다.

“그때 산청에 있는 어머니가 몸이 좋지 않았어요. 그런데 도피 중이라 제가 갈 순 없고 친구에게 부탁해 남성당한약방에서 약을 지어 보냈거든요. 경찰이 우편물을 검열했던 거죠. 그걸 본 경찰이 저의 행방을 쫓느라 남성당까지 찾아갔다는 이야기를 바로 얼마 전에 기자님(김주완)을 통해 들었어요. 그 당시에는 선생님이 전혀 이야기하지 않으셨어요.”

우종원과 이준호도 고교 시절 분기별로 장학금을 받으러 남성당에 찾아가면 선생은 늘 점심을 사주며 “학교 생활은 어떠냐” “어려운 건 없냐”고 묻고 이야기를 듣기만 할 뿐 ‘이래야 한다, 저래야 한다’는 주문이나 훈계, 훈수는 전혀 없었다고 한다.

"선생님은 늘 듣기만 하셨어요. 말씀이라곤 '학교는 어떻노?' '뭐 필요한 건 없나?' 묻기만 하시고, 우리가 이야기하는 걸 들어주셨어요. 저는 선생님이 지어주신 한약도 여러 번 먹었죠."(이준호)

"선생님께서 과묵하신 것도 있지만 그때 젊은 저희들한테 해 주실 말씀은 많이 있었을지도 모르는데 일부러 안 하신 것 같아요. 왜냐면 선생님이 베푸는 입장이고 또 젊은 친구들한테 자신이 뭔가 말씀을 하시면, 좋은 뜻으로 볼 때는 어드바이스나 격려가 될 수도 있지만 부담이 될 수도 있지 않습니까? 그래서 선생님께서 굉장히 자제를 하신 게 아닌가 그런 생각을 하고 있습니다."(우종원)

"제가 도움을 받는 입장이었지만 그게 전혀 저를 위축시키지 않았어요. 혹시라도 그럴까봐 선생님이 배려를 해주신 덕분인 것 같아요. 그래서 저도 자유롭게 학생운동도 할 수 있었던 거죠."(권재열)

"그러니까 아무리 어린 아이라도 한 사람으로 존중하고 승인해주신 거죠. 자기가 간섭하는 게 아니고 한 사람으로 인정해주고, '네가 하고 싶은 걸 해봐라' 그렇게 하신 거죠."(우종원)

이준호 교수가 학문적 성취를 이뤄 언론에 알려졌을 때는 선생이 직접 전화를 걸어 축하와 격려를 해주기도 했다.

"언론매체에 기사가 나온 뒤 모르는 번호로 전화가 왔어요. 받았더니 '김장하다' 이러는 겁니다. 놀랐죠. 선생님 웬 일이십니까? 했더니 '세계적인 연구를 했더라. 축하한다' 그러셔 가지고 제가 너무 감사했습니다."(이준호)

이처럼 김장하 선생은 자신의 장학생들에게도 '지원하되 간섭하지 않는다'는 원칙을 철저히 지켰다. 또한 장학생이 공부가 아닌 다른 길로 빠져도 끝까지 믿고 지지하며 기다려주었다.

딱 한 번 예외가 있었다. 남성당 폐업을 몇 년 앞두고 지역 사람들이 매월 돌아가면서 김장하 선생과 점심식사를 하는 자리가 있었다. 그 자리를 주선하고 일정을 잡는 일도 하정우 씨가 맡았다. 나도 박광희(1956~) 목사, 권영란 작가와 그 자리에 함께 했는데, 그날 들은 이야기다. 대아고등학교 2학년 학생이었는데, 약방으로 찾아와 '선생님, 제 진로에 대해 좀 묻고 싶습니다'며 돌직구 질문을 던졌다.

"들어보니 '집에선 문과를 가서 법대를 가라'고 하는데, 내 생각을 묻는 거야. 그래서 내가 그랬어. '어차피 네 진로는 본인이 결정해야 하는데 네 생각을 이야기해봐' 하니까 '저는 물리대 쪽으로 가고싶다'고 해. 그래서 이렇게 말해줬지. '지금 우리 한국에서 머리 좋다면 다들 법대 가는데 이게 인재 손실이다. 머리 좋은 사람들이 왜 법대를 가야 하나? 법대는 머리가 안 좋아도 판례에 따라 판결하니까 머리가 그리 안 좋아도 제 역할은 한다.' 그래서 이과를 갔어."

그 학생은 서울대 물리학과를 나와 지금 서울의 한 대학에서 교수로 재직하고 있다고 한다. 그를 직접 취재하지 않았으니 굳이 이름은 밝히지 않는다. 어쨌든 이 사례로 알 수 있듯 김장하 선생은 가장 세속적인 출세 코스로 여겨지는 법대나 의과대 진학에 그다지 의미를 두지 않았음을 알 수 있다.

취재 과정에서 간혹 비공식(?) 장학금을 지급한 사례도 있었음을 알게 되었다. 가난했던 한 시민운동가는 아들의 대학 입학금과 등록금을 마감일까지 마련하지 못하자 급한 마음에 염치불구하고 김장하 선생을 찾아갔다. 빌려달라고 했다. 선생의 도움으로 등록을 마치고 전화를 드렸다.

"선생님 고맙습니다. 제가 빠른 시일 내에 갚겠습니다."

그랬더니 선생은 이렇게 말했다고 한다.

"나에게 갚을 필요는 없고, 다음에 당신처럼 어려운 사람이 있으면 그때 그 사람한테 갚으면 됩니다."

제3부

학교 설립과 헌납

전 재산을 털어 설립한 고등학교

1982년 39세의 김장하는 필생의 사회환원 프로젝트 고등학교 설립에 착수한다. 자신은 끝내 진학하지 못했던 고등학교를 직접 설립, 학생들이 마음껏 공부할 수 있도록 하자는 취지였다. 당시만 해도 진주지역 고교 연합고사에서 매년 낙방하는 학생이 5500여 명에 이를 때였다. 학생은 많은데 수용할 학교는 모자라던 시절이었다. 김장하는 '배우고자 하는 사람들에게 배움터를 마련해 주어야 하겠다.'(《명신 30년》, 163쪽)고 결심했다.

1983년 7월 학교 신축 기공식을 거쳐 1984년 3월 2일 신입생 488명의 입학식을 열었으니 바로 학교법인 남성학숙 명신고등학교였다. 학교 설립 동기에 대해 김장하는 명신고 교지 《명신》 창간호 이사장 인터뷰에서 이렇게 말했다.

"동기라면 먼저 두 가지로 나누어 볼 수 있겠군요. 첫 번째는 다름 아닌 저 자신의 배움에의 '한'입니다. 고등학교 진학을 못하고 중졸에 그쳐야 했던, 가난에 쪼들리는 농촌생활의 그 한맺힌 과거, 지금 공부에만 열중할 수 있는 환경을 갖춘 여러분은 그 배움에의 갈망을 잘 이해하지 못할 거예요.

또 빈 손으로 사회에 뛰어든 나였지만 부지런히 일해서 약간의 재산을 모았어요. 이 재물을, 나는 내가 모았기에 영원한 내 재물이다 라는 관념보다는 이 사회나 국가의 재물을 잠시 위탁받은 것이라고 생각하고 다시 사회로 환원하기로 결심한 거지요. 이것이 학교 설립의 두 번째 동기라 할 수 있습니다."

1983년 명신고등학교 교사 신축기공식.

여기서 명신고등학교가 얼마나 좋은 학교인지, 명문대학 진학률은
어땠는지, 훌륭한 동문이 얼마나 많은지 등을 서술할 생각은 없다. 그
런 내용은《명신 30년》에 충분히 나와 있으니 관심 있는 사람은 찾아
보면 되겠다.

다만 다른 학교와는 달랐던 몇 가지 특징을 이야기하려 한다. 우선
교사나 직원채용에 비리(非理)가 전혀 없었다는 것이다. 비리가 없는
게 정상 아니냐고 반문하겠지만, 80·90년대 당시 사학재단의 채용비
리는 공공연한 관행이었다. 수천만 원을 대가성 뇌물 또는 학교발전
기금 명목으로 바치고 교사로 채용되는 게 일상이었다.

이와 관련 내가 큰 충격을 받은 적이 있다. 1990~1991년 내가 진
주의 주간신문사에서 기자생활을 하고 있을 때의 일이었다. 애초 기
자와 병행하여 대학원 진학을 염두에 두고 있던 터여서 하숙을 하며

퇴근 후 밤 늦게까지 공부를 했다. 하숙집이 진주시내의 한 사립 실업계 고등학교 근처였던지라 하숙생 중에는 그 학교 남자교사 1명과 학생 3명도 있었다. 방은 따로였지만 성인 하숙생끼리는 밥을 함께 먹었는데, 그 교사는 자신이 학년 초에 학생들 군기(軍氣)를 어떻게 잡는지 자랑하곤 했다. 시범 케이스로 몇 명을 잡아 족치면 된다는 말이었는데, 그 과정에서 사용한다는 욕설과 폭력의 수위가 차마 글로 옮기지 못할 정도였다.

어느 날 그 교사가 평일 낮에 뭔가를 가지러 하숙집에 들렀는데, 학생들이 하숙방에서 고스톱 화투놀이를 하다 들켰던 모양이다. 교사는 학생들을 세워놓고 뺨을 때리며 훈육했는데, 이것이 집단반발로 번졌다. 학생 3명이 하숙집 주인에게 "저 선생을 내보내지 않으면 우리가 모두 나가겠다"고 통보한 것이다. 그러면서 덧붙인 말이 놀라웠다. "실력도 없는 새끼가 돈 내고 선생질 하는 주제에…."

학생들이 자기학교 교사를 그렇게 생각하고 있다는 것도, 결국 그 교사가 하숙집을 나갈 수밖에 없었다는 것도 나에게 충격이었다.

그만큼 사학재단의 채용비리가 만연하던 시절이었다. 1987년 전국교사협의회에 이어 1989년 전교조 결성 당시 경남은 물론 전국 곳곳에서 사학재단의 채용비리 폭로가 줄을 이었지만, 명신고등학교에서는 단 한 건의 문제도 나오지 않았다.

교육부 감사와 세무조사를 받다

뿐만 아니라 친인척이나 지인의 부탁, 권력기관이나 정치인의 청탁 또는 압력에 의한 채용도 철저히 배격했다. 명성한약방 이용백 원장도 교사 추천을 했다가 거절당한 사람 중 한 명이다.

"김장하 선생님하고 친하다는 걸 알고 괄세 못할 사람이 나한테 왔어. 교사 추천을 좀 해달라고. 좀 그럴 듯해서 만난 김에 이야기를 한번 했거든. 그랬더니 자기는 교사 쓰는 것도 확고한 신념을 딱 가지고 있더라고. 교사 채용의 몇 가지 원칙과 조건을 이야기하면서 '명문학교를 만들려고 하는데, 아는 안면에 채용해주고 그래서야 되겠냐'고 이야기하는데, 아이고 알았습니다 했지."

김장하 이사장은 교사와 직원 채용에 세 가지 원칙이 있었다. 첫째, 친인척이나 지인은 쓰지 않겠다. 둘째, 돈을 받고 채용하지 않겠다. 셋째, 권력의 압력에 굽히지 않겠다. 이런 원칙에 따라 학교 설립 초창기에는 마치 이현세 만화 《공포의 외인구단》이나 주성치 영화 《소림축구》에서처럼 강호의 고수를 찾아 모셔오듯 교사들을 채용했다. 당시 교사 초빙 조건은 '사범대학 출신 경력 5~7년 정도의 활동력 있고 의지가 강한 30대 초반~40대'였다고 한다. 물론 실력은 기본이었다.

이달희(1954~) 교사는 거제의 한 고등학교 영어교사로 근무 중이었는데, 저녁시간에 명신고 강춘득 교감의 전화를 받았다. 서로 일면식도 없는 사이였다.

"지금 거기서 뭐 합니까?"

"아 네. 자율학습 감독 중입니다."

"그게 아니라 이제 육지로 상륙해야 하지 않겠습니까?"

"무슨 말씀이신지?"

"내일 나 좀 봅시다. 늦더라도 기다리겠습니다."

허기도(1953~) 교사도 산청여고에서 생물교사로 있던 중 강춘득 교감의 전화를 받았다. 이런 식으로 명신고에 온 교사들은 '우수 교원으로 스카웃되어 왔다'는 자부심이 대단했다는 게 취재과정에서 만난 교사와 그 시기 졸업생들의 한결같은 증언이었다.

개교 3년이 지난 1987년부터는 신문에 채용공고를 내고 공개채용 과정을 거쳤는데, 이때는 이미 좋은 학교라는 소문이 나서 강호의 고수가 자발적으로 모여들었다. 그러다 보니 이런 에피소드도 있었다.

신문을 통한 공고, 서류전형, 면접, 그리고 공개수업. 명신고등학교가 완성학년이 된 이후의 교원 임용절차이다. 진주에 있는 D고와 K여고에서 나름대로 실력과 경험을 풍부하게 쌓은 김 선생은 이 관문을 통과하여 명신가족으로 합류하려고 했다. 임용이 최종 확정되었지만, 예상하지 않았던 문제가 생겼다. 전임 학교에서 이 사실을 알고 절대로 김 선생의 이적을 동의해 주지 않는 것이었다. 물론 아무런 법적인 하자는 없었지만, 물의를 일으키지는 않아야겠다고 판단한 재단측에서는 그들의 입장을 받아들였다. 이때부터 명신의 교원임용에서 진주 시내의 교사는 사양이라는 암시적인 기준을 정해두고 있었다.(《명신 30년》, 195쪽)

명신고등학교 본관 현관.

그런 원칙과 조건, 채용절차에도 불구하고 청탁은 끊임없이 이어
졌다. 특히 교육청 과장이나 국장이 보낸 이력서가 많았다. 그들은
사학에 대한 직접적인 관리·통제 권한을 가진 자였다. 세무서장의
청탁도 있었고, 이력서 뒷면에 거액의 수표를 붙여서 직접 가져온
이도 있었다. 김장하 이사장은 그 모든 걸 물리쳤다. 이 때문에 시련
도 겪었다.

정치인의 청탁과 압력도 있었다. 전두환 독재 치하 여당 국회의원
은 권세가 막강했다. 게다가 도지사, 교육감, 시장·군수도 모두 관선
으로 임명하던 시절이었으니 시청 말단 공무원 인사까지 국회의원의
입김이 미치지 않는 데가 없었다. 그런 국회의원이 김장하 이사장을

직접 호텔로 불러 마치 지시하듯 교사 채용을 부탁했다. 자기 비서의 형이라고 했다.

학교에 확인해 보니 이미 그에 대한 서류가 접수되어 있었고, 합격자로 반쯤 내정돼 있는 상태였다. 하지만 이사장은 단호하게 그를 배제해버렸다.

"그런 상황에서 그 사람을 채용하면 권력에 굴복하여 그런 걸로 될 것이고…. 교육이 바로 서려면 교사가 올바로 서야 하거든. 조직사회에서 내가 어떤 빽으로 들어왔다 이걸 뻐기게 되면 그 조직은 무너져버립니다."

그러자 난리가 났다. 당시 민정당 지구당 간부들 중 김장하 이사장과 알고 지내는 이도 있었는데, "김장하가 뭘 믿고 저렇게 까부느냐?" "맛을 좀 보여줘야 한다"는 등 말이 흘러나왔다.

아니나다를까. 며칠 후 교육부 감사반이 학교에 들이닥쳤다. 경상남도교육청도 아니고 교육부에서 바로 감사가 내려온 것이다. 교실하나를 빌려 감사장을 차린 후 모든 서류를 이잡듯이 뒤졌고, 교사들을 개별적으로 불러 돈 내고 채용된 것 아니냐고 추궁했다.

"서무주임을 임명할 때 내가 그런 얘기를 했어요. 우리학교는 서무관계에 대해 부정은 없다. 있는 그대로, 쓰는 그대로 기록해달라. 그랬더니 서무주임 하는 말이 '아니, 그러면 서류하기 일도 아니죠. 적당히 꾸며주라 하는 게 어렵지, 있는 그대로 기록하는 건 천하에 쉬운일 아니냐'고. 그렇기 때문에 나는 자신하고 있었거든. 감사? 그런 방식으로 나오면 나는 오히려 편해요. 교육부 아니라 감사원 감사가 오더라도 걱정할 필요가 없었지."

감사반이 사나흘간 아무리 뒤져도 이렇다할 문제가 나오지 않자 나중엔 학교측에 뭐 하나라도 알려달라고 사정 아닌 사정을 했다고 한다. 아무것도 찾지 못하고 빈손으로 돌아가면 체면이 안 선다는 것이었다. 결국 서무과 직원 정원이 정관상 7명인데 실제론 5명으로, 2명을 채우지 못했다는 지적사항을 문제삼아 견책을 받는 걸로 마무리됐다.

세무조사도 맞았다. 세무서장의 채용청탁을 거절했기 때문이다. 교육부 감사와 달리 세무조사 대상은 남성당한약방이었다. 그러나 이 또한 별로 나오는 게 없어 추징금 약간 물리는 것으로 넘어갔다. 먼지 하나라도 털겠다고 달려드는 이에게 추징금까지 물지 않을 도리는 없었다.

"내가 이 험한 세상을 살아오면서 제일 힘이 되었던 것은 비교적 깨끗하게 살아왔다는 것. 그게 하나의 큰 힘이 된 거죠."

이 학교의 두 가지 불법행위

이처럼 명신고등학교는 교사 채용비리뿐 아니라 학교 재정·회계 비리도 발붙일 데가 없었다. 이는 김장하 이사장이 자신의 동생 김기하(1946~)에게 서무과장을 맡겼기 때문에 가능했다. 유일한 친인척 채용인 셈인데, "돈을 어디에 어떻게 쓰는지는 알아야 했기 때문"이라고 말했다.

덕분에 이 학교는 당시 흔했던 수학여행 관광업체와 학교 간 커넥션이라든지 교구 납품 커미션 같은 비리도 없었다. 특히 책걸상이나 교단, 교탁, 캐비닛 등 교구를 구매할 때 납품업체가 전체 금액의 20%를 커미션으로 지급하는 건 거의 굳어진 관행이었다.

이에 대해서는 나도 그 실상을 들여다볼 수 있는 기회가 있었다. 1993년《경남매일》사회부 기자로 있을 때였다. 당시 나는 한 여성과 사귀는 중이었는데, 그의 직장이 진주의 교구제조업체였다. 총무부 직원이던 그가 어느 날 말했다. 엊그제 도교육감 비서실장이 회사에 와서 100만 원권 수표 6장을 받아갔다고. 자신이 직접 사장 지시로 은행에서 수표를 찾아와 가방에 넣어주었다고.

이게 사실이라면 굉장한 특종이었다. 내가 물었다. 증거가 있냐고. 그랬더니 그렇게 준 돈을 적어두는 비밀장부가 있다고 했다. 실제 며칠 후 그가 복사해온 비밀장부에는 교육감 비서실장뿐 아니라 각급 학교의 서무과장, 심지어 국립대 경리과장까지 수백, 수천만 원의 뇌물 또는 커미션을 지급한 내역이 빼곡이 적혀 있었다.

순간 고민에 빠졌다. 이게 공개되면 파장이 적지 않을 터였다. 게다가 당시는 김영삼 정부의 토착비리 사정의 칼날이 시퍼렇게 날을 세우고 있던 시기였다. 사귀던 여성에게 물었다. "이걸 내가 터뜨리면 당신은 직장을 잃을 수도 있다. 괜찮겠느냐?" 그는 흔쾌히 괜찮다고 했다. "수사가 시작되면 당신도 검찰에 연행돼 조사를 받게 될텐데, 괜찮겠냐?" 이 또한 감수한다고 했다.

신문에 먼저 보도하면 회사가 비밀장부 파기 등 증거를 인멸할 수 있으니 검찰에 제보한 후 압수수색에 들어가면 기사를 쓰기로 했다. 창원지검 특수부가 회사를 덮쳐 비밀장부 원본을 압수하고 사장과 부장, 그리고 그 여성을 연행했다. 동시에 우리 신문 1면에 〈교구제조업자로부터 뇌물받은 도교육청·학교관계자 수사〉라는 제목의 기사가 나갔다.

수사 결과 경남지역 대학과 중·고등학교 30여곳에 교구 판매대금의 10~20%에 이르는 커미션과 뇌물을 준 사실이 밝혀졌고, 수십 명이 입건됐다. 그중 거액을 받은 5명은 구속됐다. 뇌물을 받은 교육감 비서실장은 이후 석연찮은 수사과정에서 액수가 600만 원에서 400만 원으로 축소되더니 종국엔 그마저 흐지부지됐다. 하지만 이 사건은 교육현장의 뿌리깊은 비리 관행을 만천하에 드러냈다. 진주지역에도 적지 않은 학교가 그때 적발되었음은 물론이다. 하지만 그 명단에도 명신고등학교는 없었다.

수학여행 비리도 그랬다. 교구 납품비리보다 금액은 크지 않았지만 이 또한 교육현장의 오랜 관행이었다. 수학여행 비리는 숙박업체와 관광버스업체 또는 여행사와 학교간의 커넥션으로 이뤄진다. 업체 선정 권한이 교장에게 있는 것을 이용해 교장이 직접 뇌물을 받아챙기는 경우도 있고, 수학여행 인솔교사들이 금품과 향응을 제공받기도 한다. 2010년에는 서울에서만 157명의 교장이 수학여행 비리로 돈을 챙긴 사실이 적발되기도 했다. 물론 그렇게 나간 뇌물만큼 학생들에게는 질낮은 음식과 숙박시설, 서비스가 제공될 수밖에 없다. 학생들이 내는 수학여행비 일부를 교장이나 교사가 가로채는 방식이

1990년 명신고등학교 앨범에서 본 수학여행 풍경.

니 파렴치한 범죄가 아닐 수 없다.

명신고등학교에서도 설립 초기 그런 일이 있었다. 수학여행 업체와 계약을 체결한 뒤 벌어진 일이었다. 그 업체가 주임교사에게 당시 돈으로 100만 원이 든 봉투를 건넸던 것이다. 다행히 교감과 교장을 거쳐 이사장에게 보고되었고, 이사장은 업체에 돌려주라고 지시했다. 대신 이사장 사비로 교사들에게 봉투를 주며 쓰라고 했다.

당황한 건 업체였다. 이미 약정된 버스회사와 숙박업소, 식당을 급히 업그레이드해야 했기 때문이다. 그렇게 진행된 수학여행에서 인솔교사들도 학생과 똑같은 식당에서 똑같은 밥을 먹었다. 여행업체 사장도 그 여행에 함께 했는데, 그 역시 같은 밥을 먹었다. 여행이 끝난 후 업체 사장이 한 말은 이랬다고 한다. "원래 이렇게 해야 하는데, 우리가 참 부끄럽습니다."

명신고는 교구나 비품 구입시에도 뻥튀기 영수증을 끊어 커미션을 받는 대신 20% 할인된 가격으로 구매하고 정확한 영수증을 받았다. 그런 덕분에 이후 교육부 감사에서도 아무런 문제가 나타나지 않았던 것이다.

다만 이사장도 모르는 문제가 있긴 했다. 부교재 채택료였다. 교과서 외 참고서나 문제집 등 부교재를 특정 출판사 책으로 채택하고, 학생들이 구입을 하면 도서총판업체가 담당과목의 교사에게 책값의 20~30%에 해당하는 돈을 건네는 관행이었다. 이는 계약절차도 없고 서무과와도 무관하게 이뤄지는 일이라 김기하 서무과장이나 김장하 이사장도 몰랐다. 이는 1989년 전교조 결성 때 조합원과 비조합원 간에 갈등요소가 되기도 했다고 당시 한 교사가 말해주었다.

이밖에 다른 '불법행위'도 있었다. 학생들의 문제집 구입비용을 줄이기 위해 교내에 아예 인쇄실과 전담인력을 두고 '불법 복사'를 엄청나게 했다고 한다. 그 종이값만 상당했을 거라고 교사와 졸업생들은 이구동성으로 말했다. 이와 관련 2016년 4월 김장하 선생 이야기가 실린 책『별난 사람 별난 인생 그래서 아름다운 사람들』이 출간된 직후, 이를 페이스북에 공유하자 많은 댓글이 달렸는데, 그중 명신고 1기 졸업생이라는 정규석 씨가 올린 댓글은 이랬다.

Gyu-Seok Jung 사립 명신고등학교 당시에는 김장하 이사장님이 사재를 털어서 최신 인쇄기계를 학교에 들여왔습니다. 시중 서점에서 파는 거의 모든 참고서와 문제집을 전교생에게 매일같이 복사해서 나눠주었습니다. 엄청난 양의 종이가 인쇄되어 전교생에게 배부되었습니다.

사실 요즘 같으면 불법복사니 저작권 침해니 해서 법적으로 많은 문제가 될 수 있을 겁니다. 하지만 그 당시에는 크게 문제가 되지 않았던 것 같습니다. 즉 명신고 재학생들은 시중에 나오는 거의 모든 참고서와 문제집을 복사본으로 다 가질 수 있었습니다.

아마 매일 같이 나눠줬던 프린트 물량은 돈으로 따지면 상상도 못할 액수가 들었으리라 짐작합니다. 그 많은 돈을 이사장님은 사재를 계속 털어가며 대줬던 것입니다. 사립명신고등학교 학생들이 다른 학교 학생들보다 우수할 수밖에 없었던 이유 중의 하나라고 봅니다. (2016년 4월 28일)

또한 한동안 먼지가 많이 날리는 이른바 '똥종이'를 복사용지로 썼는데, 어느 날 김장하 이사장이 보고 "이 먼지를 누가 다 먹겠느냐"며 먼지가 나지 않는 고급용지로 바꿔줬다는 일화도 전해진다. 그 전통인지 2022년에 찾아간 명신고에도 아직 인쇄실이 있었고, 계약직 전담인력이 상주하고 있는 걸 확인할 수 있었다.

"학부모에게 손 벌리지 마라."

이사장의 또 다른 방침이었다. 80년대 당시만 해도 이런저런 잡부금도 많았고 교사들의 회식비를 학부모들이 부담하는 관행도 있었다. '촌지'도 전교조가 거부운동을 펴기 전에는 공공연했다.

김장하 이사장은 이런 잘못된 관행을 없애기 위해 매월 모의고사가 끝나고 나면 자신의 사비로 교사들 회식을 시켜주는 한편 해마다 학기가 끝나면 2박 3일 전체 교직원 여행을 보내 주기도 했다. 또한 입시가 끝나면 고생한 3학년 담임교사들을 위해 가족여행을 보내줬는데, 두툼한 봉투를 주면서 "제일 좋은 곳에 가서 자고, 가장 먹고 싶은 음식들 마음껏 먹고 오시라"고 말했다. 《명신 30년》에 있는 한 대목을 소개하면 다음과 같다.

3학년 담임들만을 위한 특별한 배려는 평소에는 전혀 없지만, 최선을 다한 뒤인 연말에 이사장은 사비로 가족 여행을 시켜주셨고, 졸업식 날에는 금 3돈으로 된 기념 반지를 하나씩 3학년 담임들에게 주셨다. 4회 졸업생 때의 일이다. 늘 그랬듯이 W 관광회사의 K반장이라는 운전기사까지도 지정하여 겨울의 설악산부터 시작하여 속리산, 온양 온천 등으로 2박 3일간의 일정으로 막 출발하려는 3학년 담임교사들의 가족에게 이사장은 "제일 좋은 곳에 가서 자고, 가장 먹고 싶은 음식들을 마음껏 먹고 오라"며 금일봉을 주셨는데, 아무리 써도 그 금액이 마르질 않았다. 당시에는 해외여행이란 것이 자유화되어 있지 못한 시기였기에, 비록 1박 2일 내지 2박 3일간의 국내여행이었지만, 학교 일 때문에 소홀했던 가족들과 시간을 가지게 해줌으로써, 집안에서의 서운함을 애써 감내해준 가족들에게 고마움을 표할 수 있는 자리를 마련해 준 배려였다. 3학년 담임이 평소 고생은 더 많이 하지만, 이 하나의 이유만으로도 동경의 자리였다.

그런데 교사들도 참 순진했던 것 같다. 이달희 교사가 3학년 부장을 할 때 그 '금일봉'을 직접 받았는데 당시 돈으로 400만 원이 들어 있었다고 한다. 그런데 아무리 좋은 호텔에서 묵고 비싼 음식을 먹어도 100만 원이 남았다고 한다. 이사장에게 찾아가 남은 100만 원을 돌려드렸더니 이렇게 말했다고 한다.

"아이고 이 사람들. 이걸 왜 가져 옵니까? 3학년 담임들과 의논해서 그냥 쓰십시오."

직원 회식과 전체 교사 2박 3일 여행에 대해서도 앞의 책은 이렇게 기록하고 있다.

거의 매달 한 번씩 치르는 모의고사. 전체 선생님들에겐 이날이 무척 기다려졌다. 그동안의 가르침을 학생들은 늘 실망시키지 않았고, 선생님들에게는 이사장 주최의 회식자리가 있었기 때문이다. 이사장께서는 개교 처음부터 교사나 학부모들에게는 일체의 부담을 주지 않고, 대신 자신이 그런 자리를 마련해 주시겠노라고 공언을 하셨다. (…중략…) 또 해마다 학기가 끝날 때쯤의 적절한 날짜를 잡아 전 교직원이 선진지 시찰이라는 명목으로 2박 3일 직원여행을 가졌다.

교사들 중 특히 술을 많이 마시는 분이 있었다고 했다. 김장하 이사장 자신은 술을 입에도 대지 않지만, 술 마시는 사람을 싫어하거나 멀리하지 않았다. 오히려 그 교사에게 보약을 지어주며 격려했다. 그 에피소드도 같은 책에 실려 있다.

"술 잘 마시는 사람이 일도 잘 한다"고 늘 주장하던 L선생. 밤 12시 자율학습이 끝나고 나서야 본격적으로 시작되는 술자리에도 불구하고, L선생은 한번도 결근이나 지각을 하지 않기로 유명했다. 어느 날 L선생하고 저녁 시간을 같이하던 이사장이 물었다.

"요즘도 술을 많이 하시나요?"

"요새는 자주 취하네요."

"그러면 내일 약을 한 제씩 지어 놓을 테니, 3학년 담임교사들은 내일 회식이 끝나면 우리 약방에 와서 하나씩 가져가십시오."

"………………."

모의고사가 있었던 다음 날. 늘 그랬듯이 이사장 주최의 회식자리가 있었다. 회식자리가 파한 후에, 아무 영문도 모르던 선생님들은 이사장의 약방에서 보약 한 제씩을 가지고 귀가했다. 나중에 진주시내에는 이런 소문이 꼬리에

꼬리를 물었다고 한다.

"명신고등학교에서는 3학년 담임들에게 해마다 보약까지도 지어주고, 심지어 학교에서 학생들을 위해 따뜻한 물을 끓여 주는데 그것도 보약이란다."

사실 명신고등학교에서는 116m의 지하에서 끌어 올린 지하수를 사용하는데, 이 수질이 어지간한 곳에서 떠다마시는 생수보다 좋았다. 그래도 학생들의 식수로는 각층 양편에 있는 총 8개의 급탕실에서 밤사이 심야 전기를 이용하여 데워 놓은 보리차를 사용했었다. 만약 이 물이 보약이라면, 이 물로 머리를 감다가 뜨거운 물에 데인 P군은 아마 세계 최초로 보약으로 머리를 감은 사람이겠지.

이밖에도 교사들 사기진작을 위해 월급은 다른 공립학교와 동일하게 지급했지만, 교사의 주당 수업시간을 18시간으로 정해놓고 과목에 상관없이 초과한 시수에 대해서는 보충수업 수당을 지급했다. 이달희 교사의 말이다.

"보충수업을 국·영·수 같은 중요과목만 많이 하는 게 아니라 예·체능 과목까지 모든 과목을 균일하게 했어요. 그래서 어떤 날은 아침 7시 40분에 체육시간이 배정되기도 했지요. 그리고 학생들한테 보충수업비를 받지만 그걸로 선생님들에게 지급하는 수당이 모자라거든요. 부족분이 월 200만 원 정도였는데, 이사장님이 매달 그걸 보충해 주셨죠."

이게 어느 정도의 의미가 있는 일일까? 학교현장을 잘 모르는 나로서는 잘 이해가 되지 않았다. 그래서 지금은 창원에서 퇴직한 원

로교사 김용택(1945~) 선생에게 전화로 물어봤다. 다른 학교는 어떠했을까?

"보충수업은 대부분 국·영·수를 위주로 했고, 나머지 과목은 거의 배정이 되지 않았죠. 예·체능은 아예 보충수업이 편성되지도 않았고요. 그런데 그런 학교가 있었다니 상식적으로 이해가 되지 않네요. 게다가 이사장이 부족분을 채워주기도 했다니."

교사들의 신체 단련을 위해 지은 테니스 코트도 전액 이사장의 투자로 이뤄졌다.

"테니스장 개장 후에는 이사장님이 푸짐한 상품을 걸고 교사 테니스대회를 열어주기도 했죠. 사기진작을 위해 여러 모로 애를 많이 쓰셨어요."

당시 생물교사였던 허기도 선생의 이야기다. 덕분에 교사들 중 테니스를 치는 사람이 갈수록 늘었는데 허기도 선생도 그중 한 명이었다. 그는 테니스에 얽힌 이야기를 이어나갔다.

"김장하 이사장님도 테니스를 참 좋아하셨어요. 부부가 신안동 공설운동장 옆 테니스장에서 함께 운동을 하고 그랬는데, 저도 한 번은 일요일에 그 테니스장에 간 적이 있었습니다. 그때 저는 자가용 차가 있었거든요. 차를 주차해놓고 시간이 되니까 모두들 자가용 타고 몇 분 더 오시는데, 이사장님은 자전거를 타고 오시더라고. 운동복도 뭐 특이하게 좋은 것도 아니고 그렇게 오시는 걸 보고 참 부끄럽기도 하고 감동을 많이 받았습니다."

다 있는데 이사장실만 없는 학교

지금은 사립이나 공립을 막론하고 교사들의 인건비는 모두 국가에서 지급되지만, 당시 사립학교는 국비(사립학교 특별재정결함 보조금) 지원을 선택할 수 있었다고 한다. 국비 지원 비율이 높을수록 간섭도 심해지기 때문이었는데, 초창기 명신고는 지원을 전혀 받지 않았다.

그러다 전교조가 결성된 1989년 즈음에야 일부 국비를 지원받기 시작했다는 게 이달희 교사의 전언이었다. 실제 1991년 국가 헌납을 앞두고 경남교육청이 경남도의회에 보고한 자료에서도 명신고는 재정 결함이 거의 없는 학교로 확인됐다. 특히 학교 시설을 추가하거나 비품 구입 등은 모두 김장하 이사장의 추가 출연으로 이뤄졌다.

또한 재단의 기본재산이나 수익용 재산 외에 김장하 개인의 기증도 많았는데, 《명신 30년》에 남아 있는 기증물품 대장은 다음과 같았다.

1. 1984년 3월 1일 녹음기(카셋트용)(50,000원) 2대, 녹음기(카셋트용)(40,000원) 1대, 이동식앰프(교류, 직류 겸용) 1대(30,000원), 전축 1대(780,000원), 확성기(20,000원) 2대, 교내 방송기기 1조(948,500원), 피아노 1대(1,200,000원)

2. 1984년 5월 15일 각종 교구(42,316,860원)

3. 1984년 9월 13일 탁구대(125,000) 5대 계 625,000원

4. 1986년 5월 12일 식당비품(9,734,000), 생활관 비품(845,000원)

5. 1988년 3월 1일 도서실비품(난로:온풍기)(930,000원) 4대(3,720,000원), 음악실 비품 전축 인켈 세트(1,757,000원) 계 5,477,000원

6. 1990년 3월 1일 체육관(청웅관) 비품과 식당 비품(16,756,000 원), 도서관 비
   품(명신도서관)(3,468,000원) 계 20,224,000 원

이들 비품 중 1988년 인켈 전축 세트가 음악실에 들어온 경위가 앞
서도 인용한 교지《명신》창간호 학생기자들의 이사장 인터뷰 끝자
락에 실려있어 흥미롭다.

후일담 하나. 본교 '아니마' 중창단의 일원인 김강호, 이동철 두 기자는 인터
뷰 후 음악실에 설치된 전축의 불편한 사항을 말씀드렸다.
바로 그 다음주 월요일, 음악실에 이사장님께서 기증하신 최신식의 전축과
새로운 스피커를 다는 공사를 지켜볼 수 있었다.

명신고등학교 본관과 독립도서관.

또 1989년에는 독립도서관(명신도서관) 건물과 체육관(청웅관) 건물이 준공되었는데, 건축비만 당시 돈으로 11억 원이 들었다. 특히 도서관은 기존의 학교건물 안에 교실 두세 개를 튀워서 사용하는 것과 달리 독립건물로 세워진 것은 경남도내에서 유일했다. 사실 지금도 도서관을 독립건물로 갖고있는 학교는 거의 없다.

도서관은 3층 콘크리트 건물로 8000권의 장서, 500석의 좌석과 함께 200석의 독서실이 설치되었는데, 당시로선 획기적인 냉·온방 시설을 완비했다. 덕분에 학생들은 휴일에도 쾌적한 독서실에서 공부를 할 수 있었다.

그러나 이 학교에는 모든 사립학교에 다 있는 재단이사장실이 없었다. 개교 초기 잠시 있었기는 했다. 커다란 책상과 명패, 소파 등이 있는 교실 1개 크기의 이사장실이었다. 처음엔 으레히 그런가 보다 하고 거기서 집무를 봤는데, 한 달 정도 지나 보니 학교 시설이 부족한 데다 이사장이 자리를 차지할 이유가 없다는 생각이 들었다. 김장하는 교장에게 이사장실을 비우라고 했다. 그리고 그 자리를 양호실로 쓰도록 했다.

그래서 학교 안에는 이사장이 머물 공간이 따로 없었다. 그 역시 특별한 행사나 회의가 있는 날 말고는 학교에 자주 가지도 않았다. 법인 이사회도 교장실에서 열었고, 결재할 일이 있으면 서무실에서 했다. 학교에 갈 때도 버스나 자전거를 타고 갔다. 이사장이 자전거를 타고 학교 안으로 들어오는 모습은 이 학교 학생들에게도 깊은 인상을 남겼다.

이사장실에서 찍은 사진. 그러나 개교 한 달 후 이사장실은 양호실로 바뀌었다.

앞에서도 인용했던 명신고 1기 졸업생의 관련 댓글을 또 소개한다.

Gyu-Seok Jung 제가 명신고등학교 1기 졸업생입니다. 그 당시 등교할 때 시내버스 안에서 이사장님을 뵌 적이 많습니다. 김장하 이사장님은 늘 먼 거리를 자전거 아니면 시내버스만을 이용하면서 다녔습니다. 전혀 권위의식 같은 것이 없었기에 명신 동문들은 이사장님을 항상 존경하고 있습니다.(2016년 4월 28일)

김장하 이사장이 학생들의 대입 체력장 현장에 박카스를 사들고 갔다고도 한다.

Gyu-Seok Jung 명신고 3학년 때 대입체력장 하던 때가 생각납니다. 동명고 운동장에 가서 했던 걸로 기억나는데 김장하 이사장님이 양손에 박카스를 무겁게 직접 들고 학생들을 찾아왔습니다.

박카스가 많든 적든 거기에는 눈이 가지 않고 허름한 양복을 입고 손수 박카스를 들고 우리 학생들을 격려하러 찾아왔을 때, 그 당시 누가 먼저랄 것도 없이 체력장을 하던 명신고 3학년들이 모두 자리에서 일어나서 박수를 쳐 드렸습니다. 선생님이 시킨 것도 아니었는데 모두 자발적으로 일어서더라구요. 학생들 마음 속에 이미 존경심이 가득 담겨있었던 것 같습니다.

또다른 졸업생이 페이스북에 올린 글은 진정한 교복자율화를 시행했던 당시 명신고등학교의 교풍과 분위기를 보여준다는 점에서 좀 길지만 인용한다. 아마 글의 내용으로 보아 공립 전환 후 입학한 세대인 것 같다.

Yeong Seok Park님이 회원님의 게시물을 공유했습니다.

나는 이해찬 일세대다. 그렇게 부르더라. 180점 만점 연합고사에 체력장 20점이, 밀림 같던 여느 중학생들처럼 일상과 상상을 좀먹었다. 그때 즐거운 기억이라고야 학교에서 활동보다 학교에서 만난 친구들과 학교를 마치고 겪었던 바니, 그저 몸이 좀 커진 초딩이었나 보다.

고등학교는 달랐다. 사학재단이 설립한 학교를 이사장은 국가에 헌납했다고 했다. 짧은 역사에도 선배들의 진학결과는 무척 좋았다. 공부는 빡세게 시켜도 두발 단속 기준이 느슨했고, 경상남도 내에서 유일하게 사복을 입었다. 동아리 갯수는 진주시에서 제일 많았다.

그런 학교에서 이해찬 교육정책이 막 시행된 1학년, 그 쎄함이 여전하다. 해가 채 지지 않았는데 정규 수업은 끝이 났다. 비교과 영역이 다수를 이루는 특기적성 교육이 몇 교시 있었고, 해가 지도록 운동장은 조용했다.

나는 멋진 친구들과 함께 도서관 관리의 임무를 맡았고, 시간이 날때마다 도서관 현관의 야트막한 공간에서 춤을 배웠다. 비보잉보다 야부리잉에 가까운 시간들이었다. 나는 동아리를 결성했다. 이럴꺼면 공식적으로 춤추고 노래하자며, 제법 까불었다.

2학년이 되자, 문과 이과가 나뉘었다. 우리 학교는 본디 매우 엄격한 학사관리가 유명했기에 이제 달라지나 싶었다. 나는 학년 대표가 되었고 설문조사와 새로운 프로그램들을 위시한 기획안으로, 시내에서 가장 멀고 재미없기로 유명한 교내 축제의 기획권을 담당 선생님으로부터 얻어냈다. 비슷한 시기 여느 고교 축제보다 많은 인파와 호응을 바탕으로 재미있게 치뤄냈다.

이제는 모교 축제의 전통이 된 패션쇼를 축제 본행사의 클라이막스에 배치했다. 나는 힙합 부문 모델의 첫 주자였고, 나의 과장된 몸짓은 이후 친구들에게 농담거리가 되곤 했다. 1학년 때 공연보다 세련된 랩으로 무대에도 서고 싶었지만 대신 음악실을 빌려 말도 안되는 춤과 노래들로 땀이 흠뻑 젖는 공연을 했던 기억이 난다.

그냥 그때는 그랬다. 고등학교 3학년에 등극하기 전까지, 참 잘 놀았다. 그때는 공부가 담배가 여자가 허세가 멋있다기 보다, 열일곱 열여덟의 오후를 뭐하고 보내는지가 축제나 모의고사 같은데서 윤곽을 드러낼 때 그때 그 친구들은 멋있었다.

많은 비판들이 있었지만, 그 때 그 교육과정을 겪은 이로서 누린 시간과 경험이 내 삶을 풍부하게 만들기에, 빠듯한 규율과 일정의 열일곱 열여덟들에게 나는 좀 미안하다. 할배들의 고민 끝에 '젊은이들의 시간을 좀먹기'로 결정했음을 할배들만 모르니까.

다시 돌아와, 이 엄혹한 학사관리의 역사를 가진 고등학교에 입학하던 날이 떠오른다. 어머니는 연신 진짜 사복이냐며 되물었고, 걱정을 일삼으셨다. 멋진 선생님을 만나 그 시절은 빛났고, 그 시절을 누릴 시간이 내게는 있었다. 그 시간을 누리게 만든 것이 이사장님이 말씀하신 돌고 도는 선의의 굴레가 빚어온 작은 결실 중 하나라면, 나는 오늘도 그 멋진 선생님의 말씀을 빌려 후배를 위해 술을 산다. 그 좋은 시간 내게 갚지 말고 또 후배에 갚으라며.(2016년 4월 28일)

김장하 이사장은 또한 학교 운영이나 교육 방침에 대해서도 이런저런 간섭을 하지 않았다. 학교 설립 초기부터 "학교 교육은 교육자에게 맡겨져야 하며, 저는 교육을 위한 환경 및 여건의 조성에 최선을 다할 뿐"이라고 말했다고 한다. 장학생들에게 보인 태도와 똑 같았다.

전교조 해직교사가 없었던 이유

명신고등학교에서는 1989년 전국교직원노동조합(전교조) 집단해직사태 때 단 한 명의 해직교사도 없었다. 공교롭게도 내가 2015년 책으로 펴냈던《풍운아 채현국》의 채현국 이사장이 운영하던 양산 개운중학교와 효암고등학교 역시 단 한 명의 해직교사가 없었던 것과 상통하는 얘기다.

전교조 결성과 함께 전국 곳곳의 사립학교에서는 '사학비리 척결', 공립학교에서는 '교육민주화'와 '참교육 실현'이라는 구호가 터져나왔고, 실제 수많은 사학비리가 폭로되기도 했다. 이에 따라 사학재단

1989년 7월 22일 한겨레에 공개된 전교조 경남지부 조합원 명단.

◇ **진주지회** ◇

〈덕산국〉	김용상	조재숙
〈봉원국〉	문병영	
〈진주동중〉	허경도	
〈삼천포여중〉	이민재	
〈사천서포중〉	이영주	서미영
〈반성종고〉	김농출	
〈진주상고〉	이호진	김만주
임재식 전흥대		
〈대동공고〉	정영부	
〈명신고〉	이종태	이상범
황용태 박갑한	오병호	석귀용
정장화 이순용	송윤화	장진규
이덕용 강규석	황진환	이윤하
이흥수 허기도	김봉희	서갑수
이용학		
〈덕산고〉	김형언	
〈삼현여고〉	정종덕	정길주
조창래 권명숙		
〈제일여고〉	뮤경렬	변양노
강규석 황의호	손기미	김혜숙
이현권		
〈진양고〉	하반조	화일권
〈경상대학교〉	이창호	백좌홈
최석기 신경득	박철수	왕한영
김석회 김덕현	김준형	정진상
장상환 정성진	송기호	박종수
유낙노 이시윈	장봉규	김의동
김명권 이창원	이심성	안성진
최수경 정기수	싸상진	조승한
김수현		

전교조 진주지회 조합원 명단.

과 전교조 조합원 교사들 간에 대립구도가 형성됐고, 정부의 해직 방침을 빌미 삼아 사학재단이 앞장서 교사들을 자르기도 했다.

그러나 진주 남성학숙과 양산 효암학원에서는 이른바 사학비리가 전혀 없었다. 그러다 보니 재단과 교사들 간에 대립이 생길 일은 없었으나, 전교조를 불법으로 규정한 노태우 정부의 해직 압력을 이겨내기는 쉽지 않았다.

더구나 명신고등학교는 경남지역 초·중·고등학교를 통틀어 전교조 조합원이 가장 많은 학교 중 하나였다. 1987년 민주교육추진전국교사협의회(전교협) 시절부터 그 숫자를 불려온 명신고의 조합원은 한때 40여 명에 달했다. 전체 교사가 61명일 때였다. 전교조는 1989년 5월 22일 창립 이후 7월 3일 정부의 해임 결정으로 해직 압력이 최고조에 달하던 7월 22일《한겨레》를 통해 조합원 명단을 전격 공개했다. 이 명단에는 명신고 19명의 교사 이름이 나와 있는데, 진주지역에서 가장 많은 숫자였다.

그 명단에 나와 있는 분들 중 몇 분에게 인터뷰를 요청했다. 하지만 모두 사양했다. 그 과정에서 알게 된 사실은 당시 전교조 명신고 분회에서 논란 끝에 해직을 피하기 위해 형식적이나마 탈퇴를 결의했다는 것이다. 이에 따라 전국에서 1500여 명의 해직교사가 양산된 상황에서 자신들만 살아남았다는 미안함으로 인해 인터뷰를 사양한 것으로 이해가 됐다.

그런데 뜻밖에 당시 명신고 내에서 가장 앞장서 자진 탈퇴를 주장했다는 분과 인터뷰가 성사됐다. 바로 허기도 선생이었다. 그는 1986년 3월 부임하여 1991년 3월 명신고 국가헌납을 한 학기 앞두고 사직한 후 정치권으로 진출, 3선 경남도의원과 경남도의회 의장, 산청군수를 지냈다.

"내가 당시 학생주임이었고 교사들 사이에서 비교적 나이가 많았어요. 그런데 우리 학교는 재단과 갈등이 전혀 없었잖아요. 오로지 민족 민주 인간화 교육, 참교육을 위해 전교조에 가입했던 건데, 가입했다는 이유만으로 무조건 자르라는 압력이 내려왔으니 황당한 일이죠. 당장 그 많은 교사가 집단 해직되면 아이들 교육에도 큰 차질이 생기잖아요. 그래서 학생주임인 내가 나서 설득을 했죠. '지금 학기 중간인데 만일 해직이 된다면 아이들은 어떻게 되겠냐? 우리가 해직되어서 싸울 수도 있지만, 남아서 교직에서 교육정상화, 참교육을 실현하는 것도 큰 의미가 있다.' 이렇게 설득했죠."

그러나 혈기왕성한 젊은 교사들의 반발도 만만찮았다. '그리 안 봤더니 형이 그럴 줄 몰랐다', '배신자'라는 이야기도 들었다고 한다. 혹시 허기도 선생이 당시 이사장이나 교장, 교감으로부터 그런 설득을 해보라는 지시나 부탁을 받았던 건 아닐까?

"전혀 없었습니다. 이사장님도 전교조의 이념이나 방향에 대해 찬성하셨어요. 이사장은 물론 교장, 교감 선생님도 교사들을 해직시킬 마음이 없었죠. 모두 그분들이 스카웃해온 교사들 아닙니까? 왜 자르고 싶겠어요?"

그렇게 설득을 거듭한 결과 마침내 분회의 결정을 이끌어냈고 대량해직 사태를 막을 수 있었다는 것이었다. 하지만 그는 그로부터 1년 6개월 후인 1991년 3월 아예 교사직에서 사표를 냈다. 다른 학교로 전출도 아닌 완전사직이었다.

"89년 이후 조합원에 가입했던 분들과 안 했던 분들과 사이에 있었던 상처를 봉합하고 화해하는 데 나름대로 역할을 하려고 했죠. 그러다 91년도에 내가 책임진다는 의미에서 '여러분들의 참교육에 대한 열망을 꺾었다' 그러면서 자진 사직을 해버렸습니다."

그후 1991년 8월 김장하 이사장이 명신고 국가헌납 선언을 하고 9월 1일 공립으로 전환되자 지역사회 일각에서는 '전교조에 질려 학교를 내버렸다'는 소문이 나돌았다고 한다. 이에 대해서도 허기도 선생은 단호히 "말도 안 되는 소리"라고 일축했다.

허기도 전 명신고 교사.

게다가 2022년 6월 치러진 경남교육감 선거에 허기도 선생도 후보로 나서려다 중도·보수 교육감 후보 단일화 경선에서 밀렸는데, 이 과정에서 상대 후보측으로부터 터무니없는 음해를 당했다고 말했다.

"제가 교육감 후보로 나서니까 이제 나를 좌파로 몰기 위해 보수후보 측에서 소문을 내는 겁니다. '허기도가 명신고에 있을 때 전교조를 열심히 해서 김장하 이사장이 그걸 못 견뎌가지고 학교를 내놔 버렸다'는 겁니다. 그래서 나 개인에 대한 모독이나 허위사실 유포는 선거에 나온 죄로 참을 수 있지만, 나로 인해 참 선의의 삶을 살아오신 분이 피해를 입는 것은 참을 수가 없었어요. 그분에 대한 명백한 명예훼손이잖아요?"

-그런 말을 듣고 김장하 이사장에 대해 어떤 마음이 드셨어요?

"정말 순수한 마음으로 교육사업을 하셨고 조건 없는 기증까지 하셨는데, 잡탕스런 정치에 뛰어든 놈으로 인해 그분의 삶에 누가 되었다는 사실이 굉장히 가슴 아팠죠."

-상대 후보 쪽에서 왜 그런 말까지 만들어냈을까요?

"자기 수준에서만 생각하다 보니까 그분이 이해가 안 되는 거죠. 자기 주변 사람들도 그 정도 수준밖에 안 되니까."

명신고등학교 밖에서 명신고 조합원들의 자진탈퇴 상황을 본 당시 전교조의 입장은 어땠을까? 그 이야기를 들어보기 위해 1989년 초대 전교조 경남지부장이었던 이영주 선생을 만났다. 앞에서도 잠깐 등장했던 장학생 이준호의 형 그 이영주 맞다. 그는 당시 '국가공무원법 위반'으로 파면과 함께 구속돼 진주교도소에 있었다. 1999년 전교조가 합법화된 후에도 한 번 더 경남지부장을 맡았고, 2007년 남해 설천중학교 공모 교장을 거쳐 2021년 경남교육연구정보원장을 끝으로 퇴직했다.

"제가 먼저 파면되고 진주교도소에 있을 때였는데, 면회 오는 동지들에게 경남지부장 이름으로 지침을 줬어요. '일단 탈퇴하고 조직을 사수하라'는 거였죠. 당시 조직이 궤멸 상태였거든요. 중앙조직도 다 구속되고 수배 중이었고, 그런 상태에서 탈퇴하지 않고 해직을 자초하는 건 무모한 투쟁이죠. 그래서 계속 구두 지침을 줬는데 조직이 와해되고 그러니까 전파가 잘 안 됐죠."

-명신고등학교에 조합원이 제일 많았더라고요?

"좋은 학교였으니까. 그 당시엔 교사들이 채용될 때 사학재단에 기부금이라는 걸 냈어요. 우리는 강제기부금이라 했는데, 우리가 강제기부금 반환투쟁도 벌였죠. 그래서 사학에서는 전교조가 눈에 가시였죠. 그런 상황에서 정부에서 '잘라라' 하니 얼씨구나 하고 자른 거

인터뷰 중인 이영주 선생.

예요. 명신은 그런 기부금이나 재단비리가 없었어요. 오히려 훌륭한 교사들을 초빙해 모셔갔던 학교였어요. 아주 훌륭한 학교였죠. 그런 학교니까 대부분 교사들이 다 가입했을 겁니다. 재단과 문제가 없는데 굳이 해직당할 필요가 없죠."

-결국 명신고 분회에선 탈퇴를 결의했다 하더라고요.

"짐작컨대 내부에서 어렵게 합의를 봤을 겁니다. 그리고 제가 또 탈퇴를 권유했으니까. 그리 해도 아마 그 선생님들은 굉장한 자괴감이 있었을 겁니다."

-나중에 어떻게 치유하고 봉합하는 과정을 거쳤나요?

"우리도 사람이다 보니까 해직된 교사들이 해직 안 된 교사들에 대해 불만이 있었죠. 그래서 중앙위원회 안건에 이런 게 하나 올라왔습니다. '스스로 탈퇴한 교사들을 전교조에서 방출하자.' 그때 내가 중앙위원이었으니까 발언권을 얻어서 말했죠. '말도 안 되는 소리다. 스스로 나간 게 아니라 이 분들은 싸우다가 부상을 입은 사람들이다. 부상자들을 갖다가 내버리는 그런 게 어디 있냐.' 그래서 그건 없었던 걸로 하고 비밀조합원이 되죠. 조합원이라 하면 또 징계 들어오니까 후원회원이라 바꿨죠. 우리 경남지부 후원회원이 타 지역에 비해 굉장히 많았습니다. 명신고도 대부분 후원회원으로 하고 나중에 조합원으로 다 복귀했습니다. 분회 활동도 그대로 하고. 그렇게 봉합됐습니다."

만난 김에 김장하 이사장에 대한 이야기도 물어봤다.

-김장하 이사장에 대해서는 언제 알게 되었습니까?

"내 동생이 그분 장학금을 받을 때부터 알았죠. 그땐 그냥 한약방 하는 분이라고만 알고 있었고 참 고마운 분이다 그렇게 생각했는데, 나중에 명신고등학교 설립하는 걸 보고 '아! 그분이 그분이구나' 하고 알게 되었죠. 나중에 교육운동, 시민운동하면서 어떤 모임이나 식사 자리에서 몇 번 뵌 것 같은데, 웬만한 사람들은 다 차가 있을 때였거든요. 이분은 자전거를 타고 오셨어요. 참 훌륭한 분이구나 생각했죠."

나중에 김장하 선생에게도 직접 전교조에 대해 물어볼 기회가 생겼다.

"나는 전교조 선생님들하고 교류를 많이 했거든요. 저녁 식사하면서 같이 의견도 교환하고 그랬는데, 한겨레 신문에다 명단을 실었어요. 발칵 뒤집어진 거라. 그러니까 감독관청인 도교육청에서 공문이 오기를 '전부 해임하고 결과보고하라'는 거였어요. 그래서 내가 그랬어요. 나는 한 명도 해임시킬 수 없다. 그러니까 중간에서 교장 선생님 입장이 난처해졌죠. 다행히 전교조 선생님들이 그런 사정을 이해하고 자진탈퇴를 해줘서 해결됐죠."

채현국 이사장이 있던 양산 효암고와 개운중학교는 어떻게 해직사태를 피했을까? 내가 취재했던 바로는 이랬다.

"내가 미리 그쪽 선생들한테, 너희는 체면이 깎일 테니까 내가 마음대로 전교조 탈퇴서를 냈다고 보고할게. 학교에서 그렇게 보내놓으면 위조니까 다음에 소송하면 당연히 나만 걸린다. 하여튼 내가 탈퇴서는 보낸다. 날 감옥 안 가게 하려면 너희들이 탈퇴서 내주면 좋고 나는 무조건 너희 해임은 안 할 거고 탈퇴서를 낼 거다."

이렇게 채현국 이사장은 협박 아닌 협박으로 탈퇴서를 받아냈다. 결과는 같았지만 채현국이 건달이나 깡패 같은 의인(義人)이라면, 김장하는 선비 또는 모범생 같은 의인이었다.

이와 관련, 채현국 김장하 두 분을 다 알고 흠모하는 박구경(1956~) 시인이 한 말이 있다.

"채현국 선생이 높고 깊은 산이라면, 김장하 선생은 넓고 깊은 호수 같은 분인 것 같아요. 두 분 다 넉넉히 모든 걸 품어주시는 분이라는 점에선 같고요."

박 시인은 1979년 《경남일보》 기자로 근무 중 해직된 후 보건진료소 소장으로 근무하며 시를 써왔고, 2021년 시집 『형평사를 그리다』 (실천문학)를 펴냈다.

100억대 학교를 무상헌납한 까닭

김장하 이사장은 1991년 8월 17일 명신고등학교 청웅관에서 학교 기증 선언과 함께 퇴임식을 열었다. 1983년 7월 2일 학교 건물 신축 기공식에서 공언했던 "좋은 학교를 만들어 사회에 환원까지도 구상하고 있다"는 말을 직접 실천하는 자리였다.

이에 대해 학교 설립 당시부터 실무를 담당했던 초대 교감이자 2대 교장 강춘득 선생은 2015년 12월 19일 《명신 30년》 발간 기념회 축사에서 이렇게 말했다. 이 말은 당시 그 자리에 참석했던 내가 영상으로 찍었고 받아적었다. 유튜브에도 내가 올린 영상이 있다.

"설립자께서 학교 설립 기공식 때 이미 '학교가 앞으로 운영이 잘 되면 국가에 기증을 해도 안 될까' 그렇게 말씀하셔서 처음에 들을 때는 이 많은 돈을 들여가지고 국가에 기증한다는 건 좀 이상한 것 아니냐 그런 생각을 했습니다. 그런데 알고보니까 91년 6월 2일날 저녁 식사 시간이었는데 나오라 해서 나갔더니만 학교를 내가 기증을 해야 되겠는데 어떻게 생각하는지 묻더라고요. 할 말이 없어 입을 다물고 있었는데, 그래 내가 가족간에는 의논이 다 된 겁니까 이리 물었더니 가족간에 의논이 안 되고 나 혼자 독단적으로 결정했다고…. 그래 가지고 6월 5일날 경상남도교육청 교육감에게 찾아갔어. 교육감님한테 말씀 드리니 그분 하는 말씀이 왜 잘 되는 학교를 국가에 헌납하려고 하느냐 물어 나도 모르겠습니다 했습니다. 사실 그 헌납이라는 것이 쉬운 건 아니었습니다. 엄청난 여러 가지 말이 있었는데 일부 학부모 중에서도 학교가 어려운 것도 아닌데 왜 잘 되는 학교를 헌납하느냐 그런 이야기도 있었고."(후략)

이처럼 당시에도 모든 사람이 의아하게 생각했다. 교육감도 왜 헌납하려느냐며 궁금해했고 강춘득 당시 교장도 모르겠다고 답했다. 기공식 때부터 기증할 뜻을 밝혔다는 것도 그랬고, 8년째 되는 해에 실제 아무 조건없이 기증을 실현한다는 것도 보통 사람의 생각으론 이해하기 어려웠다. 사립학교를 자신의 사유재산으로 생각하며 온갖 비리로 돈을 빼먹는 재단이 워낙 많아서였을까?

사립학교를 국가에서 기증받아 공립으로 전환하려면 우선 경남도

의회에서 '경상남도립학교 설치 조례'를 개정해 별표에 학교를 추가해야 한다. 이에 따라 1991년 8월 8일 경남도의회 문교사회위원회에 이 안건이 회부됐다. 먼저 배일문 경남도교육청 관리국장이 제안설명을 통해 설립자 변경사유를 보고한다.

명신고등학교 국가 헌납 소식을 전한 경남매일 기사.

설립자 변경사유입니다. 학교법인 남성학숙 이사장 김장하는 평소 사회에서 얻은 재산은 당연히 사회로 환원되어야 한다는 소신을 가지고 한약방에서 얻은 수익으로 불우학생에게 장학금을 지급하는 등 사회적으로 모범적인 생활을 하던 중 진주지구 학생 수용과 인재양성을 위하여 학교 설립에 뜻을 두었으며 학교 설립 후 교육시설 등 교육여건이 조성되면 국가에 기부한다는 생각으로 83년 명신고등학교를 설립, 학교운영은 물론 고등학교의 교육내실화 환경조성에 심혈을 기울여온 바 현재에 이르러 학교시설 및 교육 내실이 일정한 수준에 도달하여 법인의 지원 없이도 학교운영에 문제점이 없다고 판단하여 설립 당시 소신대로 공립으로 전환, 국가에서 관리토록 법인 및 학교재산을 경상남도에 기부채납할 것을 이사회 의결을 거쳐 인가신청하였습니다.

이어 기증받으려는 명신고등학교의 재산목록을 이렇게 보고한다.

교육용 기본재산으로는 토지가 모두 26,088㎡입니다. 공시지가의 평가액은 4,266,692,200원입니다. 한 장 더 넘겨주시면 좋겠습니다. 총 건물은 9,921,310㎡인데 과세시가표준액은 1,237,640,660원이 되겠습니다. 수익용 기본재산은 다른 부동산 없습니다. 현금이 1억원 은행에 예치하고 있습니다. 보통재산은 일반비품 교재, 교구, 도서, 임목주 등 298,558,840원을 보유하고 있습니다.

땅값이 42억 6600만 원, 건물이 12억 3700만 원, 현금 1억 원, 비품 등 2억 9800만 원이라는 이야기인데, 합치면 59억 원 정도가 된다. 그러나 땅값은 공시지가, 건물은 과세시가표준액으로 계산했다고 보고한다. 감정가 또는 시가와는 크게 차이가 날 수밖에 없는 계산 방법이다.

이에 대해 진주 출신 어정수 도의원이 "이 거대한 재산을 국가에 헌납을 하는데 감정평가도 안하고 과세시가 표준액으로 인수한다? 그런것이 교육부의 규정에 돼있어요?"라고 따지지만 관리국장은 "기부채납된 데서는 평가가 필요치 않아서 안 했습니다"라는 답변을 고

수한다.

어쨌든 공시지가와 과세표준액 만으로도 60억 원에 가까운 학교를 조건 없이 기증한다는 게 도저히 이해되지 않았던지 한 도의원이 이렇게 묻는다.

○홍일부 의원 : 법인의 지원 없이도 명신고등학교가 운영이 가능한데 그 설립자가 계속해서 이 학교를 운영을 하면 될텐데 무엇 때문에 학교를 국가에 헌납하는지 그것이 좀 궁금합니다.

○관리국장 배일문 : 이 학교는 모든 시설면이나 학교 내실면이나 선생님 질적면에서 굉장히 우수한 편입니다. 그래서 이분한테 왜 공립으로 기부채납 하려고 하느냐는 것을 누누히 타진도 하고 여러 가지 방면으로 알아봤는데 이분은 현재까지도 한약방을 하고 있습니다. 이것이 순수한 자신의 뜻이다 하는 것 외에는 아무것도 발견한 것이 없었습니다. 그리고 일반적으로 저희들이 볼 때는 사립학교가 이런 정도 시설을 가지고 있으면서 공립으로 기부채납한다는 것은 거의 전례가 없는 것이 아닌가 저희들의 생각입니다.

명신고등학교 공립 전환 안건은 이날 상임위를 통과했다. 그로부터 열흘 뒤 김장하 이사장 퇴임식이 열린 것이다.

많은 사람들이 궁금해 했듯이 그는 대체 왜 기증을 결심했을까? 김장하 본인의 퇴임 인사말 외 다른 설명은 필요하지 않을 듯하다. 좀 길지만 기록 차원에서 그대로 옮기면 다음과 같다.

오늘, 오직 저 하나만을 위해 마련된, 제 일생 중 결코 흔치 않을 이 자리를 빌려, 저는 우선 저와 함께 본 명신고등학교의 설립에서부터 오늘에 이르기까지 고락을 같이 해온 여러 교육 동지 여러분, 그리고 우리 명신의 후원자이셨고 앞으로도 영원히 우리 명신을 아끼실 내외 귀빈 여러분, 그리고 본교의 오늘이 있게 한 주역이신 강춘득 교장선생님을 비롯한 교직원 여러분들께 깊은 감사의 말씀을 올리고자 합니다. 외손 바닥은 울지 않는다는 말처럼, 저의 작은 마음이 싹터 오늘의 명신이 있게 된 데에는 크든 작든 이 모든 분들의 도움이 있었음을 저는 잘 알고 있고, 그리고 앞으로도 결코 잊지 않을 것임을 다짐하면서 그 한 분 한 분들의 소중한 마음들을 평생 간직하고자 합니다.

돌이켜 보면 1983년 7월 2일 기공식 날, 보이는 것이라곤 오직 논과 밭뿐인 허허벌판이었던 이 초전 벌에 본교 건립을 위한 첫 삽을 꽂고 난 이후, 지나온 8년의 세월은 저로서는 일생 중 가장 뜻있고 즐거운 하루 하루였습니다. 특히 본교가 처음 문을 열었던 1984년 3월의 첫 입학식 날은 마침 철 늦은 서설이 내려 본교의 개교를 축하해 주었고, 힘차게 교기를 흔드시던 강극영 초대 교장 선생님의 모습과, 의지에 넘치던 젊은 선생님들의 활기찬 모습, 그리고 이 학교의 1회 졸업생이 되었던 그 학생들의 총명한 면면이 눈에 선 합니다. 그런 중에도 그때는 본관 건물이 아직 반쪽밖에 완성되지 않았고, 운동장은 아직 채 다듬어지지 않은 상황이었습니다. 그리고 본교에 배정된 학생들은 신설 학교의 어설픈 모습과 장래에 대한 불안감을 적잖이 가졌고, 학부모들 또한 우려를 감추지 않았던 것입니다.

그러나 그후 본교는 외형과 내실을 충실히 갖추어 본관 건물이 완성되고, 틈틈이 심었던 수목이 자라고, 그와 함께 학생들도 건강히 자라 대학 진학 면에서도 기존의 명문을 능가하는 결실을 맺어 왔으며, 독립 도서관이 완공되고, 우리가 지금 서 있는 체육관 겸 강당이 완성되어 갔던 것입니다. 이 8년이 저에게 힘이 들지 않았던 것은 아닙니다. 그러나 그것은 제가 평소 하고자 했던 일이고, 그런 만큼 보람도 있었고 그 나날들은 곧 기쁨이 되어 저에게 되돌아오곤 했습니다.

저는 원래 가난한 농가의 아들로 태어났습니다. 부끄러운 고백일지 모르겠습니다마는 저는 오직 가난 때문에 하고 싶었던 학업을 계속할 수 없었습니다. 그리고 오늘날과 같은 한약업에 어린 나이부터 종사하게 되어 작으나마 이 직업에서는 다소 성공을 거두게 되었습니다. 제가 본교를 설립하고자 하는 욕심을 감히 내게 되었던 것은 오직 두 가지 이유 즉, 내가 배우지 못했던 원인이 오직 가난이었다면, 그 억울함을 다른 나의 후배들이 가져서는 안 되겠다 하는 것이고, 그리고 한약업에 종사하면서, 내가 돈을 번다면 그것은 세상의 병든 이들, 곧 누구보다도 불행한 사람들에게서 거둔 이윤이겠기에 그것은 내 자신을 위해 쓰여져서는 안 되겠다는 생각 때문이었습니다.

그리고 그 두 가지 요건을 충족시키는 가장 좋은 일이 곧 장학 사업이 되었던 것이고, 또 학교의 설립이었습니다. 그런 사정을 전후로 해서 본 명신고등학교는 탄생되었던 것입니다. 그런데, 그런 이유에서 설립된 것이 이 학교이면, 본질적으로 이 학교는 제 개인의 것일 수 없는 것입니다. 앞에서도 말씀 드렸듯이 본교 설립의 모든 재원이 세상의 아픈 이들에게서 나온 이상, 이것은 당연히 공공의 것이 되어야 함이 마땅하다는 것이 본인의 입장인 것입니다.

그리고 본교가 공공의 것이기 위한 가장 좋은 방법이 바로 공립화요, 그것이 국가 헌납이라는 절차를 밟아 오늘에 이른 것입니다, 그러나 한편으로 생각해 보면 지금의 본교는 제 전부나 다름이 없습니다. 저의 신조는 앞서 말씀드렸듯, 제가 거둔 금전적 이득은 제 자신을 위해서는 최소한의 필요 이상은 절대 쓰지 않는다는 것이었고, 그 근검 절약의 결과로 쌓이고 쌓인 것이 바로 본교인 것이고 또 그것은 금전적으로도 저의 전 재산이며, 정신적, 상징적으로도 제 전부나 다름이 없는 것입니다. 그런 모든 것을 송두리째 내버려두고 떠나는 이 자리에 서고 보니, 그야말로 만감이 교차함을 느끼지 않을 수 없습니다. 저라 해서 아깝고 서운한 느낌이 없을 수야 있겠습니까마는, 그러나 그 마음은 향후의 본교에 대한 더 한 층의 애정으로 키워 나갈 생각입니다.

그리고 다시 밑바닥부터 차근차근 새로운 것을 쌓아 올려 볼 생각도 해 봅니다. 그리고 이 일에 대해서는 또 반대하고 나무라는 의견이 있음을 저는 알고 있고, 또 충분히 수긍할 수 있는 의견이기도 합니다. 그것은 학교의 공립화만이 학교의 장래를 위한 최선의 방책인가 하는 것이며, 또 본교가 가졌던 명문 사학으로서의 긍지, 명신인이라는 그 따뜻한 울타리가 엷어지는 것이 아니냐 하는 우려일 것입니다. 그러나 개인의 능력은 한계가 있는 것입니다. 현재의 아픔이 크다 할지라도 그것은 잠시 뿐인 것입니다. 제가 계속 이 학교를 움켜쥐고, 지원을 나름대로 해 나간다 하더라도 저의 생전이나 또는 사후에 저와 또는 저를 둘러싼 제반 환경이 어떻게 바뀔지 모르고, 본교의 모습 또한 현재의 발전적인 것을 영원히 지속되리란 보장 또한 희미한 것입니다.

그리고 어차피 공립화의 길을 걸어야 할 수밖에 없다면 시기는 바로 이때가 가장 좋다는 판단이 섰습니다. 곧 학교가 완전히 정상 궤도에 들어서 저의 큰 지원 없이도 운영이 되게 되었고, 학교의 발전 또한, 어느 정도 탄력이 붙었기에 이제 제가 더 이상 필요치 않게 된 시기가 바로 이때가 아닌가 하는 것입니다.

이러한 사정들로 해서 저는 일단 이 학교를 떠납니다마는 한 가지 죄송스럽고 가슴 아프게 생각되는 것은 바로 본교의 교직원 여러분들께 본의 아닌 누를 끼치게 된 점입니다. 제가 이분들을 초빙할 적에는 본교에서 교육의 씨를 뿌리는 평생의 고락을 같이하자 하였고, 그러한 저를 믿고 본교에 오신 분들이 대다수일진대, 이제 그분들께 저는 실없는 사람이 되었고, 그분들 또한 생활환경이 달라짐에서 오는 제반 정신적 또는 물질적 손실을 보게 된 것입니다.

세상 일이란 게 좋은 면만 있는 것은 아닌 모양입니다. 저로서는 개인의 일을 떠나 공익을 앞세운다는 것이 그만 교직원 여러분들께는 송구한 일이 되고 말았습니다. 거듭 죄송하다는 뜻을 밝히면서 교직원 여러분들의 앞날을 위해서는 저는 또 제 나름대로 할 수 있는 최선의 방책을 강구해 왔고, 또 앞으로 할 수만 있다면 언제라도 이일을 위해 진력할 것을 다짐 드립니다. 아울러 본교를 위해 불철주야 애쓰신 그 노고에 감사의 말씀을 함께 올립니다. 그리고 우리 명신의 많은 졸업생 및 이 자리에 나온 재학생 여러분들도 다소 서운한 마음이리라는 것을 잘 알고 있습니다. 그것은 앞서도 언급했듯이 사립만이 가질 수 있는 전통과 그 긍지를 잃게 되지나 않을까 하는 우려이며, 영원히 변치 않는 모교를 가지고자 하는 마음에서일 것입니다. 그러나 그 마음들은 본질적으로 본교에 대한 애정에서 나온 것이며, 그 애정은 곧 개인의 발전으로 이어질 수 있는 것이기에, 저는 이 자리를 빌려 그 마음들을 계속 간직해 달라고 오히려 당부하고 싶습니다.

학교의 체제가 다소 달라진다 하여도 우리의 모교는 영원히 우리의 모교인 것입니다. 변함없는 애정으로 늘 모교를 생각해 주시기 바라며, 또 모교의 창학이념인 '명덕신민'의 정신을 영원히 간직해 주시기 바랍니다. 누누이 들어 아시겠지만, '명덕은 인간의 본성인 맑고 깨끗한 성품을 늘 밝히고자 하는 것으로 현세의 도처에 자리 잡은 모든 더러운 것과 그것에의 유혹에 빠지지 않도록 하는 것이겠고, 그럼으로써 나날이 새로운 사람으로 다시 태어나자는 뜻이 바로 신민'일 것입니다. 그리고 이 명덕신민의 뜻이 우리 학교의 교훈인 성실과 결부될 때, 여러분들의 앞날은 창창히 열려 있다고 저는 감히 장담하고 싶습니다.

거듭 당부하건대, 부디 명덕신민의 뜻을 굳게 붙드시고, 성실로써 실행해 주시기를 부탁드립니다. 모든 것을 남겨 두고 홀연히 떠난다는 자리의 인사가 너무 장황하게 된 것 같습니다. 구구한 사정 이야기가 되었으나 저의 심정을

이사장 퇴임식 날 김장하 최송두 부부.

있는 그대로 말씀드린 것이기에, 널리 해량해 주시기 바랍니다. 부디 우리 명신과 인연을 맺은 모든 분들의 앞날에 더 많은 성공과 결실이 있기를 기원 드리면서 이만 떠나는 인사말을 마칠까 합니다. 감사합니다.

1991년 8월 17일

학교법인 남성학숙 이사장 김 장 하

퇴임 인사말 중 우선 그가 학교를 설립한 이유와 헌납의 이유는 이 문장에 압축돼 있다.

내가 배우지 못했던 원인이 오직 가난이었다면, 그 억울함을 다른 나의 후배들이 가져서는 안 되겠다 하는 것이고, 그리고 한약업에 종사하면서, 내가 돈을 번다면 그것은 세상의 병든 이들, 곧 누구보다도 불행한 사람들에게서 거둔 이윤이겠기에 그것은 내 자신을 위해 쓰여져서는 안 되겠다는 생각 때문이었습니다.

그리고 그 두 가지 요건을 충족시키는 가장 좋은 일이 곧 장학 사업이 되었던 것이고, 또 학교의 설립이었습니다. 그런 사정을 전후로 해서 본 명신고등학교는 탄생되었던 것입니다. 그런데, 그런 이유에서 설립된 것이 이 학교이면, 본질적으로 이 학교는 제 개인의 것일 수 없는 것입니다. 앞에서도 말씀 드렸듯이 본교 설립의 모든 재원이 세상의 아픈 이들에게서 나온 이상, 이것은 당연히 공공의 것이 되어야 함이 마땅하다는 것이 본인의 입장인 것입니다.

그래서 "공공의 것이기 위한 가장 좋은 방법이 바로 공립화요, 그

것이 국가 헌납"이라는 말이다. 그 다음에 보다 현실적인 국가 기증 이유가 나오는데, "개인의 능력은 한계가 있는 것"이고 "제가 계속 이 학교를 움켜쥐고, 지원을 나름대로 해 나간다 하더라도 저의 생전이나 또는 사후에 저와 또는 저를 둘러싼 제반 환경이 어떻게 바뀔지 모른다"는 말이다.

즉, 지금까지는 어떻게든 자신의 모든 재산을 쏟아부어 왔지만 세상일이란 알 수 없는 법, 곤궁한 처지에 놓이게 되거나 죽고 난 뒤에는 어떻게 될지 알 수 없다는 그런 뜻으로 해석된다.

이와 관련 여태전(1961~) 전 상주중학교 교장이 2022년 2월 4일 김장하 선생에게 세배를 드리고 난 후 페이스북에 올린 글이 있다. 진주문고 여태훈 대표가 "명신고 이사장으로 계속 계시면서 훌륭한 선생님들 든든한 울이 되어주셨으면 좋았을텐데, 어찌 그리 쉽게 공립으로 전환해버렸습니까?" 물었더니 이렇게 답했다고 한다.

"내가 그때만 해도 한약방으로 돈도 많이 벌어 학교에 큰 도움이 되었을지 몰라도, 나중에 나이들어 그럴 형편이 못되면 괜히 사사로운 욕심이 생길까 두려웠던 겁니다. 그렇게 되면 나도 못난 사학 이사장이 되어 선생님들의 일에 이래라 저래라 간섭하려 들 거고, 그렇게 되면 처음 내가 학교를 세우려고 했던 첫마음을 잃게 될까봐 두려웠던 거요. 교육이 사업이 되어서는 안 되지 않겠어요. 사업을 하려면 다른 일로 해야지, 학교를 갖고 사업하는 마음으로 하면 큰 일 나는겁니다. 그래서 한 살이라도 더 젊을 때 그냥 국가가 맡아 달라고 내어 놓은 겁니다."

사실 김장하는 명신고등학교에 그의 전 재산을 털어 넣었다. 심지어 일생동안 살았던 곳 중에서 가장 넓은 집이었던 현재 동방호텔 주차장 자리의 이층집도 1987년에 처분하고 동성동 한약방 건물 3층으로 이사했다. 물론 그때는 아이들이 커서 대학에 들어가고 해서 반드시 큰 집에 살아야 할 이유가 줄었기 때문이기도 하지만, 학교에 써야 할 돈이 아니었다면 굳이 그 집을 팔 필요는 없었을 것이다.

그렇게 전 재산을 바쳐 만든 학교를 헌납하고 떠나면서도 그는 또 5000만 원을 추가로 학교에 장학금으로 내놓았다. 당시 명신고등학교의 땅과 건물 등의 부동산 가치를 시세로 계산하면 110억 원에 이른다고들 했다. 여기에다 8년 동안 그가 학교에 쏟아부은 각종 비품이나 교사 회식비, 여행 지원금 등 유무형의 소모성 경비까지 더하면 얼마나 될지 계산조차 할 수 없다.

2022년 설날 세배를 위해 남성당한약방을 찾은 여태전 선생.

나는 숫자개념이 약해 당시의 실제 시가를 계산해낼 능력이 없다. 그런데 최근 한국은행 경제통계시스템에서 화폐가치계산기라는 게 있다는 걸 알았다. 거기에 1991년 9월 110억 원을 입력하고 실행해 보았다. 280억 원이 현재가치로 나왔다.

어쨌든 그렇게 남성학숙은 해산하고 명신고등학교는 국가 재산으로 귀속돼 1991년 공립으로 전환됐다. 사립 시절 채용됐던 모든 교직원도 공립 교직원으로 고용승계됐다. 하지만 여기서 빠진 사람이 딱 한 명 있었다. 앞서 인용한 경남도의회 문교사회위원회 회의록을 다시 보자.

○어정수 위원 : 제일 마지막에 기타 사항 돼있는데 사립학교에서 공립학교로 전환됨에 따라 교직원의 공무원 임용은 교육부의 정원요청으로 특별채용이 가능하다했는데 가능합니까? 그렇지 않습니까?

○관리국장 배일문 : 가능합니다.

○어정수 위원 : 가능한데 어떻게 처리할 생각입니까? 전부 채용할 생각입니까? 아직 방침이 안 정해졌습니까?

○관리국장 배일문 : 전부 채용합니다.

이처럼 경남교육청은 모든 교직원을 공립으로 특별채용하는 게 가능하며 그렇게 하겠다고 공언했다. 그러나 김장하는 딱 한 명 자신의 동생인 김기하 서무과장만은 사표를 내도록 했다. 당시 김기하의 나이는 45세였다.

그렇게 모든 걸 정리하고 떠나는 그의 마음은 어땠을까?

"이사장 퇴임식에는 집사람도 같이 참석했거든. 마치고 돌아오는 길에 '놔버리니까 섭섭하제?' 하고 물어요. 왜 안그렇겠어요? 서운하지. 그런데 내가 그때 '섭섭할 것 하나도 없다. 우리 둘이 만날 때 빈손으로 만났잖아. 지금 이거 내버려도 우리 먹고 살 만큼 남아 있고, 빚진 게 하나도 없는데 뭘 서운할 게 있나.' 그랬지."

─속으로는 서운했지만 사모님한테 그렇게 말씀하셨다는 거죠?

"그렇지."

제4부

공동체를 치유하다

알고 보니 나도 그 돈을 받았네

김장하가 명신고등학교를 헌납하기 1년 전인 1990년 나는《남강신문》기자로 있었다. 그때 경상국립대 국문학과 은사인 신경득 (1944~) 전 교수가 주도해 창간한 문학무크지(부정기간행물)《한민족 문학》(온누리)에 편집위원으로 참여한 적이 있다. 참여라고 했지만 사실은 신 교수가 그냥 나를 끼워주셨다는 표현이 적절하겠다. 평론을 한 편 썼고 다른 편집위원과 함께 서울에 있던 출판사에 찾아가 한 번 교열·교정을 본 것 외에는 편집위원으로서 별 역할을 한 게 없었기 때문이다. 신 교수는 무크지의 모든 기획과 출판과정을 주도했으면서도 자신의 이름은 편집위원에 넣지 않고 글만 실었다. 제자들을 북돋우기 위한 스승의 마음이었다.

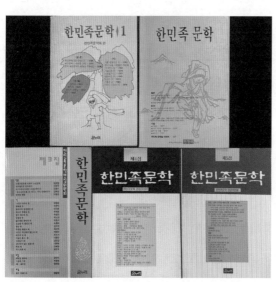

김장하 선생이 원고료를 지원한 문학무크 한민족문학 1~5집.

이 무크지는 1990년 창간호를 시작으로 1995년까지 모두 5집이 나왔는데, 나는 창간호에만 이름을 걸쳤고 나머지는 빠졌다.

그런데 취재과정에서 박노정 시인을 인터뷰하면

서 김장하 선생이 이 무크지가 나올 때마다 원고료를 지원했다는 사실을 알게 됐다. 과연 신경득 교수에게 확인해봤더니 사실이었다.

−선생님, 예전에 우리가 《한민족문학》을 낼 때 김장하 선생이 좀 도움을 주셨다고 박노정 시인이 말씀하시던데요. 사실인가요?

"도움을 주는 정도가 아니라 원고료를 5집까지 계속 주셨어."

−1집부터 5집까지 모두 주셨다고요?

"그랬지. 내가 박노정 시인에게 말했지. 우리가 이런 책을 만드는데, 문인들이 참 힘들게 살고 있다. 이분들에게 원고료를 좀 줘야겠는데 돈이 없다고 고민을 이야기했더니 김장하 선생에게 이야기를 한 거야. 그렇게 해서 어떤 때는 300만 원, 400만 원, 500만 원씩 이렇게 원고료를 주셔서 거기에 실린 작가들에게 골고루 쫙 나눠줬지. 무크지 중에서 처음으로 원고료를 준 게 한민족문학이었어. 김장하 선생이 원고료를 지원해 줘가지고 그렇게 된 거지."

알고보니 나도 김장하 선생의 돈을 받은 수혜자 중 한 명이었다. 어설픈 평론을 한 편 내고 원고료라는 돈을 받았는데, 그땐 '우리 선생님이 무슨 돈이 있다고 원고료까지 주시나?'라고 생각했을뿐 더 물어볼 생각은 하지 못했다. 그런데 30년이 지나서야 그 돈의 출처를 알게 된 것이다.

−김장하 선생과 직접 만나신 적도 있습니까?

"계속 만났지. 박노정하고 나하고 김장하 선생하고 처음엔 원고료 문제로 학교 근처 식당에서 만났고, 그 이후에도 내가 진주신문에 '대쪽소리' 칼럼을 쓰는데, 김장하 선생이 그 칼럼을 좋아하셔서가지고 점심시간에도 만나고 자주 봤어. 처음 만난 날부터 너무 좋아가지고 헤어져서 학교 앞 개양 거기 철길로 들어가는 길을 걷는데 참 너무 좋은 분을 만나서 구름 위를 걷는 것 같더라고 기분이. 세상에 이런 분이 있나 싶어가지고."

　－선생님이 보실 때 김장하 선생은 어떤 분이던가요? 처음 보면 막 살갑고 그렇게 사교적인 분은 아니잖아요.

　"그렇지. 무뚝뚝해보이지. 그런데 말을 해보면 그렇게 속이 맑고 깨끗하고 상대방을 배려하고 남한테 조금이라도 피해를 끼치려 안 하고 뭐라도 하나 주려고 그러고. 아주 그 마음씨가 진주에 그 호의라고 있지? 좋을 호 자에 의로울 의 자, 진주사람은 의(義)를 좋아한다고 하잖아. 그런 분의 표본인 것 같아 그분이. 그런데 어째서 그런 마음을 갖게 됐나 그건 알 수가 없어. 굳이 찾는다면 남명의 경의 사상에 영향을 많이 받은 것 같고, 어려서는 일찍 어머니가 돌아가시고 할아버지를 따라서 약방에 취직을 하고 그런 과정에서 심성이 저렇게 맑고 고와진 게 아닌가 이게 내 개인 생각이야."

　남명 조식(1501~1572) 선생의 호의(好義) 정신과 경의(敬義) 사상까지 나왔다. 마침 나는 김장하 선생이 천리안 홈페이지에 올려놨던 자신의 논문 「진주정신에 관한 소고」를 갈무리해놓은 게 있다. 이 책에도 일부 내용을 수록할 예정이다.

　신 교수와 전화를 끊고 나서 다시 한 번 다섯 권의 책을 살펴보았다. 특히 머리말에 해당하는 '책을 내면서'를 모두 꼼꼼히 읽었다. 대개 머리말 끄트머리에는 책을 내는데 도움을 준 사람에 대한 감사를 표하는 관행이 있다. 그러나 다섯 권 모두 김장하 이야기는 전혀 찾아볼 수 없었다.

다시 신 교수에게 전화를 걸었다. 왜 그런 말이 한 마디도 없냐고 물었다.

"그래 그게 이상하지? 그래서 그게 참 비사(祕史)인데, 김장하 선생이 처음부터 자기 이름을 밝히지 말라고 신신당부를 한 거야. 그래서 4집까지 약속을 지켰는데, 5집을 내면서 너무 고맙잖아? 그래서 마지막 판권 부분에 그동안 우리가 김장하 선생한테 원고료 지원을 받았다, 이런 내용을 내가 다섯 줄인가 넣었어. 그런데 그걸 본 김장하 선생이 대발노발을 한 거야. 그 태도가 하도 완강해서 어쩔 수 없이 인쇄, 제본과 일부 배포까지 끝난 책을 회수하여 일일이 판권 페이지를 뜯어내고 판권만 따로 인쇄한 종이를 풀로 붙여서 책을 배포하게 되었어."

결국 그 일로 김장하 선생의 원고료 지원은 중단되었다고 한다.

"그런 비사가 있어 그게. 그 양반이 원래 자기가 한 일에 대해서 이름이 밝혀지는 걸 아주 극도로 싫어하잖아. 그걸 뭐라고 그럴까? 하여튼 원천적으로 싫어하더라고. 나는 그동안 너무 고마워가지고 그렇게 밝혔는데, 그 양반이 나에게 와가지고 그렇게 싫은 소리를 막 하는 거야. 교수님 밝히지 말라고 그랬더니 왜 그걸…. 아휴 그래서 내가 한편 미안하기도 하고 그런 사연이 있어요."(웃음)

아니나 다를까. 5집 마지막 페이지 판권을 보니 따로 작은 종이에 판권을 인쇄해 붙인 표가 났고, 앞 페이지는 뜯겨진 자국이 남아 있

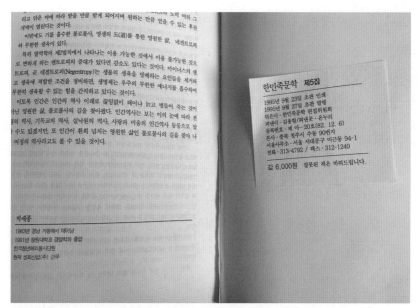

새로 인쇄해 붙인 판권과 뜯겨나간 페이지 흔적이 선명한 한민족문학 5집.

었다.

이처럼 김장하는 자신의 선행이 드러나는 걸 극도로 싫어할 뿐 아니라 이미 알고 묻는 질문에도 그런 경우 '기억이 안 난다'거나 묵비권으로 일관한다.

이번 취재과정에서도 그랬다. 앞서 처남 최치홍 씨가 고등학교 때 자형 심부름으로 진주고등학교 서무실에 학생 2~3명의 등록금을 대납했다는 데 대해서도 내가 묻자 "기억이 안 나네"라고 대답했다.

기억나지 않는 건 이뿐만 아니었다. 이용백 명성한약방 원장이 해준 말이다. 자신의 책 『까치집이 부럽네』에도 썼던 이야기다. 진주시 장대동에 사는 어떤 분이 이용백 원장 한약방에 약을 지으러 와서 말했다. 자기 이웃에 어렵게 사는 분이 있는데, 김장하 선생이 다른 사람들의 눈을 피하기 위해 이른 아침 그 집을 찾아가 돈을 전달하는 것을 보았다는 것이다.

이에 대해서도 내가 묻자 "기억이 안나"라고 말했다. 앞에서 말했던 김임섭 씨의 할아버지를 치료해준 일에 대해서도 물었는데 그 역시 기억이 안 난다고 대답했다. 그래서 이번《한민족문학》에 얽힌 이야기는 아예 물어보는 걸 포기했다.

어쨌든 이번 취재는 이처럼 희한하게 얽힌 인연을 하나하나 발견하고 연결되는 기쁨의 연속이었다. 얼마 전에는 80년대 후반~90년대 초 진주에서 도서출판 먼동을 운영했던 박윤판(1963~, 박지원으로 개명) 씨와 통화를 했다. 그 시절 진주청년문학회 활동을 함께 했던 후배가 박윤판 씨 소식을 전해줬기 때문이다. 그는 지금 서울에서 더크리홍보주식회사 대표이사로 일하고 있는데, 그 또한 김장하 선생으로부터 도움을 받은 적이 있다고 말했다.

"80년대 문학동아리 울력과 진주청년문학회에서 책을 내거나 행사를 할 때마다 김장하 선생을 찾아뵈었죠. 문학하는 사람들을 좋아해서 흔쾌히 후원을 해주셨어요. 다른 단체보다는 좀 더 많이 줬던 것 같습니다. 한 번 주실 때마다 10만 원 정도로 기억하는데, 그때로선 큰 돈이었죠."

아하! 나도 함께 활동했던 진주청년문학회 또한 김장하 선생의 도움을 받았다니. 그때 난 왜 몰랐던고?

행동하는 시인 박노정과 진주신문 가을문예

1990년 3월 3일 주간《진주신문》이 시민주주언론으로 창간됐다. 800여 명이 주주로 참여했는데, 그중에 김장하 선생도 있었다.

《진주신문》과 김장하의 관계는 박노정 시인을 떼놓고 생각할 수 없다. 박 시인은 김장하 선생보다 일곱 살 아래인데, 애석하게도 2018년 7월 4일 69세의 나이에 먼저 세상을 떠났다. 7월 6일 저녁 그를 따르고 흠모하던 시민들이 장례식장에서 '시인 박노정을 기리다'는 제목으로 추모제를 열었는데, 그 자리에 김장하 선생이 직접 조사를 읽었다. 그 일부를 옮기면 다음과 같았다.

박 선생님!

이리 가실 줄 알았으면 엊그제 집으로 찾아갔을 때 억지로라도 깨워 몇 마디 이야기나마 나누었어야 했을 것을 조만간 다시 오마 생각하고 돌아온 것이 크게 후회됩니다.

당신이 강한 사람이고 그러므로 그깟 병마에도 쉬 굴복치 않으리라 생각했는데, 이리 속절없이 가시다니 애통한 마음 이루 다 말할 수가 없습니다.

여러 일들이 주마등처럼 스쳐갑니다.

민주화운동 이후 권력과 자본에 휘둘리지 않는 지역신문의 필요를 염원하는 시민들의 요구는 '진주신문'을 창간하는 단초가 되었습니다. 초대 발행인을 맡은 선생은 대쪽같은 기개로 진주정신의 구현을 위해 앞장섰습니다. 민심 무서운 것을 보여준 진주농민항쟁, 계사년의 진주성 전투, 남명사상, 형평운동 등은 진주신문을 통해 새롭게 조명되고 그것은 시민사회에 긍지와 자부

박노정 시인에 대한 추모사를 하는 김장하 선생.

심을 심어주는 계기였습니다.

선생은 문학에 남다른 열정으로 서울 편중의 문학을 변방으로 끌어당겨 나누어야 한다는 일념으로 '가을문예'를 제창했습니다. 가을문예는 엄정한 심사과정을 통해 신진 문학도에 길을 열어주는 신선한 산실로 이미 스무 해를 넘겼습니다.

이외에도 시민사회에서 벌어지는 좋고 궂은 일에는 언제나 당신이 있었습니다. 함께한 30여 년 세월에 당신이 있어 덜 외롭고 든든했습니다.(후략)

그로부터 4년이 흘러 2022년 7월 박 시인을 따르는 후배들이 『진주사람 박노정』(사람과나무)이라는 책을 출간했다. 이 책에도 김장하 선생은 '박노정과 나'라는 제목으로 글을 썼다. 책에서는 '아~ 아우여? 아~ 친구여!'라는 제목으로 바꿔 실린 글 전문을 옮긴다. 이 글만 봐도 김장하와 박노정의 관계는 물론《진주신문》은 어떤 신문이었는지, 한동안 신문사가 운영하다 남성문화재단이 운영했던 '가을문예'는 어떻게 시작되었는지 내막을 알 수 있다. 또한 그동안 스스로 잘 드러내지 않았던 김장하 선생의 언론관, 역사관, 세계관을 엿볼 수도 있는 귀한 글이다. 길지만 전문을 옮기는 이유가 여기에 있다.

첫 만남의 배경

자유민주주의를 지키고 가꾸려는 노력에서 언론의 역할은 새삼 강조할 필요가 없다. 군사정권이 들어선 지 18년이 지난 세월에 10.26사태로 '서울의 봄'이 오려나 하고 기대했지만 전두환 정권이 또다시 무자비하게 언론과 자유민주주의를 짓밟았다. 그럼에도 어느 언론이고 '아니오'라고 말하는 자가 없고 잘 길들여진 어진 황소처럼 순종할 따름이었다.

이런 시기에 1988년 5월 15일에 송건호 선생이《한겨레》신문 창간을 선언했다. 그로부터 언로가 트이고 비판의 목소리가 나오기 시작했다. 나도《한겨레》주식을 좀 사서 작은 힘이나마 보태고는 언론의 회생에 쾌재를 부르고 있을 때였다. 1990년대의 진주도 가치관의 혼돈으로 인하여 '5도 10적'이라는 토호세력이 불의를 저지르고 사회정의가 사라지고 있을 때 권력과 재물에 휩쓸리지 않는 지역신문을 창간하자는 여론이 비등해졌다. 이에《한겨레》와 같이 '시민주'로 모집한《진주신문》을 창간하게 되었다. 발행·편집인 겸

대표이사를 박노정 씨가 맡았다. 성품이 대쪽 같은 기개로 '진주정신'의 구현을 위해 앞장섰다.

신문의 논조가 과격하고 비판 기능이 과할 정도라는 세평이 나오기 시작했다. 나는 슬며시 구미가 당기며 대표이사를 만나고 싶어졌다. 하루는 경상국립대학교 교수인 김영기 선생을 만나 '박노정 씨가 누구요? 한 번 만나고 싶다'고 하자 그렇지 않아도 '만나고 싶다'고 하더란다. 다음날 남성당한약방에서 첫 만남이 이루어졌다. 인사를 나누고 보니 목소리는 카랑카랑하고 광대뼈가 나온 얼굴이 고집스럽게 생겼다. 서로 만나자마자 의기 상통해 마른 논에 물 붓는 식으로 빨려 들어가 십년지기처럼 반가웠다. 이렇게 만난 것이 첫 만남이며 그 이후로 많은 일들이 이루어졌다.

남강신문과 합병

《진주신문》이 창간되고 2,3년이 지났음에도 신문구독자 수가 늘어나지 않고 광고시장도 좁아서 운영에 어려움이 따랐다. 원인을 분석해보니 비판 기능이 가혹하다 보니 한 번 비판기사를 당한 사업자들은 자기 잘못을 뉘우치기는 고사하고 신문 구독을 중단하고 광고를 주지 않는다는 것이다. 그래서 경영진 회의에서 비판 수위를 낮추어야 할 것인가 아니면 그대로 유지할 것인가를 고민하게 되었다. 신문이 바른 길을 가자면 고삐를 늦추어서는 안 될 것이고 적당히 타협하면 현상 유지는 될 것이었다. 나는 발행인에게 이렇게 말했다. "신문의 손실 부분은 내가 감당할 테니 경영에 구애받지 말고 불의와 타협하지 말고 좋은 신문 만들어주시오"라고 제안했다. 그 이후 약속대로 10년간 지원을 했다.

친일화가의 논개 영정 문제를 보도한 진주신문 1993년 7월 5일자.

일화 하나를 소개한다. 기자 한 사람이 결혼식을 올리는데 청첩장에《진주신문》기자라고 쓴 걸 보고는 신혼여행 다녀온 사람을 해직시켜버렸다. 좀 가혹하다 싶은 결정 같지만 이렇게 내부 결속을 철저히 함으로써 올바른 기사를 쓸 수 있는 것이다.

《진주신문》이 자리잡는 데 또 하나의 문제점은 경쟁 신문인 주간《남강신문》이었다. 좁은 지역에서 신문사 하나도 경영하기 힘든데 두 회사가 경쟁을 하니 힘이 들 수밖에 없었다. 그래서 경영이 부실한《남강신문》인수에 들어갔

다.《남강신문》대표이사인 윤백만 씨를 만나 인수 의사를 전달했더니 몇몇
이사들의 주식만 사준다면 인수합병에 동의하겠다는 말을 듣고 며칠 후《남
강신문》측에서는 윤백만 대표와 이사인 이모 씨가 참석하고《진주신문》측
에서는 대표이사와 내가 참석하여《남강신문》주식을 매입하고《남강신문》
을 폐간했다.

형평운동

《진주신문》의 '진주정신을 찾아서'라는 시리즈에서 '형평운동'에 대한 이야
기를 많이 주고받았다. 글쓴이 김중섭 교수랑 한국 인권운동의 금자탑이라
고 하면서 계승 발전시켜야 한다느니, 발전시키면 어떻게 해야 하느냐니 하
는 이야기를 나누다가 김중섭 교수가 "내년(1993년)이 형평운동 70주년이 되
니 형평운동70주년기념사업회를 설립하자"고 했다. 이렇게 1992년 진주 남
성당한약방에서 형평운동70주년기념사업회가 구성되었고, 형평사 창립 70
주년 기념식을 1993년 4월 24일에 거행하기로 결정하였다. 이와 함께 국제
학술대회를 개최하며 형평운동 기념탑도 건립하기로 결정하여, 김장하 이사
장, 박노정·김중섭·김영기 선생 등이 이사를 맡았다. 1993년 4월 24일에 형
평운동70주년기념식을 거행하고 1996년 12월 10일 세계인권선언일에 맞춰
형평운동기념탑이 세워졌다. 기념탑의 글씨는 솔뫼 천갑녕, 조각은 심정수
작가가 각각 맡았고, 건립 비용은 1500여 명의 회원과 진주 시민들의 자발적
인 성금으로 충당되었다.

형평운동기념탑은 일제 강점기 형평사 창립 축하식이 열렸던 경상남도 진주
시 대안동 옛 진주극장 앞에 세우려 했지만, 터가 좁고 땅값이 비싸 본성동

1996년 형평운동기념탑 기공식에서 박노정과 김장하.

진주성 동문 앞에 건립하였다.

2004년 그동안 좀 느슨했던 형평운동기념사업회를 재정비하여 박노정 선생

이 이사장을 맡으면서 '제2의 형평운동'을 시작했다. '1차 형평운동'은 백정

들의 신분차별을 없애는 인권운동이었지만 '2번째의 형평운동'은 새로운 차

별을 철폐하자는, 즉 장애인과 비장애인의 차별, 남녀의 차별, 지역간의 차별,

빈부의 차별 등 많은 문제를 다루기로 했다. 실제로 장애인 인식 개선을 위하

여 노력한 결과 많은 성과를 거두었다.

차 이야기

박노정 선생이 의령 자굴산 아래 개울 옆에 있던 조그마한 집에 살 때다. 자

굴산 등산을 마치고 집에 들르면 의례히 차를 끓였다. 등산 후 땀을 흘린 터라 차가 꿀맛이다. 차 맛도 제대로 모를 때다. 물배만 채운 뒤에 차에 대한 얘기를 듣는다. 좋은 차는 찻잎이 어릴 때 채집하여 제다를 했기 때문에 모양이 참새 혓바닥 같다 해서 작설차라고 한다. 찻잎은 곡우절기 전에 따서 제다를 해야 최상품 차가 된다. 이것을 우전다라고 한다고 설명해준다. 자굴산 등산을 할 때면 필수코스로 댁에 들러 차를 대접받고 돌아온다. 그렇게 차를 좋아하게 되자 매년 봄이 되면 우전다 한 통을 꼭 구해 보낸다. 이제는 묵은차를 먹다가 햇차가 먹고 싶어진다. 해묵은 쌀밥을 먹다가 새 쌀밥이 먹고 싶듯이 이제는 차 맛을 좀 알아가는 모양이다.

1994년 어느 토요일 오후 박노정 선생과 '진주문고' 여태훈 대표, 나와 셋이서 전라도 두륜산 대흥사 일지암을 답사하러 나섰다. 오후 6시쯤 강진읍에 도착하여 소문난 전라도식 정식을 거하게 먹고 대흥사를 거쳐 일지암에 올랐다. 밤이 늦어서야 도착했다. 일지암에는 여연 스님이 기다리고 계셨다. 미리 박 선생이 연락을 해두었다. 일행을 반갑게 맞이한 여연 스님은 차를 끓여냈다. 여러 가지의 차를 맛보면서 초의선사(草衣禪師)와 다산 정약용, 추사 김정희의 세 분이 만나 고담준론으로 밤을 세웠을 일지암은 한국 차의 중흥조 초의선사가 기거하였던 곳이다.

선사(1786~1866)는 조선 후기의 대선사로서 우리나라 다도를 정립한 분이다. 그래서 '다성(茶聖)'이라 부른다. 다산 정약용(1762~1836), 소치 허련(1809~1892), 그리고 평생의 친구 되는 추사 김정희(1786~1856) 등과 폭넓은 교유를 가졌는데, 초의는 '동다송(東茶頌)'을 지으며 우리 토산차를 예찬하였다.

초의선사의 사상은 선(禪) 사상과 다선일미(茶禪一味) 사상으로 집약되는데 특히, 그의 다선일미 사상은 차를 마시되 법희선열(法喜禪悅)을 맛본다는 것이다. 즉 차(茶) 안에 부처님의 진리(法)와 명상(禪)의 기쁨이 다 녹아 있다는 것이다. 명성이 널리 알려지자 대흥사의 동쪽 계곡으로 들어가 '일지암(一枝庵)'에 기거하면서 수행과 집필에 몰두했다. 1828년에는 지리산 칠불암에서 청(淸)나라 모환문(毛煥文)이 엮은 『만보전서(萬寶全書)』의 「다경채요(茶經採要)」를 베껴 『다신전(茶神傳)』을 초록(抄錄)해 냈다.

논개 영정

논개(論介)는 조선시대 임진왜란 당시 의기로 알려진 기생, 진주목(晉州牧)의 관기(官妓)로 1593년(선조 26) 임진왜란 중 진주성이 일본군에게 함락될 때 왜장을 유인하여 순국한 의기(義妓)이다.

2005년 역사바로세우기 운동을 할 때다. 박노정 선생이 찾아와서 의논드릴 것이 있다고 했다. 의기사에 전시되어 있는 논개 영정이 '표준영정'도 아니고 친일파(김은호)가 그린 영정인데 그것을 호국성지의 논개사당에 전시할 수 있느냐는 것이다. 당장 떼어내야 한다는 것이다. 논개 영정은 이당 김은호가 그렸고, 그는 '금차봉납도'를 그려 조선총독부에 바친 친일파다. '금차봉납도'는 일제강점기 조선의 고관 부인들이 대동아전쟁의 승리를 위하여 금반지와 패물을 뽑아 성금을 내는 그림이다. 김은호의 이같은 활동은 '일제강점하 반민족행위 진상규명에 관한 특별법'(제2조 제13호)에 해당하는 친일반민족행위로 규정되어 《친일반민족행위진상규명보고서》(Ⅳ-3: 친일반민족행위자 결정이유서, pp.735~751)에 관련 행적이 상세하게 채록되어 있다.

2005년 5월 10일 박노정 시인이 의기사 논개 영정을 철거하면서 고유문을 낭독하는 모습.

"그렇다고 할지라도 정상적인 절차를 밟아서 떼어내야지 막무가내로 떼어낼 수 없지 않느냐"라고 했더니, "진주시청에 몇 번인가 철거해 달라고 서류를 넣었지만 무응답이라서 우리가 철거해야 합니다. 이사장님은 가만히 계십시오."라고 하며 일어섰다. 그길로 의기사에 가서 논개 영정을 강제 철거해 버렸다.

박노정 선생을 포함한 시민·노동단체 대표까지 4명이 경찰에게 잡혀가서 재판을 받고 벌금형을 선고받았다. 벌금형이 부당하다며 항의하는 뜻으로 1주일 가량 교도소에 수감되는 고초를 겪고 나서 출소했다. 결국 벌금은 시민 성금으로 충당했으며 나도 보냈다. 그리고 난 뒤에 '논개 영정 표준영정 추진위원회'가 설립되어 전국 공모를 해서 충남대학교 윤여환 교수가 그린 작품이 당선되고 정부에서 인정한 표준영정으로 결정되어 의기사에 전시됨으로써 일단락되었다.

진주가을문예

1995년이다. 박노정《진주신문》발행인과 둘이서《진주신문》의 격을 높이고자 "일간지 신문들이 신춘문예를 하는데 주간신문인《진주신문》도 신춘문예를 해서 진주의 문화 품격을 높일 수는 없을까요?"라고 했더니, "돈이 들어서 그렇지, 우리는 '가을문예'를 하면 좋지요"라고 했다. 그래서 그때 돈 1억 5000만 원을 주면서 '가을문예'를 준비해보라고 했다. '진주신문가을문예운영위원회'를 결성하기로 하고 운영위원장은 박노정 발행인이 맡았다. 소설 당선작에 상금 1000만 원, 시 당선작에 상금 500만 원을 수여하기로 정하고, 심사에 공정성을 기하며 더 새로운 자기 개성과 자기 문맥, 당당한 자기 목소리를 담아내도록 힘쓰기로 했다. 그 이후《진주신문》이 폐간되면서 1억 5000만 원의 기금은 다시 남성문화재단으로 넘어오고, 박노정 선생은 남성문화재단의 이사로 참여하면서 진주가을문예운영위원장을 그대로 맡아 23년간 애쓰셨다.

그 결과 시인·소설가 54명을 한국문단에 배출해 내어 진주가 왜 문화예술의 도시인가를 한 번 더 확인하는 계기가 되었다.

박 선생은 문학을 사랑하고 사람을 사랑하고 진주를 사랑했다. 진주 사람들은 당신의 그런 삶을 오래도록 기억할 것이다. 박노정 선생과 나의 관계를 생각하면, 어느 형제가 그토록 의가 좋았으며, 어느 친구가 그토록 의로웠던가 싶다. 아~ 아우여! 아~ 친구여!

이 글에서 내가 새롭게 알게 된 사실은 《남강신문》 인수에 대한 이야기다. 내가 1990년 3월부터 1992년 2월까지 2년을 일했던 신문사였는데, 내가 떠난 후 《진주신문》과 통합되었다는 이야기를 전해들었다. 말 그대로 '통합'인 줄 알았더니 실제로는 '인수'였던 것이다. 《진주신문》은 800여 명의 시민주언론이지만, 《남강신문》은 주주가 그리 많지 않았던 것으로 알고 있다. 그렇다면 '몇몇 이사들의 주식'이 자본금(당시 법정 최소요건이 5000만 원이었다)의 대부분이었을 것이고, 그 액수도 만만찮았을 것이다. 그 주식을 매입하는 자리에 박노정 대표이사와 둘이 참석했다고 하니, 아마 그 대금도 김장하 선생이 부담했을 가능성이 높다.

그러나 그 사실을 제대로 아는 이는 찾을 수 없었다. 박노정 시인도 이미 돌아가셨고, 김장하 선생도 구체적인 금액 등에 대해선 답을 해주지 않을 게 뻔했다.

확실한 것은 1990년 《진주신문》 창간 때부터 2002년 박노정 시인이 대표이사직을 물러날 때까지 매년 1억 원 정도의 적자를 매워주었

진주신문 출신 윤성효 오마이뉴스 기자.

다는 사실이다. 이와 관련 박 시인과 같은 기간 《진주신문》 기자로 있었던 윤성효 오마이뉴스 기자는 이렇게 말했다.

"신문사는 거의 매달 적자가 났는데, 박노정 선생님이 어디서 구해오는지 돈을 가져와 충당했어요. 그 덕분에 직원들 월급이 한 번도 늦어지는 때가 없었죠. 뒤에 알

고 보니 김장하 이사장님이 매달 적자폭만큼 지원하셨던 거죠."

박노정 시인은 2015년 3월 31일 인터뷰에서 매달 적자폭뿐 아니라 주요한 일이 있을 때마다 지원을 받았다고 말했다.

"이경순 전집 펴낼 때도 1000만 원을 지원해주셨고, 무슨 행사가 있거나 할 때마다 1000만 원, 1500만 원 이렇게 지원을 해주셨지."

《진주신문》이 2009년 폐간하던 당시 마지막 이사회와 주주총회에 참석했던 이철조(1962~) 건축사(아키랜드건축사사무소 대표이사)는 "당시 정산을 해봤더니 무려 10억 원이 넘는 운영자금이 김장하 이사장에게서 지원된 것이었다"며 "그래서 일부라도 돌려드려야 하지 않느냐고 했더니 일언지하에 '받으려고 준 돈이 아니다'며 손사래를 쳤다"고 말했다.

박노정 시인은 2015년 인터뷰에서 김장하 선생이 금전적 지원뿐 아니라 신문에 대한 외부의 공격이나 비난도 막아주는 든든한 방패 역할까지 해주었다고 말했다.

"처음 만났을 때는 칼칼하고 당당하시고 그런 분이었데. 나는 지난 번에도 우리 회의를 마치고 오다가 내가 그리 말씀을 드렸어. '젊었을 때 이사장님 뵈었을 때 정도전처럼 나는 그렇게 느껴졌습니다.' 틀렸으면 그 자리에서 바로 틀렸다 하는 거라. 뭐 돌리고 이런 게 아니고. 어디 가니까 진주신문을 빨갱이 신문이라 카는데 무슨 소리고? 내가 거기 관여를 하는데 너무 정도를 걷고 그런 사람들이더라. 그래서 나는 거기 후원도 하고 참여를 하고 있다. 당당히. 선배격인 몇 사람이 강력하게 그러쿠고 하면 입을 다물고 있거나 뭐 그렇잖아요. 그런데 내가 참여해보니까 그렇지 않다. 나는 깊숙하게 관여하고 후원하고 있다. 그 말씀을 하시고, 그러니까 우리도 굉장히 행복했지."

신경득 교수의 '대쪽소리' 칼럼에 대한 이야기도 했다.

"논조에 대해서 일화를 하나 이야기하면, 우리 국문과 신경득, 지금 청주에 가신 신경득 선생님을 우리가 모셨잖아. 나는 지금도 그리 생각해요. 잘 쓰고 못 쓰고 그것도 중요하지만 글이 나가면 반응이 와야 한다, 그런 생각을 하거든요. 신경득 선생님은 글을 쓰면 그냥 반응이 오는 거라. 아따! 너무 잘 읽었다. 너무 무지막지하다는 사람도 있고. 그러니 너무 신나는 거라. 내내 쓰는 동안 그리 했어. 신경득 선생님이 나보다 나이가 훨씬 많잖아. 나를 정말 존중하는 그런 입장에서 한 번도 나를 낮춰본 적이 없고 그리 하면서 제자들에 관한 애정이, 교수들 중에서는 그렇게 애정이 많은 분이 없었어요."

위 김장하 선생의 글에서 박노정·여태훈과 대흥사 일지암에 갔던 이야기가 꽤 길게 나오는데, 박 시인 또한 그때의 기억이 깊이 남아있었던 것 같다. 2015년 인터뷰에서 한 말이다.

"여행을 한 번밖에 못했어. 그 시절은 굉장히 바쁠 때여서 일요일도 일을 하셔야 할 때가 많았는데, 비교적 멀리는 갔지. 해남 대흥사 일지암. 일지암에서 하루를 묵었거든. 지금 강진 백련사 주지인 여연 스님이 나와 가까워서 여태훈 대표가 운전을 하고, 일박을 거기서 했어. 내 옆에 주무셨는데 코를 골며 주무시더라고. 그런데 그게 크지도 않고 너무 작지도 않고 그런 거라. 이분은 정말 뭐 못할 짓 하셨던 분도 아니고 그러니까 정말 편하게, 고르게 주무시고 코도 고르게 고시

2015년 인터뷰 중인 박노정 시인.

는구나. 그런 생각도 들었지."

-그런 여행을 한 번밖에 안 갔다고요?

"다른 데는 단체로 간 건 있었겠지. 무슨 기행이라든지, 진주문화
사랑모임이라든지. 그런데 세 사람만 사적으로 간 여행은 그게 처음
이고 끝이었지."

김장하 선생은 물론 돌아가신 채현국 선생도 생전에 박노정 시인
을 끔찍이도 아끼고 좋아했다. 그의 어떤 부분을 그 어른들이 좋아했
을까?

"당신 입장에서 보니 저 놈이 틀린 짓은 안 할 놈이다 아마 그런 생
각들을 안 하셨겠어요? 김장하 선생님은 올곧으신 분이고 그 시대에
필요한 일이 민주화 그런 일이니까, 거기에 저 녀석이 비슷한 일을 해

낼 수 있다는 그런 믿음을 아마 조금은 가졌을 거라고. 저놈 택도 없다 싶으면 그 어른들이 정말 전혀 호응을 안 하셨을 건데, 내가 진주신문할 때 저 친구가 책임 맡아가지고 일을 제대로 열심히 할 수 있는 친구 같다 뭐 이 정도는 생각을 하시고 믿어주신 거 아닐까."

특히 김장하 선생은 꽤 오랫동안 점심시간마다 박노정 시인과 함께 이야기를 나누는 걸 즐겼다고 한다. 박 시인은 책 읽기를 좋아하는 선생을 위해 만날 때마다 책을 사서 선물했는데 늘 그 책을 읽고 내용을 이야기하곤 했다고도 했다. 앞에서 강민아 전 의원이 "개그 코드 있으시다"고 했던 그 이야기와 연결된다.

"특히 진주신문 하던 중에 아주 행복했던 시간이 있었는데, 진주문화원 옆에 레스토랑이 하나 있었어요. 점심 때 되면 손님들이 거의 없었어. 한 달에 두세 번을 점심시간에 만나가지고 흐르는 남강물을 보며 진주의 이런저런 일들을 다 사심없이 나누는데, 지금 생각하면 내가 정말 제대로 알지도 못하면서 내가 훨씬 더 말을 많이 했다는 생각이 들어. 정말 다 들어주시고 또 당신이 마치 질문자가 되어서 물음을 주시고. 너무 편하게 하고 싶은 말을 자유롭게 하던 그 시절이, 그것도 시기가 한두 달로 끝나는 게 아니라 상당한 기간이 계속되어가지고 지금 돌이켜보면 참 행복하고 아름다운 시절이었지."

이밖에도 박 시인은 김장하 관련 몇 가지 에피소드와 비화(祕話)를 이야기해주었는데, 그건 다음 장에서 풀어볼 생각이다.

진주가을문예의 의미나 이를 통해 배출된 문인들 이야기도 위 김장하 선생 글에 이미 나와있기도 하거니와 굳이 여기서 길게 서술할 필요는 없을 것 같다. 다만 다른 문학상과 다른 진주가을문예만의 특별한 풍습에 대해서는 언급할 필요가 있겠다. 알고보니 이 또한 김장하 선생의 금일봉 덕이 컸던 것 같다. 다음은 제3회 진주신문가을문예 소설 당선자인 정연승 작가가 『진주사람 박노정』에 쓴 글 중 일부다.

해마다 12월이 되면 우리나라 남도 끝 진주에서는 가을문예 시상식이 열린다. 그리고 그 자리에는 전국에 흩어져 있는 진주가을문예 역대 당선자들이 모인다. 이것부터 다른 문학상 시상식에서는 좀처럼 볼 수 없는 풍경이다. 그리고 그해 당선자를 축하해 주고 모두 한 자리에 모여 하룻밤을 지내며 그간 밀렸던 서로의 회포를 밤새 쏟아놓는다. 그렇게 하룻밤을 보내고도 곧바로 헤어지지 못한다. 아침 해장국을 먹고 나면 진주성을 촘촘히 살펴보며 선조들의 얼을 떠올리기도 하고, 형평운동기념비 앞에 서면 모두가 차별 없는 평등세상의 그날을 갈구하며 남강을 걷는다. 그리고 또 하나, 그렇게 긴 시간을 만나오면서도 진주가을문예 도반들은 우리끼리 하나로 뭉쳐 앞으로 어떻게 해보자는 짬짜미나 어떤 부추김도 해본 적이 없다.

시상식 마치고 나면 바로 헤어지는 그런 일회성 행사와는 다르다는 말이다. 그런데 이런 모임을 위해 매년 시상식 때마다 김장하 선생이 100만 원을 봉투에 넣어 역대 수상자들 모임의 회식비로 전달해 온 사실을 최근에야 알게 됐다. 이는 윤성효 기자(가을문예 운영위원)가 알려줬다. 가을문예 당선자 상금은 소설 1000만 원, 시 500만 원이다. 그래서 나는 시상식 후 회식비용은 당선자들이 한 턱 쓰는 것으로 짐작하고 있었다. 선생은 아마도 그러지 말라고 금일봉을 매년 전해 왔던 게 아닐까 싶다.

친일청산과 평등세상을 위하여

앞서 인용한 글에서 정연승 작가는 "형평운동기념비(탑) 앞에 서면 모두가 차별 없는 평등세상의 그날을 갈구하며 남강을 걷는다"고 썼다. 정 작가는 충북 청주 사람이다. 그렇게 가을문예를 매개로 전국의 시인·소설가들이 진주에 와서 형평운동기념탑을 보고 그 의미를 새긴다는 것 자체가 참 뿌듯한 일이다.

1993년 형평운동 70주년 기념사업이 어떻게 시작되었는지는 김장하 선생이 쓴 앞의 글에도 나와 있다. 글에 언급된 김중섭 교수는 2022년 9월 도올 김용옥 선생이 진주농민회 초청으로 진주에 와서 역사유적지 탐방을 할 때 형평운동에 대한 안내와 설명을 맡았다. 그는 기념사업회 결성과 국제학술회의 등 과정을 설명한 후 형평운동기념탑 앞에서 이렇게 말했다.

"시민들이 기억할 수 있는 곳이 필요하다 하여 만든 게 형평운동기념탑입니다. 이것을 시민 모금을 통해 만들기로 했습니다. 이 일련의 과정에 김장하라는 분이 없었다면 불가능했던 일입니다. 이분의 리더십에 의해서, 이분이 하신다는 일에 많은 시민이 흔쾌히 동참해주셨어요. 그래서 이걸 만드는데 1500명 이상의 시민이 참여했습니다.

우리는 흔히 '형평의 정신에 비추어…'라는 표현을 쓴다. '형평'은 저울(衡)처럼 공평하고 평등하다는 뜻을 담고 있다. 인권이라는 말은 있어도 인권을 지키고 존중하려는 의식은 빈약한 현실에서 '형평의 정신' 하면 맞을 수 있는 단체가 있다. 바로 '형평사'(衡平社)이다.

형평사는 1923년 경남 진주에서 창립되어 1935년에 '대동사'(大同社)로 이름과 성격이 바뀌기까지 13년간 활동한, 이른바 '백정'을 해방하고자 했던 인권단체이다. 창립 뒤 매우 빠르게 성장하여 1928년에는 전국의 단위조직체가 1백62개, 활동가는 9천 6백88명에 이르렀다. 일제는 그 조직이 두려워서 고려혁명당 사건(1927)을 계기로 지도자들을 잡아두고, 형평청년전위동맹 사건(1933)을 조작해내기까지 하였다. 4월24일은 바로 그 형평사 창립 70돌 기념일이다.

오늘날 형평운동은 두 가지 점에서 큰 뜻이 있다고 생각한다. 우선, 우리 근대사상 최초의 인권운동이었다는 점이다. 형평운동은 인권이라는 말부터가 낯설던 때에, 인간은 모두 평등하다는 사상을 집단적인 운동으로 실천하고자 했던 최초의 움직임이었다.

백정이라 불리던 사람들은 지금은 상상조차 힘든 차별 속에서 5백년 이상 천대를 받으며 살아왔었다. 갑오년(1894)에 이르러 차별을 철폐한다는 선언은 있었지만, 호적에서마저 '도한(屠漢)'이라 명기하여 일반인과 구별하였다. 그러한 신분차별의 두터운 벽을 허물고 너와 내가 같은 사람이니 다 함께 사람답게 삶이 마땅하다는 주장을 과감히 내세우고 실천했던 밝은 세상을 열어젖힌 선구자요 선각자였다.

형평운동이 지닌 또 다른 의의는, 그것이

'형평운동' 절실한 '개혁시대'

김 장 하
형평운동 70주년 기념사업회장

시민들 자신의 주체적인 자각과 노력에 의해 이룩되었다는 점에 있다. 차별받던 당사자들은 멸시와 천대에 굴하지 않고 스스로 인간으로서의 존엄을 되찾고자 노력했다. 그리고 뜻있는 일반 시민들은 과감하게 인습의 굴레를 벗어던지고 차별받는 사람들과

하나가 되었다. 형평사를 창립했던 강상호, 신현수, 이학찬, 장지필, 천석구 등 가운데는 이른바 백정 출신도 있었지만 그렇지 않은 사람도 있었다. 그들은 '새 백정'이라는 비난과 반형평운동의 거센 류에도 급히지 않고 인간 평등의 숭고한 정신을 위해 헌신하였던 것이다. 여기서 우리는 정의를 실현하

기에 서슴지 않았으며, 일제의 혹독한 식민통치 아래서 민족의 진정한 단결을 추구했던 선조들의 신념에 경의를 표하게 된다.

오늘날 이른바 '백정'은 존재하지 않는다. 아직도 신분과 직업으로 사람을 차별한다면 구시대의 유물로 웃음거리밖에 되지 않을 것이다. 그러나 지금 우리 사회에는 여전히 여러 모습의 다른 차별들이 엄연히 존재하고 있다. 남자와 여자, 가진 사람과 못 가진 사람 그리고 몸이 자유로운 사람과 그렇지 못한 사람 등등 사이의 차별과 몰이해가 사람답게 살려는 많은 사람들을 고통 속에서 방황하게 하고 있다.

형평운동 70돌을 맞아

진주에서는 시민들이 기념사업회를 조직하여 경상대학교의 협조 아래 국제학술회의와 기념식을 가졌고, 머지 않아 기념탑도 세울 것이다. 이런 일들은 모두 광복 뒤 처음인 것으로 알고 있다. 참으로 뜻있는 선조들의 노력이 그토록 오랫동안 정당하게 평가받지 못하고 기념식조차 열리지 않았다는 사실은, 우리 사회가 그만큼 차별과 억압이 존재하는 사회였음을 뜻한다고 본다. 요사이 나날이 터져나오는 지도층의 비리 또한 그 점을 확인시켜 준다.

우리는 지금 개혁과 민주화의 시대에 살고 있다. 진정한 개혁과 민주화를 앞당겨 이루기 위해서는 모든 일에 형평정신이 곧 평등사상을 바탕삼아야 할 것이다. 그러므로 '형평사'는 지금 없어도 형평운동은 계속되어야 한다. 완전한 평등을 추구하는 발자취가 곧 인류의 역사 아니었던가. '형평운동 70주년 기념사업회'가 형평정신을 오늘에 되살리고 북돋우어, 우리 사회를 좀더 따뜻하고 정의롭게 만드는 시민인권운동단체로서 다시 출발해야 하는 까닭이 여기에 있다.

1993년 4월 25일자 한겨레 칼럼.

50개 단체도 참여했고요. 부족한 건 물론 김장하 선생이 대시고…."

김 교수의 말처럼 김장하 선생이 직접 회장을 맡아 앞장서서 공개적으로 시민운동에 나선 게 형평운동기념사업회였다. 그 이전에도 《진주신문》이나 진주남강을지키는시민모임(이후 진주환경운동연합) 등을 지원하고 후원했지만, 고문이나 주주 등 뒤에서 조용히 돕는 방식이었다. 그는 형평운동 70주년을 앞둔 1992년부터 2004년까지 기념

경남도립미술관 특별전시 형평의 저울을 관람 중인 김장하.

사업회 회장과 이사장을 맡아 평등사회, 차별 없는 세상을 위한 운동
에 앞장섰다. 1993년 70주년에는《한겨레》에 자신의 이름과 얼굴을
내놓고 칼럼을 썼고, 형평운동 관련이라면 여러 방송과 인터뷰도 마
다하지 않았다. 이례적인 일이었다.

그가 형평운동에 그만큼 애착을 가졌던 이유는 무엇일까?《한겨
레》칼럼에서 그 이유를 찾아보자.

오늘날 이른바 '백정'은 존재하지 않는다. 아직도 신분과 직업으로 사람을
차별한다면 구시대의 유물로 웃음거리밖에 되지 않을 것이다. 그러나 지금
우리사회에는 여전히 여러 모습의 다른 차별들이 엄연히 존재하고 있다. 남

자와 여자, 가진 사람과 못 가진 사람 그리고 몸이 자유로운 사람과 그렇지 못한 사람 등등 사이의 차별과 몰이해가 사람답게 살려는 많은 사람들을 고통 속에서 방황하게 하고 있다.

(…중략…)

우리는 지금 개혁과 민주화의 시대에 살고 있다. 진정한 개혁과 민주화를 앞당겨 이루기 위해서는 모든 일에 형평정신 곧 평등사상을 바탕삼아야 할 것이다. 그러므로 '형평사'는 지금 없어도 형평운동은 계속되어야 한다.

그는 사회 곳곳에 엄존하고 있는 각종 차별을 철폐하고 평등사상을 실현하는 게 이 시대의 가장 절박한 과제라고 생각했다.

김장하 선생은 2004년 기념사업회 이사장에서 물러났으나 지금까지 이사로 계속 참여하고 있다. 기념사업회는 2대 박노정, 3대 홍창신, 4대 장승환(1957~) 이사장을 거쳐 현재 5대 이곤정 이사장으로 이어지고 있다.

2022년 8월 9일 김장하 선생이 창원에 있는 경남도립미술관에 나타났다. 특별전시회 '형평의 저울'을 관람하기 위해서였다. 전시회를 꼼꼼히 둘러본 후 이곤정 현 기념사업회 이사장 등과 저녁을 함께 먹었는데, 그 자리에서도 1992년 형평운동기념사업회가 설립되어 차별철폐운동을 해온 지 30년이 지난 지금도 여전히 사라지지 않고 있는 온갖 혐오와 차별에 대해 안타까움을 표현했다.

2023년은 형평운동 100주년이 된다. 기념사업회에서도 여러 행사 프로그램을 기획하고 있다. 김장하 선생은 100주년 행사에 쓰라

강상호 선생 묘비 앞면.　　　　　강상호 묘비 뒷면.

며 1000만 원을 선뜻 내놓았다. 여태훈 진주문고 대표도 이에 질세라 1000만 원을 기탁했다는 소문이 들려왔다.

진주시 가좌동 석류공원 뒤 도로변에 보면 '형평운동가 강상호 선생 묘역'이 있다. 지금은 입구에 안내판도 있고 강상호(1887~1957) 선생이 어떤 분인지를 설명하는 시설물도 있지만, 예전에는 '백촌강상호지묘(栢村姜相鎬之墓)'라는 묘비 하나만 있었다. 누가 언제 세웠는지 알 수 없는 묘비였는데, 뒷면에 이런 글귀가 적혀 있었다.

"모진 풍진의 세월이 계속될수록 더욱 그리워지는 선생님이십니다. 작은 시민이."

'작은 시민'이 과연 누굴까 궁금했다. 그래서 이 묘비를 세운 사람을 수소문하던 중 김경현(1966~) 행정안전부 과거사관련업무지원단 전문위원이 1999년에 세웠다는 것을 알 수 있었다. 김경현 씨는 나도 잘 아는 인물로, 1991년부터 1998년까지《진주신문》기자, 친일인명사전편찬위원, 친일반민족행위진상규명위원회에서 조사팀장으로 일했던 사람이다. 진주지역 근현대사 전문가로『명석면사』(2000),『일제강점기 인명록』(2005, 민족문제연구소),『민중과 전쟁기억-1950년 진주』(2007, 선인) 등 책을 썼다. 내가 근현대사 강의를 할 때 자주 인용하는 책들이다.

기자의 본능적 감각일까? 왠지 이 '작은 시민'이 김장하 선생은 아닐까 하는 생각이 들었다. 김경현 씨에게 전화를 걸었다.

"혹시 예전에 강상호 선생 묘소에 고유제를 지내드리고 비석을 하나 세운 적이 있습니까?"

"(잠시 침묵)… 있는데 또 그 사실을 어디서 듣고 이렇게 전화를, 취재를 하는 건가요?"

"묘비 뒷면에 '작은 시민이'라는 글귀가 있는데, 그 사람이 혹시 그 비석을 세우는 비용을 댄 사람 아닌가요?"

김경현 씨가 1999년 강상호 묘역에 비석을 세우고 고유제를 지내는 모습. ⓒ김경현

"그걸 도대체 누구한테 듣고 나에게 확인하고 계신지 모르겠지만, 누구한테 들었는지 그 이야기부터 좀 해보세요."

"누구에게 들은 이야기는 아니고요. 그냥 내 느낌이 아무래도…."

끝내 그의 실토(?)를 받아냈다. 내 감이 맞았다. 김장하 선생이었던 것이다.

며칠 뒤 그가 일하고 있는 세종시 행정안전부로 찾아갔다.

"김장하 선생 돈으로 세웠다는 이야기를 해야 하나 말아야 하나 고민하다가 결국은 역사 기록 차원에서 해야 한다고 생각했죠. 왜냐하면 이게 시간이 지나면 또 그걸 가로채려는 사람들이 나타날 수도 있고, 이번 기회에 정리할 필요가 있겠다 싶어서 밝히게 된 겁니다."

그는 1998년 『진주이야기 100선』(진주문화원)이라는 책을 썼는데, 그 중 한 꼭지가 강상호 묘에 대한 이야기였다. 이것을 본 김장하 선생이 제3자를 통해 김경현 씨에게 "이걸로 어떻게 해봐라"는 말과 함께 성금을 전달했고, 묘비 건립과 함께 고유제(告由祭)를 올리게 되었다는 것이다. 만난 김에 김경현 씨가 김장하 선생에게 직접 도움받은 일은 없는지도 물었다.

"아유~ 당연히 있죠. 제가 2005년 〈일제강점기 인명록〉을 냈을 때 사실상 김장하 선생이 출판기념회를 열어주셨죠."

"아, 그랬군요. 그런데 김장하 선생이 어떻게?"

"그때 민족문학작가회의 하정구(필명 하아무·소설가) 씨가 '이런 책은 꼭 출판기념회를 해야 한다'고 나섰는데, 비용 문제로 엄두를 낼 수가 없었어요. 이런 사정을 들은 박노정 당시 진주신문 사장이 김장

김경현 씨와 세종시 버스주차장에서.

하 선생께 말씀을 드렸던 모양이에요. 김장하 선생이 박노정 사장을 통해 100만 원이 든 봉투를 주시면서 출판기념회를 하라고 하셨죠. 그 돈으로 장소 대관료나 뒤풀이 비용, 멀리서 오신 분들 거마비 등을 충당할 수 있었죠."

당시 김경현 씨가 출간한 『일제강점기 인명록-진주지역 관공리·유력자』(민족문제연구소, 2005)는 일제에 부역한 식민통치기구 관공리와 관변단체에 참여한 유력자 등 3400여 명의 일제시기 행적과 해방 이후 주요 경력을 수록한 책이다. 무려 720여 페이지에 달하는 노작이다. 여기에 실린 인물이 모두 친일파는 아니지만 친일반민족행위 진상규명과 친일인명사전 편찬에 유용한 자료가 될 책이었다.

마침 그 책은 나도 소장하고 있었다. 책을 꺼내보았다. 저자의 머리말에부터 김장하 선생의 이름이 나왔다.

이 책에 대한 가치를 높이 사고 필자의 작업을 격려해 주신 형평운동기념사업회 김장하 선생과 이 책이 나올 수 있도록 힘써 주신 통일시대민족문화재단 조문기 이사장을 비롯해 친일인명사전편찬위원회 윤경로 위원장과 민족문제연구소 임헌영 소장, 통일시대민족문화재단 조세열 사무총장께 감사드

리며…(후략)

이어 책을 집필하게 된 계기와 과정을 설명한 저자의 '서설'에도 김장하 선생 이야기가 나왔다.

필자가 『친일인명사전』에 대해 관심을 갖게 된 것은 지난 2001년 7월 30일 『친일인명사전』 편찬을 준비하는 '반성과 화해를 위한 통일시대민족문화재단' 조세열 사무총장으로부터 민족문제연구소 일행이 진주에 내려왔다는 연락을 받고 나서이다. (…중략…) 서둘러 약속장소에 나가보니 조문기 이사장을 비롯한 한상범 소장(전 의문사진상규명위원회 위원장)과 방학진 사무국장 등 민족문제연구소 분들이 기다리고 있었다. 곧이어 진주 형평운동기념사업회 김장하 회장이 찾아와 손님맞이를 했으며, 이 자리에서 조문기 이사장은 부민관 폭파사건과 독립유공자 대우 문제에 대한 이야기를, 한상범 소장은 동국대에서 함께 근무했던 미당 서정주에 대한 이야기를, 조세열 사무총장은 필자가 쓴 『명석면사』의 근현대사에 대한 이야기 등을….”

김경현의-일제강점기 인명록 출판기념회에서 축사를 하는 김장하 선생 영상캡처.

그렇게 해서 열린 2005년 4월 1일 출판기념회 영상이 김경현 씨에게 남아 있었는데, 임헌영(1941~) 민족문제연구소장에 이어 김장하 선생이 축사를 했다.

"김경현 씨가 이번에 이런 책을 만들어 냈다는 것은 어찌 보면 저는 진주정신의 한 차원이라고 생각하고 있습니다. 사실 아무나 할 수 없는 일이죠."

뒤늦게 확인한 사실인데, 김장하 선생은 2001년 12월 친일인명사전편찬위원회가 통일시대민족문화재단 산하 기구로 출범했을 때 기금 3110만 원을 이미 내놓고 있었다. 나도 오래 전부터 민족문제연구소 회원이다. 매월 회비 말고도 당시 친일인명사전 편찬기금 10만 원을 추가로 기탁한 적이 있었다.

자료파일을 뒤져 기금증서를 찾아봤다. 내 증서의 번호는 01-774, 김장하 선생의 증서는 01-43번으로 선생이 훨씬 빨랐다. 금액의 차이는 말할 것도 없고⋯. 그래도 같은 시기, 같은 목적의 기금을 냈다는 동질감에 마음이 뿌듯했다.

지역문화공간 토종서점을 살려내고

앞서 형평운동 100주년 기념사업을 위해 1000만 원의 거금을 후원했다는 여태훈 진주문고 대표도 한때 힘든 시기를 거쳤다.

여 대표는 1986년 진주시 가좌동 경상국립대 정문 앞에서 사회과학 서점이었던 개척서림으로 시작, 1988년 복합문화공간 책마을을 거쳐 지금은 진주문고 본점을 비롯, MBC점, 혁신도시점, 초전점 등 4개의 서점을 운영하고 있는 전문 서점인이다. 진주문고로 인해 진주는 교보문고 등 대형 프랜차이즈 서점이 발을 붙이지 못하는 지역으

로 남아 있다. 김장하 선생과는 1988~1991년 책마을을 운영할 때 알
게 됐다. 1989년《진주신문》창간준비위원으로도 참여했는데, 거기
서도 김장하 선생을 만났다.

요즘 세상에 진주문고처럼 토종 서점이 살아있는 지역은 드물다
못해 희귀한 일이다. 물론 그동안 부침도 있었다. 크게는 두 번 위기
를 맞았는데, 두 번 모두 김장하 선생이 구원해줬다고 한다.

"살아남으려면 변신, 혁신을 해야 하는데 그럴만한 자금이 없었어
요. 그때 주변에 아는 분이 저희 서점 어려운 걸 알고 김장하 선생님
한테 얘기를 했던 모양이에요. 어느 날 전화가 와서 한 번 보자고 하
더라고요. 왜 불렀지? 굉장히 걱정하면서 갔죠. 그땐 선생님이 아주
냉정하시고 칼 같은 분이었거든요."

그런데 김장하 선생은 봉투를 하나 건네며 "서점을 옮겨야 한다
며? 보태 써라"고 말했다. 봉투에는 무려 5000만 원의 거금이 들어
있었다.

"저는 빌려주시는 거라고 생각했지만, 서로 빌려준다거나 빌린다

진주문고의 전신 책마을.

책마을 시절의 문화행사.

거나 아무 말이 없었어요. 그냥 주신 거죠. 그러니까 제가 이걸 언제 갚아야 할지, 이자는 어떻게 해야 할지 오로지 제가 결정해야 할 일인 거죠."

그 돈을 갚지도 못했는데 두 번째 위기가 왔다. 1997년 아이엠에프 이후 1999년쯤이었다. 거래처가 모두 부도로 엎어졌고 은행에서 빌린 돈들은 이자가 하늘 높은 줄 모르고 치솟던 시기였다. 상권도 변화해 구도심에서는 더 이상 서점이 되지 않았다. 고향 아버지의 논을 팔고 소를 팔고 사돈에 팔촌 돈을 빌려도 터무니 없이 모자랐다. 이번에는 여태훈 대표가 먼저 김장하 선생을 찾아갔다.

"선생님. 제가 이러저러해서 또 위험에 처했는데 서점은 옮겨야 되겠고 돈이 부족합니다."

선생은 "알겠다"고만 한 후 아무 말이 없었다. 이틀 후에 전화가 왔다. 한약방에 한 번 들르라고 했다.

"떨리는 가슴으로 찾아갔는데 나올 때 제 손에는 또 봉투 하나가 들려 있었죠. 첫 번째 봉투가 '네 꿈을 한 번 펼쳐 보라'는 응원과 격려의 봉투였다면, 두 번째는 제가 급해서 찾아간 생명의 동아줄이었죠."

그 봉투에도 5000만 원이 들어 있었다. 덕분에 위험을 벗어나 서점은 성장할 수 있었다. 변제 기한도, 이자도 없는 그 돈의 무게가 힘들어 서점이 본 궤도에 올라서자 마자 돈부터 챙겨서 갚으러 갔다. 그때가 2005~2006년 즈음이었다.

"선생님이 되게 기뻐하시더라고요. 제가 이자는 어떻게 합니까 했더니 '이자는 무슨 이자냐. 책방 더 잘해가면 됐다'고 하셨어요."

어쩌면 김장하 선생에게 받은 돈을 갚은 사람은 여태훈 대표가 유일하지 않을까 싶기도 하다. 아이엠에프 이후 시기였다면 남성당한약방도 어려울 때였다. 아이엠에프를 계기로 한약방도 손님이 뚝 끊겼으니 말이다.

그냥 아는 사이라고 그런 큰 돈을 차용증도 없이 줬을 것 같지는 않다. 아마도 단순한 서점이 아니라 진주시민의 문화공간으로서 진주문고의 공공재적 가치를 인정했기 때문이 아니었을까 싶다.

"저에게 그런 숙제를 주신 거죠. 자기는 부담감을 준 줄을 모르겠지만 저한테는 어쨌든 큰 숙제로 다가왔어요."

여태훈 대표에게 김장하 선생은 어떤 존재일까?

"한겨울에 아침에 일어나서 정신이 몽롱할 때 정수리에 퍼붓는 한 바가지 찬물 같은 분이죠. 정신이 혼미하거나 제가 중심을 못 잡을 때 그분이 마치 뒤에서 두 눈 부릅 뜨고 지켜보는 것 같기도 하고요. 이리저리 휩쓸리고 이리저리 계산하다가 제가 그 방향을 잃었을 때 또는 판단이 흐려져 잘못된 길로 가는 걸 막아주는 브레이크 같은 분이 김장하 선생님이죠."

문화와 예술을 꽃피우기 위해

전문예술법인 극단현장도 진주의 자랑거리 중 하나다. 구도심이긴 하지만 진주의 중심가인 동성동에 번듯한 건물도 갖고 있다. 지하

1층 지상 4층 현장아트홀이다. 2개의 공연장과 전시공간, 카페, 공유 사무실 등을 갖추고 있다.

상근 단원만 10명이 넘고 공연횟수는 800회가 넘는 전국구 극단이다. 그러나 어려운 시절도 있었다. 1990년대 한 건물의 지하에 소극장을 마련했는데, 알고 보니 폐업한 병원의 영안실 자리였다. 그래서인지 소극장에서 자면 가위에 눌리고 악몽에 시달리기도 했다.

그나마 건물주 사정으로 나오게 되었는데, 갈 곳이 막막했다. 돈도 없었다. 결국 김장하 선생을 찾아갔다. 그때가 1998년이었다.

선생은 흔쾌히 3000만 원이라는 거금을 내줬다. 그 돈을 전세금으로 구 진주시청 앞 골목 4층에 연극전용소극장을 새로 구할 수 있었다. 극단현장 고능석(1968~) 대표이사의 말이다.

"공연하는 사람들, 특히 연극인들한테 공연장이라는 것은 굉장히 중요합니다. 모일 수 있는 장소거든요. 우리 극단이 내년이면 50주년인데 이 장소 덕분에 100년, 200년도 갈 거 같거든요. 그래서 장소라는 건 굉장히 중요합니다."

그때의 3000만 원이 씨앗이 되어 현재의 건물까지 살 수 있게 되었다. 현장아트홀은 이미 진주의 명소가 됐다. 지역사회의 웬만한 행사도 여기서 열린다. 지난해 연말 가을문예 시상식도 여기서 열렸었다.

극단현장은 그 3000만 원을 갚았을까?

"갚으러 갔죠. 물론 그때도 사정이 좋지는 않았지만 갚아야 한다고 생각했죠. 그런데 선생님이 '절대 안 받겠다'고 하셨어요. '어떻게 내가 당신들한테 받을 수 있냐, 그냥 좋은 일 해라. 계속 연극 잘 하면 된다'고 하셨습니다."

고능석 대표는 대학시절부터 연극동아리에서 활동했다. 그때도 이미 남성당한약방에 가면 스폰서를 해준다는 소문이 대학 내에 파다했다. 그래서 대학생 고능석도 남성당을 찾았다.

"경상대학교 연극반에서 왔다고 하니 곧바로 서랍에서 봉투를 꺼내주시더라고요. 봉투엔 5만 원이 들었는데, 주시면서 하시는 말씀이 '조금 전에 다른 친구가 왔는데 돈을 안 줬다. 전국 일주를 할 거라고 찾아왔는데 그 친구한테는 주지 않았다. 그런데 니네들이 연극을 하고 있어서 주는 거다. 열심히 해라' 이러시는 거예요. 그 기억이 저에게 깊이 남아 있어요."

이처럼 김장하는 특히 문화예술하는 사람과 단체를 많이 아끼고 챙겼다. 극단현장은 2022년 9월 3~4일 진주성 야외공연장에서 형평운동을 주제로 한 마당극《수무바다 흰고무래》를 공연했다. 이 자리엔 김장하 선생도 관람객으로 참석했다.

2022년 5월 31일 남성당한약방 폐업을 나흘 앞둔 27일 오후 시민사회단체 인사 10여 명이 꽃바구니와 꽃다발을 들고 남성당한약방을 방문했다. 30일에는 극단현장, 31일에는 예술공동체 큰들과 옛《진주신문》기자들의 방문이 이어졌다. 한약방이 문을 닫는다는 소문을 듣고 감사 인사를 드리기 위해서였다. 진주오광대보존회도 그들 틈에 있었다.

2019년 1월 16일 진주시민사회가 비밀리에 준비한 김장하 선생 깜짝 생신잔치에서 무대에 오른 강동옥(1962~) 당시 경남문화예술회

폐업 전 남성당한약방을 찾은 극단현장 단원들. ⓒ강호진

폐업 전 남성당한약방을 찾은 진주 시민사회단체 인사들. ⓒ강호진

관 관장(진주오광대 예능보유자)은 이렇게 말했다.

"진주오광대가 일제의 탄압으로 못하게 되고 이후 1997년 이를 복원하는 과정에서 김장하 선생님이 복원사업회 부이사장, 보존회 이사장, 진주탈춤한마당 위원장을 3년간 맡아서 도와주셨습니다. 또 진주민예총 활동을 할 때 출연자들 밥값 지원도 많이 받았습니다. 개인적으로는 제가 독일에 공연 갈 때 용돈하라고 100만 원씩 넣어주시기도 하셨고, 오광대 복원사업회를 창립할 때 1000만 원, 창작탈춤 '백정'을 제작할 때도 큰 돈을 받았습니다."

이런 내용은 김수업(1939~2018) 선생이 돌아가신 후 나온 책 『빗방울 김수업』에도 이렇게 나온다.

우선 두 분(김수업·김장하)은 1997년에 진주오광대 복원사업에 협력하게 된다. (…) 김수업 선생은 일제 식민지 시기에 맥이 끊긴 전통 민속예술 진주오광대를 복원하려는 활동을 벌였다. 이에 김장하 선생이 물질적, 정신적 지원을 아끼지 않았다. 그 뒤 진주오광대복원사업회는 진주오광대보존회로 이름을 바꾸어 지역의 민속예술 활동의 핵심 기관으로 자리잡게 되었다. 언제나 자신을 낮추며 문화단체, 시민단체를 뒤에서 도와오던 김장하 선생이 김수업 선생의 뜻을 받들어 진주오광대보존회 이사장을 맡아 전면에 나서서 활동 지원을 아끼지 않은 것도 진주오광대 발전에 큰 힘이 되었다. 2003년 형평운동 80주년을 맞아 진주오광대보존회가 창작 탈춤 '백정'을 제작할 때 남성문화재단의 재정 지원이 큰 힘이 되었다. 이 창작 탈춤은 진주오광대의 현대적 해석의 본보기가 되어 탈놀이 영역을 넓히는데 이바지하면서 진주에서뿐만 아니라 초청을 받아 일본에서도 공연되었다.

이밖에도 더 찾아보면 김장하 선생의 문화예술인과 단체에 대한 애정과 지원사례는 훨씬 많을 것이다. 2019년 깜짝 생신잔치 다음날 페이스북에 올라온 글을 통해 어린이 문화행사에도 지원한 사례를 확인할 수 있었다.

석선옥

진주의 큰 어르신 김장하 선생님은 지역어린이문화를 가꾸는데도 도움을 주셨습니다.

1997년 당시 어린이날 행사가 관에서 여는 무대공연 행사밖에 없어서 좋은 어린이극과 그림책 원화 전시, 어린이들이 맘껏 뛰놀수 있는 '진주 어린이날 큰잔치' 행사를 진주교대 학생회와 함께 준비 중이었는데 예산이 막막했습니다. IMF가 코앞인 시점이라 후원을 전혀 기대도 못하던 때였는데, 무턱대고 찾아가 내민 저의 기획안을 찬찬히 읽어보시고 그 자리에서 바로 봉투에 돈을 넣어주셨습니다. 그에 힘을 얻어 행사를 진행할 수 있었습니다. 그것이 씨앗이 되어 지역 곳곳에서 다양한 어린이문화행사가 펼쳐지고 있지 않나 싶습니다.

아무런 인연도 없지만 그저 뜻깊은 일이라 여기셔서 지원하신 그 뜻을 늘 가슴에 담고 있습니다. 김장하 선생님 고맙습니다! (2019년 1월 17일)

2022년 6월 7일 남성당한약방이 문을 닫고 일주일이 지났을 때였다. 김춘하 씨의 협조로 한약방 내부를 추가로 촬영 중이었는데, 한 중년남성이 기웃거리며 약방 안으로 들어섰다. 폐업 사실을 모르는 손님인가 싶었는데, 이규섭(1969~) 진주시의원(더불어민주당)이었다. 1990년대 중반 무렵 대학생이었던 그는 진주시 망경동에 있던 '한뜻 공부방'이라는 청소년 야학 교사를 했는데, 그 공부방 전세금을 김장하 선생이 주셨다며 고마움을 표하고 싶어서 왔다는 것이었다.

이런 그의 말과 일치하는 페이스북 댓글도 있었다.

김철식

제가 20~30대를 보낸 한뜻~이라는 청소년 야간학교도, 공부방도 그분의 후원으로 26년을 운영하였습니다. 큰빛으로 제법 많은 아이들을 키워내고~ 좋은 사람들과의 좋은 인연을 맺게 되었습니다. 늘 고맙고 감사합니다. 늦었지만 생신축하드립니다. 선생님~~^^(2019년 1월 19일)

남강을 지키고 지리산을 살리는 일

김석봉(1957~) 전 전국환경운동연합 공동의장은 2019년 김장하 선생 깜짝 생신잔치 후 자신의 페이스북에 긴 글을 올렸다. 그 일부를 인용하면 다음과 같다.

선생님과의 추억은 특별한 것이 없었다.

해마다 설날이면 몇몇이 모여 한약방으로 세배를 갔었고, 후원주점 티켓이

나오면 그것을 전해드리려 찾아갔었고, 총회가 다가오면 일 년치 회비도 받고 격려사도 요청하기 위해 찾아갔었다. 이런저런 일로 일 년에 대여섯 번은 마주 앉았었다.

얼굴을 드러내는 일엔 늘 인색하셨고, 어려운 살림살이를 걱정하는 마음과 필요한 돈을 기부하는 일엔 늘 넉넉하셨다. 술은 한 방울도 않으면서도 후원 주점 티켓은 빠짐없이 받아주셨고, 해마다 회비봉투는 건네면서도 총회장에 찾아와 격려사는 한 번도 해주지 않으셨다. 어려워 찾아가는 모든 이를 빈손으로 보내지 않으셨고, 자제분들 결혼식 청첩장은 내지 않으셨다.

나는 환경운동가로 일하면서 활동비를 백만 원 이상 받지 않으려 했다. 활동하고 십년이 지나자 월 일백이십만 원을 받으라고 했다. 이십만 원은 회비로 되돌려 주었다. 그래야 마음이 편했다. 지금껏 살아오면서 돈을 그다지 모으지 못한 것이 능력이 부족해서인지 선생님의 영향 탓인지 모를 일이다.

김석봉 씨는 내가 형이라 부르는 사람이다. 80년대 말 90년대 초 진주청년문학회를 함께 했다. 그때 형은 회장이었다. 교도소에 근무할 교정직(矯正職) 공무원을 모집하는데, 국가간행물을 교정(校訂) 또는 교열(校閱)하는 업무인줄 알고 응시해 교도관이 된 특이한 이력을 갖고 있다. 교도소 내의 불합리·부조리에 맞서던 중 진주교도소에서 문익환(1918~1994) 목사를 만나 1987년 6월항쟁 직전 교도관직을 때려치고 사회운동을 시작했다.

1990년 남강을 지키는 시민의 모임이 결성됐을 때 사무실을 함께 쓰면서 환경운동에 관심을 갖게 됐고, 이후 지리산양수댐반대대책위

진주환경운동연합의 전신인 '남강을 지키는 시민의 모임' 창립대회. 1991년 9월 25일 전국 환경운동연합 조직 중 7번째로 발족했다.

원회 집행위원장과 진주환경운동연합 사무국장, 공동의장을 지냈다. 2009년에는 전국환경운동연합 공동의장을 거쳐 지금은 함양군 마천면 창원마을로 귀촌, 산촌민박을 운영하고 있다.

무더위가 기승을 부리던 8월 22일 함양으로 석봉 형을 찾아갔다.

"내가 양수댐대책위 집행위원장을 거쳐 진주환경운동연합 사무국장으로 상근을 시작할 때부터 김장하 선생이 고문으로 계셨어."

그러니까 석봉 형 이전에 이미 김장하 선생을 고문으로 모신 사람이 있었다는 것이다. 이와 관련해 2015년 장승환(1957~) 당시 형평운동기념사업회 이사장을 인터뷰하면서 들은 말이 있었다.

"1990년 진주YMCA에서 '진주 수돗물 안전한가'라는 주제로 강연을 들었는데, 그게 계기가 되어서 이한우, 정원각 등과 뒤풀이 자리에서 환경단체를 만들어보자고 말이 나왔죠. 4월이나 5월쯤이었을 겁니다. 9월 창립하기 전에 여러 번 모였으니까. 강대승 변호사 그런 분들을 찾아가서 함께 하자고 하여 자생적으로 '남강을 지키는 시민의 모임'이라는 이름으로 창립했죠. 그때 남성당한약방을 하고 계신 김장하 선생도 찾아가고 했죠. 도움을 많이 받았어요."

김장하 선생을 먼저 고문으로 모셔온 사람들이 있었던 것이다. 다시 석봉 형의 말이다.

"우리 단체 고문이니까 새해 설날이 되면 임원들이 모여 세배를 갔지. 그러면 늘 한 사람당 만 원씩 세뱃돈을 주셨어. 그 돈 받은 거 가지고 나와 모여서 밥 사먹었지."(웃음)

지리산살리기국민행동.

그가 사진 한 장을 꺼내왔다. 사진 속 걸개그림에는 '지리산댐 건설계획 백지화 낙동강 수질개선 지리산 살리기 국민행동'이라 적혀 있었고, 최열(1949~), 김지하(1941~2022) 등 익숙한 얼굴과 함께 왼쪽 끄트머리에 김장하 선생이 서있었다. 2000년 8월 30일 사진이었다.

줄여서 '지리산살리기국민행동'이라 불리던 그 단체에서 김장하 선생은 영남대표를 맡았다. 그렇게 김장하의 환경운동은 2002년 지리산생명연대 공동대표 및 상임의장으로까지 이어진다.

"대표를 맡아달라니까 흔쾌히 승낙하셨어. 지리산 댐 반대에 딱 20년이 걸렸지."

석봉 형도 나나 김장하 선생처럼 차가 없다.

"내가 환경운동하면서 한 가지는 꼭 지켜야 겠다는 생각이 들었어. 평생 늙어죽을 때까지 자동차는 가지지 말아야지. 그래서 집사람이 괴롭지."(웃음)

1995년 지방자치제 부활 후 첫 민선 단체장 선거를 앞두고 지역사회에서 김장하 선생을 진주시장 시민후보로 추대하려 했던 일에 대해서도 물어봤다.

"시민후보로 추대할 만한 분은 김장하 선생밖에 없다 그런 말이 있었지. 진주가 좀 복잡하거든? 운동조직도 많고 갈래도 많고 그러다보니 선거 때가 되면 갈려서 의견통일이 잘 안 됐어. 그런데 그 많은 단체와 조직이 반대하지 않을 사람은 그분밖에 없는 거야. 자연스럽게 김장하 선생 이야기가 나온 건데, 다들 말은 그렇게 했지만 속으로는 '안 맡으실 거다' 그렇게 생각하고 있었을 거야. 찾아가서 시민 후보로 나와주십사 하고 이야기할 용기를 가진 사람도 별로 없었을 걸?"

이에 대해선 박노정 선생도 생전 인터뷰에서 말한 바 있다.

"나도 그 자리에 있긴 있었는데, 말도 되지 않는 소리지. 깊숙하게 저 분을 뭘 알고 해야 하는데 택도 없는 생각을 한 거지. 나는 그래서 발언도 안 했어. 물론 좋게 생각한 부분도 있었지. 김장하 선생님을 저 분들도 다 좋은 분으로 생각하고 있구나, 그냥 그렇게 생각하고 말았지."

석봉 형은 헤어지면서 "김장하 선생님 우리집에 한 번 모시고 식사라도 대접하고 싶다"고 말했다. 그 희망은 두 달 후인 10월 15일 이뤄졌다. 지리산 뱀사골에서 '불백산행'을 마친 일행이 석봉 형의 산촌민박에서 점심을 먹었기 때문이다. 나를 포함해 10여 명이 함께 갔는데, 석봉 형은 극구 밥값을 받지 않았다. 그러자 김장하 선생이 석봉

함양군 마천면 창원마을 산촌민박에서 김석봉 씨와 함께.

형의 손녀를 부르더니 5만 원권 두 장을 손에 쥐어주고 나왔다.

남명학관 건립 비사(祕史)

김장하 선생이 1997년부터 경상국립대 남명학관건립추진위원회 위원장을 했다는 것은 이미 알려진 일이다. 2008년 10월 15일 해당 대학이 선생에게 명예문학박사 학위를 전달하면서 작성한 추천용 이력서에도 '1992~1996년 경상대학교 남명학연구 후원회 회장 역임', '1997~2003년 경상대학교 남명학관 건립추진위원회 위원장 역임'이라고 되어 있다.

하지만 대학이 발간한 『경상대학교 60년사』나 『경상대학교 70년사』에는 남명학관 건립 추진 과정이나 김장하 선생의 역할에 대한 구체적 서술은 찾아볼 수 없었다. 2001년 10월 23일 남명학관이 개관했다는 짤막한 언급과 사진 한 장 정도만 실려있을 뿐이었다.

남명학관 건물 기문에도 "남명학관건립추진위원회 김장하 회장과

남명학관기. ⓒ이우기

조옥환 박유정 부회장이 정성어린 거자(巨資)를 출연하여 1996년 기공하여 이제 드디어 준공하게 되었다. 그리고 경상남도의 지원금과 학교당국의 적극적인 주선에 힘입어 공정을 마무리짓게 되었다"라고 되어 있을 뿐이다.

즉 김장하 선생이 건립추진위원회 회장(위원장)을 했다는 것만 있고, 얼마를 출연했는지가 없다는 말이다. 부회장 둘과 함께 거자(巨資, 거액의 자본)를 출연했다는데, 각각 얼마인지도 알 수 없다.

김장하 선생도 이 일을 물으면 "그때 힘들었다"는 정도만 이야기할 뿐 다른 말은 하지 않았다. 여러 경로를 통해 탐문하던 중 마침내 허권수 전 남명학연구소장(전 경상국립대 한문학과 교수)의 자서전 『한 우물 파기 한문공부 55년』(도서출판 술이, 2018) 2권에서 관련 내용을 확인할 수 있었다.

남명학관은 모두 900평 규모의 3층 건물인데, 약 45억 원 정도의 건축비와 시설비가 들었다. 맨 먼저 남명학연구소 후원회장을 맡은 김장하(金章河) 남성당한약방 대표가 12억 정도 건축기금을 내었고, 남명 선생의 후손이고 후원회 부회장인 조옥환 부산교통 사장이 15억 정도 내었다. 도청에서 6억을 지원해주었다. 나머지 8억 정도 시설투자에 든 돈은 학교에서 댔다. 그 외 많은 후원회 회원들이 십시일반(十匙一飯)으로 약간씩 내었다. 준공된 뒤 학교에 기부하였다.

아하! 이제야 의문이 풀렸다. 그런데 취재과정에서 내가 여기저기서 취득한 정보로는 조옥환 부산교통 사장이 남명 조식 선생의 후손이면서도 끝내 내지 않았다는 소문이 있었고, 반면 한보건설 박유정 사장은 적잖은 금액을 냈다는 말도 있었다. 어떻게 된 일일까?

직접 허권수 교수에게 물어보는 수밖에 없었다. 먼저 박유정 사장에 대한 이야기부터 물어봤다.

"처음엔 돈 낸다고 했지만 아이엠에프로 부도가 나서 실제론 못 냈어요. 처음에 공사할 적에 장비를 좀 대긴 했는데."

-아, 그랬군요. 그런데 교수님이 쓰신 남명학관 기문에는 박유정 이름이 들어있더라고요?

"이름이 있죠. 처음엔 빼려고 했는데, 박구부라고 그때 경상대 기획실장이 장비도 동원하고 했으니까 너무 야박하게 하지 말고 박 사장 이름도 넣으라고 해서 넣었습니다."

-그런데 조옥환 씨는 생각보다 많은 돈을 냈네요?

"그걸 내가 책에는 안 썼지만, 조옥환 씨가 남명 후손인데 한동안 돈을 안 냈거든. 자기 말로는 그때 돈을 많이 떼여가지고 사정이 나쁘다면서 한동안 안 냈어요. 그래서 김장하 회장이 먼저 내고, 조옥환 부회장은 한참 뒤에 냈어요."

-김장하 선생이 남명학관 이전에 남명학연구소 후원회장도 하셨잖아요?

"했지. 후원회장하다가 2년하고 남명학연구소에 1억 내놓고 사퇴를 했거든. 사퇴를 했는데 학교에서 후원회장을 새로 안 뽑고 다시 모셨지."

-그 시기 경상국립대 발전후원회장도 하셨잖아요. 한 사람에게 너무 많은 걸 시킨 것 아닌가요?

"그렇죠. 김장하 그 분이 자기 재산에 비해서 어마어마하게 많이 내놓았잖아요? 큰 기업을 가진 것도 아니고, 한의사도 아닌 한약방을 해서 그런 거잖아요. 보통 어릴 때 고생 많았던 사람들 보면 좀 착한 일을 해도 떠벌리기를 좋아하는데 저분은 아무 것도 안 하려 하니까. 그래서 우리가 벽에다 흉상을 하나 부조를 해가지고 세우겠다 하니까 '함부래 하지 말아라' 해서 결국 못했지요."

-벽에 부조도 하지 말라고?

"심지어 남명학관 기문에도 자기 이름 넣지 마라 하고, 신문에도 내지 마라고…."

남명학관 건립 비사는 여기까지다.

학대받는 여성을 구조하라

취재를 하는 도중에도 한동안 여성운동 분야에 대해서까지 김장하 선생의 손길이 미쳤다는 사실은 알지 못했다. 경상국립대나 명신고 등학교가 작성한 이력에 '1996~2000년 한국가정법률상담소 진주지부 이사장 역임'이라고 나와 있었지만, 그저 관변단체 정도로만 생각했다.

같은 한약업사로서 여러 사회활동을 김장하 선생과 함께 했던 명성한약방 이용백 원장을 2015년에 한 번, 2022년 4월에 또 한 번, 그렇게 두 번을 인터뷰했는데, 1차 인터뷰에서도 '한울타리' 이야기가 나왔지만 그냥 흘려들었다. 가정법률상담소가 관변단체라는 선입견이 너무 견고해서였던 것 같다.

내 무딘 감각을 확인하고 반성하는 차원에서 그 대목을 옮겨보면 다음과 같다. 우선 1차 인터뷰.

–김장하 선생님과는 언제 어떻게 아시게 된겁니까?

"25년전? 같은 업으로. 제가 하동 노량에서 개업을 했다가 1990년도 여기 올라왔거든요. 지금 2015년이니까 25년 안 됩니까?"

–진주에 오자마자 알게된 거네요.

"그렇죠. 그 전부터 알고는 지냈는데, 같은 회원이니까. 그러니까 자기가 하는 일에 나를 꼭 부르는 거라. 자기가 하는 일에는 내가 항상 같이 한 거라."

–무슨 일이었나요?

"무슨 일이냐면 첫째는 진주신문에 이사로 같이 활동을 했고, 경남지역사회연구원 연구회 이사로 또 같이 했고, 가정법률상담소라고 있어요 진주에. 이사장을 먼저 했고, 우리집까지 내려와서 천상 이 원장이 맡아야 하겠다면서 해서 그것도 할 수 없이 맡아서 했고, 또 한울타리 지금 문산에 있는 거기도."

–한울타리는 뭡니까?

"거기는 가정법률상담소에서 나가서, 거기도 봉사단체인데, 오갈데 없는 여성들을 임시 자리잡도록 해서 제 자리를 찾아가도록 하는 그런 시스템이죠."

김현지 피디와 인터뷰 중인 이용백 원장.

-그게 무슨 시설입니까?

"네. 시설. 하여튼 여러 가지라. 자기가 가는 곳에 꼭 나도 함께 하자 해서."

다음은 2022년 2차 인터뷰. 1차 인터뷰와 비교하면서 '한울타리'와 '내일을 여는 집'이 어떤 곳인지 이해하는 차원에서 꼼꼼히 읽어주기 바란다.

-그래서 진주신문에 같이 하시고 그 뒤에 또 다른 일도 같이 하셨던데요. 가정법률상담소?

"예 가정법률상담소는 우리 김장하 이사장님이 먼저 하셨고 그 뒤에 제가 이사장을 맡았습니다. 가정법률상담소는 참 어려운 여성들이, 가진 것이 없는 여성들이 법률을 자문을 받고자 할 때도 돈이 없으니까 받을 수가 없지 않습니까? 그러니까 가진게 없는 여성들의 법률 상담을 무료로 해주는 곳이거든요. 그래서 또 억울함을 또 해결해 주시고 그런 곳이 가정법률상담소입니다. 그래서 가정법률상담소를 운영하다 보니까 한울타리를 만들어야 되겠다. 한울타리라는 뜻은 우리 가정은 작은 울타리지만 크게 보면 하늘 아래 땅 위에 얼마나 큰 울타리입니까? 이런 큰 울타리 안에서 우리가 같이 공존하면서 사는데 서로 상생하면서 살아야 되지 않습니까? 상생하면서 살아야 하는데, 어렵고 가진 게 없는 여성들은 남자들하고 또 좀 다릅니다. 그런 여성들이 가지도 오지도 못할 그런 형편이 있습니다. 집도 없이 그런 여성들을 위해서 한울타리를, 법인체를 또 만들었어요. 법인체를 우리 진주에서 만들었습니다. 그래서 거기서 한 발 더 나아가서 내일을 여는 집을 지어서 마련했습니다. 내일을 여는 집은 숙식이 다 제공되도록 아주 잘 꾸며놨습니다. 엄동설한에 추운 겨울에 자녀들 손 잡고 갈 곳도 없이 집을 나오는 여성들이 갈 곳이 어디 있습니까? 그런 여성들을 받아들여서 거기서 숙식을 하고 지내면서 한 6개월 동안 지내면서 안정을 찾고 자기 갈 길을 찾도록 지도를 하고 기술도 배우도록 하고 그래서 완전히 정착이 되면 그렇게 내보내는, 그렇게 만든 곳이 내일을 여는 집입니다. 아주 그 참 그 좋은 일을 했다. 그렇게 생각이 듭니다."

-김장하 선생님은 그 내일을 여는 집에 어떻게 참여하시게 된 거예요?

"가정법률상담소는 주로 여성들이 진주 여성들의 엘리트 집단에서 그 다 운영을 하고 계셨는데 아무래도 남성분들이 좀 좋은 분들이 있었으면 좋겠다. 그런 여성분들의 뜻이 있어가지고 그렇게 좀 모셔가지고 이사장을 좀 해주셨으면 좋겠다. 이사장님이 하시면서 저도 좀 들어오면 좋겠다. 그래가지고 저도 덩달아서 또 가게 됐습니다."

-여태까지 환경이나 문화나 언론이나 교육이나 이런 쪽에는 김장하 선생님이 활동하신 이야기들이 많은데, 여성 문제까지 이렇게 지원하시게 된 계기가 궁금했어요.

"우리 진주 지역으로서는 참 어른이고 또 바른 길을 걸어가시는 분이고 하기 때문에 그 여성단체에서 각별히 모셔서 좀 여러 가지 지도 편달을 해 주십사 하고 그렇게 모시게 된겁니다."

-그럼 김장하 선생님도 가서 참여하시면서 뭘 좀 바뀌거나 깨달으신 게 있어요?

"그렇죠. 방금 말대로 그 어려운 여성들을 알게 됐고, 참 가도 올 데 없는 그 여성들 정말 이 가정의 어떤 문제로 인해서 뛰쳐나올 때 조그마한 가방 하나 들고 자식 손 잡고 나와 보면 가진 게 없는데 갈 데가 어디 있습니까? 그런 여성들이 비일비재하다는 거죠. 그래서 그런 안타까움을 생각하고 그런 데까지도 참 신경을 많이 쓰셨다. 이렇게 봅니다."

-그 당시에는 그런 시스템이 사실 국가에서 한다거나 지자체에서 한다거나 여성 보호를 위한 그런 시스템이 전무했고?

"그랬는데 법인체를 만들어서 우리가 앞장서면서 국가 지원을 받았습니다. 국가에서는 그냥 있는다고 해주는 게 아니고 우리가 한울타리를 만들어서 사회적인 어려움이 있는 여성분들을 도와야 되겠다. 이렇게 하니까 도움을 요청해서 그 도움이 또 정상적으로 좋으니까 국가에서 도움을 주고 해서 그렇게 이루어진 겁니다."

차이가 느껴지시는가? 여기서 밝히자면, 1차 인터뷰는 내가 혼자 진행했던 것이고, 2차 인터뷰는 김현지 피디와 함께 진행한 것이다. 질문도 김 피디가 했다.

나는 인터뷰이의 답변이 길어지면 중간에 끊어버리는 못된 습성이 있다. 1차 때 가정법률상담소를 저렇게 길게 이야기했다면 내가 끊었을 가능성이 높다. 그러나 2차에서 이용백 원장의 말이 좀 길긴 했지만, 이렇게 글로 옮겨놓으니 상대를 이해시키기 위해 참으로 조리있게 설명했음을 알 수 있다. 덕분에 가정법률상담소가 단순한 관변단체가 아니라 힘없는 여성들에게 절실히 필요한 기관임을 이해할 수 있었다. 또한 가정에서 쫓겨나거나 도망쳐 나온 여성들의 보호시설이 진주에는 없었는데, 그걸 한울타리 법인이 나서서 만들었다는 것도 알 수 있었다.

1차 인터뷰로만 끝냈다면 이런 소중한 정보를 놓치고 지나갔을 것이다. 굳이 변명하자면 1차 인터뷰 때는 이용백 원장이 약속 때문에 나가야 할 일이 있어 좀 서둘렀던 이유가 있었다.

어쨌든 이용백 원장 덕분에 한울타리와 내일을 여는 집을 취재하게 됐고, 그곳의 책임자인 정행길 이사장을 알게 됐다. 게다가 앞에서도 이야기했듯이 장학생 권재열이 결혼하고 나서 알고 보니 장모님이 정행길 이사장이었고, 김장하 이사장과도 각별한 관계였다는 기막힌 우연도 알게 된 것이다.

가정폭력 피해여성과 동반 자녀들을 위한 단기 보호시설 '내일을 여는 집'은 진주시 문산읍에 있었다. 그러나 카카오맵이나 네이버 지도, 내비게이션에도 나오지 않는다. 이유가 있었다. 이곳으로 피신한 피해여성을 찾으러 폭력 가해남성이 찾아와 행패를 부리는 일이 종종 있다는 설명이었다.

한울타리는 내일을 여는 집을 운영하는 사회복지법인이었다. 정행길 한울타리 이사장의 첫 마디는 이랬다.

"김장하 이사장님 때문에 오셨죠? 그분은 자신을 알리려고 애쓰는

가정폭력 피해여성 단기보호시설 내일을여는집 전경.

분이 아닌데 어떻게 이걸 하시게 되었는지 궁금하더라고요?"

취지와 경과를 설명했더니 "아이고 참 좋은 일 시작하셨네"라고 칭찬해줬다.

그는 1997년 가정법률상담소 진주지부 소장을 맡으면서 김장하 선생을 알게 됐다. 그때 가정법률상담소 이사장이 김장하였다.

"그때 처음 뵈었죠. 그때 인상은 뭐랄까. 아주 공부가 많이 된 스님 같은, 또는 깊은 호수 같은 그런 느낌이었어요. 당시에 50대 초반인가 그랬을 텐데 그런 남성들 참 드물잖아요. 자기를 나타내려고 그런 게 전혀 없어요. 참 호수처럼 잔잔하면서 그러나 안에 내공이 굉장히 깊은 분이구나 그런 느낌이었어요. 이야기 하실 때도 조용조용하게 하

1999년 진주가정폭력상담소 개소식. 왼쪽이 정행길 소장과 김장하 이사장.

시죠."

그때는 여성에 대한 인식이 칠거지악까진 아니더라도 암탉이 울면 집안이 망한다는 편견이 강했고, 여성은 남성의 예속적인 존재로 여겨졌던 시대상황이었다고 한다. 그런 상황에서 김장하 이사장의 여성관은 어땠을까?

"그런 인식이 경상도 남자는 더했는데, 김장하 이사장님은 '여성도 인간이다' 거기서부터 출발을 하시더라고요. 너무나 놀라운 일이죠. 저로서는 그런 인식을 가진 남성은 저희 집 남편 외에는 처음이었어요. 사람은 다 인간이고, 인간이면 똑같이 대접받아야 하고, 우리가 그런 서비스를 해줘야 한다. 우리 상담소는 무료로 변호사를 선임해서 변론 받을 수 있는 제도가 있거든요. 그걸 활용해서 여성도 사람답게 살도록 도와주자, 이사장님은 딱 그런 자세였어요. 참 드문 분이었죠."

그러다 2000년 가정법률상담소 이사장이 김장하에서 이용백 원장으로 바뀌었다. 그 즈음 정행길은 소장으로 있는 동안 어려운 상황에 처해있는 여성들이 갈 데가 없는 현실을 목격하고 '상담만으로 끝날 게 아니구나, 그런 여성을 보호해줄 쉼터가 필요하겠구나'라고 생각했다.

"김장하 이사장님을 만나러 남성당한약방으로 찾아갔죠. 상담소 이사회에 기금이 1억이 있고, 이 기금을 활용하여 여성들 피난시설을 만들었으면 좋겠는데 어떻게 하면 좋을까요? 이렇게 의논을 드렸죠."

그랬더니 김장하 선생은 반색을 하며 찬성해주었다.

"아 좋다고, 시설을 하자, 아주 전폭적으로. 그동안 그런 생각하고 있었냐고, 자기도 그런 생각을 했는데, 어찌 그런 생각을 다 했냐 그러면서 적극적으로 호응을 해주셨어요. 다른 이사들이 불평 안 하도록 자기가 방패를 쳐주겠다. 그렇지 않으면 집을 짓기 힘들 거다. 그래서 김장하 이사장님 아니었으면 이 집은 탄생하지 못했을 겁니다."

처음엔 금산면에 아파트를 한 채 빌려 시작했다. 그리고 본격적인 시설 건립을 위해 사회복지법인 설립을 추진했다.

"김장하 이사장님이 굉장히 많은 도움을 주셨어요. 지금으로 치면 1000만, 2000만 원도 주시고, 매월 후원금 주시고, 김장하 이사장님이 그렇게 하니까 이용백 다음 이사장님 같은 분들도 동참을 하게 되

2005년 10월 14일 내일을여는집 신축기공식. 맨 왼쪽 끄트머리에 김장하 이사장이 보인다.

2005년 11월 한울타리 이사회. 맨 왼쪽이 김장하 이사장.

고⋯."

그렇게 하여 이용백 원장이 가정법률상담소 이사장으로 있는 동안 사회복지법인 한울타리 설립이 이루어졌고, 국비 지원 요건을 갖춰 지금의 내일을 여는 집 건축공사가 시작됐다. 그 과정에서 김장하·이용백 두 분도 한울타리 이사로 참여했고, 시설 건립을 적극 도왔다. 내일을 여는 집은 2006년에 준공, 개관했다.

정행길 이사장은 당시 추진과정의 이사회 회의 모습과 신축기공식 등이 담긴 사진을 여러 장 내놓았다. 사진 속 김장하 선생은 모두 귀퉁이나 끄트머리에 앉거나 서 있는 모습이었다. 중심부에 있는 사진은 없었다.

―이 사진도 그렇고, 저 사진에서도 그렇고 김장하 선생은 항상 끄트머리에 있네요?

"잘 보셨네요. 가운데 자리에 이사장님 자리라고 딱 놔두죠? 사양하세요. 여기서도 제일 끝에 앉아계시죠? '아유 나 그런데 안 간다'면서 스스로 구석진 자리에 항상 가세요. 사람들이 막 이렇게 모시는 걸 또 굉장히 싫어하세요."

―그런 것 같네요. 본인이 돋보이는 걸 싫어하는.

"바로 이런 거예요. 참 지적을 잘 하셨는데, 우리한테 정신적 지주 역할을 하시려면 가운데 앉으셔야 돼요 하고 자리를 마련해도 안 앉으셔."

현재 내일을 여는 집은 4957 m^2(약 1500평) 부지에 생활시설 3개동과 상담실, 교육실, 프로그램실, 식당을 갖춘 사무동으로 구성되어 있

가정법률상담소 가정폭력 추방캠페인.

가정법률상담소와 진주여성민우회 공동 거리 캠페인.

으며, 사회복지사 등 8명의 상근요원이 근무하고 있다. 수용 정원은 35명이다. 단순한 보호시설 역할뿐 아니라 다양한 치유·회복프로그램과 직업훈련교육, 동반자녀 문화체험, 자립 지원 활동을 하고 있다.

정행길 이사장이 보여준 사진 중에는 진주여성민우회와 가정법률상담소가 공동으로 진주시내 번화가에서 가정폭력 추방 캠페인을 하는 모습도 있었는데, 거기에도 김장하 선생이 있었다. 지금까지 전혀 보지 못했던 모습이었다.

정행길 이사장은 "당시 호주제 폐지가 우리사회에 아주 뜨거운 이슈로 떠올랐던 시기였는데, 김장하 이사장님도 거리에 함께 나서 호주제 폐지 찬성에 힘을 실어주셨다"고 말했다.

여성평등기금과 농민열사 장례비

앞에서도 잠시 언급했지만, 2021년 12월 30일 김장하 선생을 모시고 박광희 목사, 권영란 작가와 점심을 먹었다. '불백산행' 연락책 하정우 씨가 주선한 자리였다. 거기서 박광희 목사가 '진주여성평등상' 이야기를 꺼냈다.

박광희, "삼일유치원 사건 이후로 진주여성평등상이라고 만들었는데, 그게 이제 없어져버렸나?"

김장하, "그 기금을 한참 가지고 있다가 운영하기가 힘들어져서, 그래서 여성민우회에 넘겼는데, 몇 년 운영하다가 지금은 안 하는 것 같더라고."

박광희, "그것도 한 번 챙겨봐야겠네요."

김장하, "정원각이 알아본다고 하던데."

김주완, "그것도 선생님이 기금 출연을 좀 한 건가요?"

김장하, "………."

그 뒤 내가 정원각(1963~) 전 경남사회적경제통합지원센터장에게 전화를 걸어 확인해봤다. 김장하 선생이 진주여성평등기금에도 출연한 게 사실이었다.

1996년 5월 2일 진주 삼일유치원 원장이 같은 유치원 여교사 4명을 성추행한 혐의로 피소됐다. 원장이 입사 때부터 교사들에게 언어폭력을 비롯해 강제 키스, 껴안기 등을 수 차례에 걸쳐서 상습적으로 성추행한 사건이었다. 1998년 1월 23일 대법원까지 가는 긴 소송에서 원장은 징역 1년에 집행유예 2년을 선고받았다. 이 사건은 '직장에서 상사에 의한 성추행이 형사적으로 유죄를 받는다'는 대법원 판례를 낳았고 피해 여교사 4명에게 총 6500만원을 배상하라는 판결을 함으로써 1년 8개월에 걸친 법정 싸움이 막을 내렸다.

승소한 여교사들은 배상금으로 1000만 원의 기금을 모았고, 변론을 맡았던 변호사도 사례비 200만 원을 보태 1200만 원의 기금으로 진주여성평등상을 제정, 1999년부터 2002년까지 4회까지 시상을 했다. 그때까지는 강문순, 김장하, 김갑련, 박광희 등 4명의 기금운영위원과 정원각 간사가 자체 운영했다.

그러나 금리가 점점 낮아지면서 1200만 원에 대한 이자수익으로는 매년 상금 100만 원과 상패 제작 등 운영비를 충당하기 어려워졌다. 이에 2003년 기금 운영을 진주여성민우회에 넘기면서 김장하 선생을 비롯한 여성민우회 회원 등이 1900만 원을 추가 출연, 3100만 원의 기금이 조성되었던 것이었다.

그런데 코로나19 등 내외적 변수로 인해 몇 년간 여성평등상 시상이 이뤄지지 않자 초기 기금운영위원 중 한 명이었던 박광희 목사가 그 자리에서 이야기를 꺼낸 것이었다. 덕분에 나는 몰랐던 사실 중 하나를 알게 되었고….

또 2019년 시민사회가 준비한 깜짝 생일잔치에서도 새로운 이야기가 나왔다. 최인태(1957~) 사천 막걸리문화촌 촌장이 1994년 민주주의민족통일 서부경남연합에서 일하던 당시 진주농민회 소속 김순복·손구용 씨가 서울 농민집회에 참석하기 위해 가던 중 교통사고로 숨지는 안타까운 일이 있었다.

이에 지역사회에서는 두 농민열사의 장례를 치르기 위해 은행 빚을 냈고, 갚을 길이 막막했다. 최인태 촌장의 말이다.

"결국 김장하 선생님을 찾아갔습니다. 두 말 않고 선뜻 큰 돈을 주셨습니다. 그때 장례비용 모금에 진주문고 여태훈 사장 등 많은 분들도 도움을 주셨죠. 그렇게 모은 돈이 장례를 치르고 나서도 남았습니다. 그 남은 돈이 씨앗이 되어 지금의 농민회관이 될 수 있었습니다."

이렇듯 김장하 선생의 지원은 언론, 문화, 시민사회, 학술, 여성, 농민은 물론 앞서 김임섭 씨가 이야기한 노동단체에 이르기까지 미치지 않는 데가 없었다.

진주정신과 진주문화를 찾아서

김장하 선생은 특히 김수업 전 경상국립대 국어교육과 교수와 많은 사업을 함께 했다. 두 사람이 만난 것은 김수업 교수가 김장하 선생의 명신고 헌납 소식을 듣고 대체 어떤 분인지 궁금하여 남성당한약방을 찾아간 데서 시작된 것으로 알려져 있다.

의기투합한 두 분은 특히 진주정신과 문화를 살리기 위해 많은 일을 했는데, 그 일에 대해서는 김수업 교수 타계 1주기를 맞아 2019년 6월 출간된 『빗방울 김수업』(피플파워)에 수록된 내용을 발췌하는 방식으로 정리해본다.

경상대학교 사범대학 부설 중등교육연구소에서는 오늘날 우리가 당면하고 있는 교육의 근본적인 문제를 해결하기 위해서는 우리처럼 문화의 뿌리를 지닌 서양 선진국들의 교육에 대하여, 직접 조사·연구하는 것이 무엇보다 중요하다는 판단 아래 이 사업을 수행하기 위한 기획을 하였다. 기획 과제는 '선진국의 학교 교육과 교사 양성 교육'으로 정하였다. 그리고 이를 수행하기 위하여 해마다 희망하는 교수 한 사람을 선진국으로 파견하기로 하였다. 이 기획 과제에 드는 비용은 남성당한약방 김장하 원장님이 부담해 주기로 하였다. 그리하여 93년도에는 강호신 교수가 프랑스에, 94년도에는 이도수 교수가 영국에, 95년도에는 김인호 교수가 아일랜드에, 96년도에는 조규태 교수가 캐나다에, 97년도에는 곽철홍 교수가 벨지움에 가서 직접 해당 국가들의 학교 교육과 교사 양성 교육에 대해 조사한 후, 중등교육연구소의 세미나와 논문집에 조사 결과를 보고하였다.(52~53쪽)

2000년 남성문화재단 현판 제막식. 왼쪽부터 이준, 박종어, 김수업, 김장하, 박노정, 김중섭.

2018년 11월 2일 저녁, 경남과학기술대학 백주년기념관 아트홀에서 김수업 선생의 추모식이 있었다. 이때 김장하 남성문화재단 이사장이 "저와 이사장님과의 연은 십여 년 전 남성문화재단을 설립하여 이사직을 맡아달라고 부탁드렸더니 쾌히 승낙하셔서 재단이 바람직한 방향으로 나아갈 길을 닦아주셨고, 특히 '진주문화를 찾아서'라는 시리즈를 발간할 때 편간위원장을 맡으셔서 18권째 출판을 했습니다"라는 말을 했다. 김장하 이사장은 남성문화재단을 2000년 3월 11일에 설립하였고, '진주문화를 찾아서' 문고판은 2001년 7월 11일에 세상에 모습을 드러내었다. 여기서 김장하 이사장과 김수업 선생 두 분의 노력으로 '진주문화를 찾아서'라는 지역문화총서가 나오게 된 내력을 읽을 수 있다.(244쪽)

오늘날 널리 알려진 '진주문화를 찾아서'라는 문고판은 그냥 하늘에서 뚝 떨

김장하 이사장과 김수업 교수.

어진 것이 아니다. 김장하 이사장이 남성문화재단을 설립하고자 할 때부터 시작되었다고 보는 것이 옳다. 남성문화재단의 이사를 맡은 김수업 선생은 곧바로 풀뿌리 문화를 살리기 위해 지역문화 문고 발간

사업을 계획하고, 1999년 11월 5일에 '진주문화문고' 편간위원회 규정을 마련함으로써 시작했다.(245쪽)

첫째, 출판 비용 문제는 1999년 11월 5일에 확정된 '진주문화를 찾아서' 편간위원회 규정 제10조에, "초판의 책들이 팔려서 재정이 제대로 돌아갈 때까지 들어가는 자금은 모두 '남성장학문화재단(가칭)'에서 돕는다"에 밝혔듯이, 출판 비용은 물론이고 편간위 운용경비까지 모두 김장하 이사장이 떠맡겠다고 하여 해결되었다. 이 무렵 선생이 30권 남짓 계획한 출판 비용을 걱정할 때, 김장하 이사장이 대뜸 "사돈댁 마당이 터지는데 솔뿌리 걱정을 하겠습니까"라는 말을 하여 선생이 크게 웃고 반가워한 장면이 기억에 남는다.(245~246쪽)

"사돈댁 마당이 터지는데 솔뿌리 걱정을 하겠습니까"는 무슨 뜻일까? 찾아보니 옛날에는 바가지나 함지박이 깨지거나 틈이 생기면 어린 소나무 뿌리를 가늘게 나누고 잘 말려 실이나 노끈 대신 꿰메어 수

선을 했다고 한다. 가뭄에 갈라진 마당을 솔뿌리로 꿰멘다는 건 터무니 없는 일이니 쓸데 없는 걱정을 하지 말하는 뜻으로 쓰이는 속담이었다.

이처럼 지금까지 남성문화재단의 지원으로 출간된 '진주문화를 찾아서' 시리즈는 모두 23권이다. 이상필이 쓰고 유근종이 사진을 찍은 『진주의 남명학파』(한국문화사)가 가장 최근에 나온 책이다. 책이 한 권 나올 때마다 대략 1000만 원 정도의 비용이 든다고 보면, 지금까지 책 발간에만 2억 3000만 원이 들어간 셈이다. 그런데 이 책 시리즈 말고도 남성문화재단의 지원으로 나온 책이 더 있었다.

1996년 형평운동기념탑을 준공할 때 처음 열린 진주인권회의는 2001년부터 몇 년 동안 계속되며 결과물을 책자로 출판하였는데, 그때마다 남성문화재단이 재정적 지원을 하였다. 특히, 김수업 선생과 김장하 선생은 형평운동의 발상지 진주를 모든 사람이 차별 없이 평등하게 대우받는 인권도시로 만들어 가고자 하는 활동에 적극 참여하는 등 인권 확산에 물심양면으로 지원을 아끼지 않았다.(215쪽)

위에서 언급된 2001년 진주인권회의의 결과물은 김중섭 교수가 엮은 『한국 지역사회와 인권-2001 진주지역 사례 연구』(도서출판 오름)라는 책으로 나왔는데, 나도 그 책을 사서 읽었다. 내용은 김중섭 교수의 기조논문 「인권의 사회적 인식과 실천」에 이어 「'보호'라는 통제 속에 갇힌 학생들」(권춘현), 「재가보호아동의 생활과 인권」(배익

철),「진주 여성이 겪는 차별과 폭력」(강문순),「장애인 차별과 인권」(김재규·김현희),「간디학교 사태와 교육권」(양희창),「보호받지 못하는 노동자」(김재명),「인권사각지대에 놓인 노점상」(김정곤·서지은),「스스로 지키고 찾는 시민권」(이기동),「진주한일병원 노동조합 설립, 그리고 1년」(채옥희) 등 지역사회 각 분야의 아주 현실적인 차별과 인권문제를 담은 10편의 글로 구성되어 있다.

형평 정신, 즉 차별 철폐와 평등 세상을 위해 지원과 몸소 활동을 마다하지 않았던 김장하 선생의 뜻에 부합하는 책이라 할 만하다. 그래서인지 서문을 김장하 선생이 썼다.

"공평(公平)은 사회의 근본이요 애정(愛情)은 인류의 본량(本良)이라."

선생은 형평사 주지(主旨)의 첫머리에 나오는 이 말을 너무 좋아하는 것 같다. 서문의 첫 문장이 이 구절을 인용하는 것으로 시작된다. 그리고 마지막 부분은 이렇게 끝난다.

이것은 또한 국립 경상대학교가 진주에 있기에 이루어진 결실입니다. 지역 사회와 연구 및 교육 기관의 협력이 앞으로도 여전히 필요하다고 생각하며, 이러한 결실이 그러한 발전에 좋은 촉매제로 작용하기를 기대합니다.

이로 보아 김장하 선생은 지역사회 문제 해결에 대학의 역할이 아주 중요하다고 여기는 것 같다. 그만큼 기대가 높은 것이다. 경상국립대 남명학연구와 남명학관 건립에 13억 원을 기부한 것도 모자라

2021년 남성문화재단을 해산하고 남은 재산 34억 5000만 원을 모두 경상국립대에 기증한 것만 봐도 그렇다.

수십억 남은 재산 기부하고 60년만에 은퇴

이듬해 5월 남성당한약방 폐업을 앞둔 2021년 12월 재단법인 남성문화재단이 해산절차를 밟았다. 남은 재산 34억 5000만 원도 모두 경상국립대로 이관됐다. 그중 현금이 6억 5000만 원, 서경방송 주식 2만 주(28억 원 상당)였다.

절차는 모두 끝난 상태였으나 경상국립대는 굳이 '남성문화재단 재산 수증증서 전달식'을 열고자 했다. 행사를 열어 감사를 표시하고 감사패라도 전달하며 명예의 전당에 이름을 새기겠다는 것이다. 행사는 12월 9일로 잡혔다.

이보다 앞서 12월 4일 현장아트홀에서 마지막 진주가을문예 시상식이 열렸다. 남성문화재단이 해산하면서 가을문예도 자동 중단된다. 제27회가 마지막이었다.

이사장 직함으로 하는 마지막 인사말을 양복 안주머니에서 꺼냈다. 굵은 글씨체로 출력된 제목은 '모든 인연이 소중했습니다'였다.

"해마다 가을이 되면 무엇인가가 기다려졌습니다. '기다림은 만남을 목적으로 하지 않아도 좋다'는 시 구절이 있지만, 가을이 되면 늘 기다려지는 인연이 있었던 겁니다. 그 인연은 울긋불긋 단풍처럼 아름다웠습니다. 지난 서른

해 가까이 동안 늘 그랬습니다. 사람의 마음을 감동시키는 글을 생산하는 친구들이 있어 그랬고 그것이 진주가을문예라는 인연으로 맺어졌습니다.

코로나19라는 전염병이 창궐하는 속에서도 글쓰기는 주눅 들지 않고, 오히려 번창했습니다. 문학은 모든 공포에서 빨리 벗어나게 하고, 힘과 지혜라는 선물을 인간한테 안겨주고 있습니다.

올해도 진주가을문예에 문을 두드린 문우들이 많았습니다. 당선의 영광을 안은 정월향 시인과 기명진 작가한테 축하를 드리면서 응모자 모두한테 감사 인사를 드립니다.

27년간 진주가을문예를 통해 많은 인연들을 만났습니다. 수상자들이 울면서 소감을 밝히던 모습이 눈에 선합니다. 수상자들이 가족처럼 우애 있게 지내는 걸 보고 또 다른 가슴 뿌듯함을 느꼈습니다.

전국 내로라 하는 문인들이 진주가을문예에 보내는 애정도 컸다고 여겨집니다. 그런데 진주가을문예가 올해까지, 27회째 운영하고서 막을 내리게 되어 저 또한 안타까움을 느낍니다. 그동안 모든 인연을 소중히 여기며 또 다른 문학공간에서 만남이 이어지길 기원합니다.

2021년 늦가을에. 남성문화재단 이사장 김장하"

그는 인사말을 읽는 중간에 잠시 목이 메이는 듯했다. 마치고 인근 함양흑돼지 식당에서 삼겹살과 저녁을 먹었다. 시끌벅적한 분위기 속에서도 선생과 마주 앉아 꽤 많은 이야기를 나눴다. 맞은편에 앉은 김중섭 교수가 대화를 거들었다. 물론 이때 나눈 이야기도 이 책 안에 녹아 있다.

수증증서 전달식 인사를 하고 있는 김장하.

저녁식사까지 마치고 선생과 함께 하정우 씨가 차를 주차해놓은 곳까지 걸어가는 길이었다. 정우 씨와 내가 9일로 예정된 경상국립대 수증증서 전달식 이야기를 주고 받았다. 그가 차 시동을 걸러 간 사이 선생과 내가 남았다. 선생이 혼잣말처럼 말했다.

"버렸으면 미련없이 버려야지. 줬으면 그만이지. 감사패 그거 뭐하려고…."

9일 오후 5시 경상국립대 행사장. 원래 선생은 원치 않았던 자리

명예의 전당 명패 제막식.

였다. 하지만 받는 쪽에서 간곡하게 부탁하는 바람에 마지못해 참석한 자리였다. 그래서일까? 행사 내내 선생에 대한 찬사가 이어졌지만, 표정은 계속 불편해보였다. 그럼에도 예정된 인사말은 A4 용지 1.2매 가량을 꼼꼼히 써오셨다. 그 마지막 대목은 이랬다.

"재단 설립 20여 년이 지난 오늘 제대로 이루어 놓은 것은 없고 뒤떨어진 지역문화를 발전시키기에는 역부족이었습니다. 이에 남성문화재단을 해산하고 남은 재산을 경상국립대학교에 기부하기로 했습니다. 무거운 짐을 대신 짊어지게 해서 죄송합니다."

대학은 예정대로 동판으로 제작된 흉상이 돌출된 감사패를 전달했고 명예의 전당에 새긴 명패 제막식도 했다.

하지만 그런 의례보다 중요한 것은 선생의 기대처럼 대학이 강의실 안에만 머물지 않고 지역사회 문제 해결에 함께하는 것, 남명 정신의 실천에 앞장서는 것, 차별 철폐와 평등세상 실현에 나서는 것이 아닐까 싶다. 경상국립대가 과연 그 역할을 해줄 수 있을까?

김장하 선생은 아이엠에프가 오기 직전 남성당한약방과 옆 자전거 대리점이 있는 옆 건물, 뒷 건물을 합쳐 새로 지어서 거기서 나오는 임대료 수익으로 단체 등을 지원하려 했었다고 얼핏 말한 바 있다. 그러나 1997년 아이엠에프로 건물 신축계획은 물거품이 됐고 약방 손님도 확 줄었다.

그때 건물 신축비로 준비했던 돈은 남명학관 건립과 서경방송 주주 참여, 남성문화재단 설립에 썼다. 이제 남성문화재단 잔여재산마저 경상국립대로 넘어가면서 이 학교는 명신고등학교 다음으로 많은 재산을 증여받은 셈이다. 이 대학도 국립이니 결국 이 또한 국가 기증이라고 해야 할까.

김장하 선생이 그동안 키운 수많은 장학생, 시민사회·문화·여성·인권단체, 그리고 명신고와 경상국립대. 지금까지 선생이 보여준 철학대로 '줬으면 그만이지', 기대하지도 간섭하지도 말아야 할까.

제5부

김장하의 기질

권력과 정치를 멀리하는 이유

찾아오는 사람을 내치지 못하는 김장하였지만, 도움을 부탁한다고 해서 모든 이를 도와준 건 아니었다. 앞서 전국 일주를 하겠다는 학생이 찾아와 여행경비를 부탁했을 때 거절했던 사례처럼 절대 지원하지 않는 원칙이 하나 있었다.

2019년 시민사회가 마련한 깜짝 생일잔치 때 김장하 선생이 입장하기 전 하정우 씨가 무대에 올라 말했다.

"김장하 선생님과 두 번 정도 개인적인 인연이 있습니다. 그런데 그 말씀을 드리기에는 도저히 부끄러워 못하겠고, 사실 오전에 홍창신 선생님에게 말씀 드렸더니 '그래 그 이야기는 안 하는 게 좋겠다'라고 하셨습니다. 그래서 안 하겠습니다."

그게 뭘까 궁금했다. 나중에 물어봤다. 확인 결과 그는 2006년과 2010년 두 차례 민주노동당 진주시장 후보로 출마한 적이 있었다. 2006년 첫 출마 때 김장하 선생을 찾아가 후원을 부탁드렸다. 그때 김장하 선생은 하정우 씨에게 존댓말을 썼다.

"하정우 위원장, 옛날에도 여러 정치인들이 나에게 그런 부탁을 해왔는데, 나는 정치나 선거운동에는 후원하지 않는다는 신조를 지키고 있소. 그런 신조를 계속 지켜갈 수 있게 이해를 부탁하오."

그런데 4년 후 다시 진주시장 후보로 출마하면서 그랬던 사실을 까마득이 잊고 다시 찾아가 후원을 부탁드렸다. 정말 어이없는 짓이었다. 말씀을 드리던 중 2006년의 일이 생각났다. 그래서 다시 얼굴이 벌게졌고, 선생님과 함께 웃었던 일이 있었다고 했다.

생전 박노정 시인의 전언에 따르면 김장하는 사실 노무현 대통령을 참 좋아했다고 한다. 그리고 정치에 관심이 없는 것도 아니었다고 한다.

"정치 이야기는 나하고도 너무 많이 했지. 국민들이 힘든 건 모른 척 하고 나만 잘 살면 된다는 그런 분이 아니니까. 더불어 함께 사는 게 당신 몸에 배여 있는 분이니까."

후보 시절 노무현 대통령을 직접 만난 적도 있다. 물론 약속을 잡아 만난 건 아니었다.

"마산 김성진이가 진주문고 여태훈하고 나하고 동방호텔에서 식사를 했어. 저쪽에는 성진이하고 또 한 친구가 있었지. 그렇게 식사하고 진주에서 존경받는 분이 김장하 선생님이라고 계신다는데 어떻게 하면 만나볼 수 있습니까 하길래 내가 그랬지. 나와 친구인 국회의원들도 있지만 김장하 선생님 만나게 해달라 해도 내가 잘랐다. 정치인들은 다 옆에 누구를 배석해가지고 몇 시에 언제 어디서 다 이런 식으로 계획을 짜가지고 나오라고 안 하나? 그분은 절대로 거기 나가는 분이 아니고 정치인들 하고는 안 만나는 분이다. 그래서 만나고 싶다면 그냥 한약방으로 찾아가면 된다고 그랬지."

당시 대통령 후보 보좌역이었던 김성진(1963~) 씨는 그런 사실을 보고했고, 노무현 후보는 건너편에 차를 세운 뒤 횡단보도를 건너 남성당한약방 문을 열고 들어갔다.

"노무현 씨가 대단하다 싶은 게 실제로 그 뒤에 산청 가는 길에 그랬는지 갔다 오는 길에 그랬는지 모르지만 '노무현입니다' 하면서 한약방에 바로 들어가가지고 차도 얻어먹고 그리 했거든."

그렇게 약 50분 간 김장하를 만나고 나온 노무현 후보는 당시 수행한 김성진 씨에게 이렇게 말했다.

"참 좋은 분을 만났네. 정말 좋은 분이다. 정치인을 만나 훈수를 하지 않는 사람은 처음이다."

훗날 김장하 선생한테 "왜 훈수를 좀 하지 않으셨어요? 희망이나 바람을 이야기해줄 수도 있었잖아요?"라고 물은 적이 있다. 그랬더니 "정치 10단에게 내가 무슨 말을 하겠어요?"라고 짧게 답했다.

노무현 대통령 당선 직후 인수위원회 시절, 부산 벡스코에서 '부산·울산·경남 민(民)에게 듣는다'는 토론회를 개최했다. 당선자측은 이 자리 1번 테이블에 김장하 선생을 초대했다. 이는 내가 당시 경남도청 출입기자여서 잘 아는 사실이다. 그러나 김장하 선생은 아예 그자리에 참석을 거부했다.

물론 그때도 한약방을 비울 수 없다는 핑계였지만, 실은 정치인·권력자와 개인적으로 얽이지 않으려 그랬을 가능성이 높다. 문형배 판사가 진주지원장으로 왔을 때 밥 한 그릇 사겠다는 것도 마다했으니.

이후 노무현 대통령이 서거하자 김장하는 묘역에 박석을 놓아 추모했다고 한다. 인터넷으로 그 박석 위치를 찾는 시스템이 있다고 하여 시도해봤는데 나는 끝내 찾지 못했다.

오래 전 이런 일도 있었다. 생전의 박노정 시인한테 들은 이야긴데, 김장하 선생이 김해 김 씨 종친회 전국청년회장을 맡고 있을 때의 일이었다. 노태우 정권 시절 김용갑 총무처 장관이 김해 방문을 하겠다며 김해 김 씨 청년회원들을 모아달라는 연락이 왔다. 김해 김 씨의 지지를 받고 있는 김대중 야당 총재를 견제하려는 의도였다.

이 말을 들은 김장하 청년회장은 일언지하에 거절해버렸다. 종친회 행사가 있을 때 그가 참석하겠다는 것까지 막을 순 없지만, 권력자가 온다고 해서 사람을 모아달라는 요구는 받아줄 수 없다는 이유였다. 당시 김용갑 장관은 권력의 최대 실세였다.

이후 확인을 위해 김장하 선생에게 그때의 일에 대해 물었다. "그런 일이 있었지" 한 마디로 끝이었다.

그도 딱 한 번 권력자가 만나자는 요구에 응한 적이 있었다. 명신고등학교 이사장으로 있을 때였다. 지역구 여당 국회의원이 진주의 한 호텔로 그를 불렀다. 갔더니 이력서를 한 장 내놓았다. 교사 채용 청탁이었다. 앞에서 교육부 감사를 초래했던 바로 그 이야기다.

그때 김장하는 심한 모멸감을 느꼈을 것 같다. 그 일을 계기로 정치인이 만나자는 요구는 일체 거절하는 것으로 마음먹었을 가능성이 높다.

한 번은 이런 일도 있었다. 박노정 시인이 《진주신문》 대표를 그만뒀을 때였는데, 그때도 한약방에 손님이 많아 순서를 기다려야 했을 때가 많았다고 한다. 어느 날 판사가 약을 지으러 왔는데, 빨리 약을 받아가려고 김장하 선생한테 명함을 건넸다. 그럼에도 순서를 딱 지키는 바람에 그 판사가 아무 말도 못하고 머쓱해하더라는 것이다.

권력자가 주는 상도 거절한 사례가 여러 번이었다.

"강신화 경남교육감이 나에게 전화를 했어. 무슨 신문 이름으로 도민의 이름을 끼고 김장하 선생님에게 상을 드리고 싶은데, 니가 좀 말씀을 드려볼래? 그래. 내가 그랬지. 죄송하지만 그거 안 됩니다. 내 선에서 거절해버렸어. 나중에 김장하 선생님한테 그 말을 드렸더니 아니나다를까 '잘했어' 하더라고."

이밖에도 진주시민상, 무슨 문화상 등 거절한 사례가 한두 번이 아니었다고 한다.

감시받고도 빨갱이 콤플렉스가 없는 노인

내가 이렇게 물었다.

−선생님은 정치를 멀리하시는 편이잖아요. 스스로 진보나 보수 이렇게 구분하는 것도 싫어하십니까?

"정치를 싫어하는 건 아니고, 진보와 보수를 따지자면 엄밀히는 진보에 가깝지. 친구들 모임에 가면 대화가 잘 안되지."

앞에서 장형(長兄)이 진주사범학교 졸업반 재학 중 6.25 때 진주를 점령한 인민군을 따라 북한에 넘어갔다는 이야기를 한 바 있다. 납북인지 월북인지도 모른다. 이로 인해 김장하도 오랫동안 경찰의 감시를 받았다고 한다. 박정희 정권 시절까지만 해도 북한에 친인척이 있는 사람들은 감시의 대상이었다.

2021년 12월 30일 박광희 목사, 권영란 작가와 점심을 먹기 전 좀일찍 남성당한약방에 찾아갔다. 내가 책임편집을 맡아 만든 경남민간인학살유족 증언집 『70년만의 증언』(전 5권)이라는 책을 드렸다. 책

민간인학살 유족 증언집을 보고 있는 김장하.

을 펼쳐 한참을 보시던 선생이 혼잣말처럼 말했다.

"이념갈등이 심하지. 이념갈등."

그 말을 받아 내가 좀 길게 책 내용을 설명했다.

－그렇지예. 그 가족들이 아버지를 그렇게 잃고 나서도 평생동안 '빨갱이자식' 이런 낙인이 찍혀가지고 평생 피해의식에 시달리면서 그렇게 살아오신 분들이 많고, 또 실제로 연좌제가 살아있을 때는 뭐 공직이라든지 그런 데도 최종 면접에 가서 다 떨어지고, 중동이나 뭐 이런 데 외국에 돈 벌려 가려고 할 때도 신원조회에 걸려가지고 외국에 못나가게 되는 경우도 많았고 그렇더라고요. 이분들이 빨갱이자식 낙인에 시달리다 보니 본인 스스로 어떤 콤플렉스, 피해의식 이런 것 때문에 오히려 자기는 빨갱이가 아니라는 걸 입증하기 위해서 보통사람보다

더 철저히 반공의식으로 무장한 그런 분들이 많더라고요.

그리곤 이렇게 물었다.

-그런데, 선생님도 형님이 북에 계시고 그래서 혹시 경찰이나 이런 데로부터 감시를 받거나 하진 않았나요?

"늘 감시받았죠."

-늘 감시 받아?

"예예. 늘 그랬죠. 빨간 줄을 그어가지고."

-담당 경찰이 찾아와서 동향 물어보고 혹시 연락 온 거 없느냐 묻고?

"예예."

-그게 언제쯤까지 계속됐습니까?

"사망신고를 낼 때까지였죠. (형님에 대한) 사망신고를 언제 냈더라? 처음엔 행방불명으로 냈거든요. 아버지가 사망신고를 용납을 안하는 거라. 반드시 살아 돌아올 것이다. 그래서 사망신고를 못하고 있다가."

-아버지 돌아가시고 난 뒤에?

"예. 세상 버리고 난 뒤에 인우보증 세워가지고 그렇게 사망신고를 했죠. 사망신고를 하니까 그때부터 감시가 해제되데."

내가 조사해본 결과 아버지 김경수가 만 73세로 타계한 1986년이었다. 전두환 정권이 연좌제를 폐지한다고 했지만, 김장하 선생의 말이 맞다면 그때까지도 감시는 여전했다는 말이 된다.

형님에 대한 이산가족찾기는 어떻게 됐을까?

"이산가족 상봉할 때, 우리 형님도 그 명단에 들어 있었거든. 살아 있는 것까지는 확인을 했지. 200명을 찾아가지고 100명을 선발했거든. 그래서 그때 상봉 못한 사람들은 다음에 우선적으로 될 줄 알았는데, 다음에는 또 새로운 사람들을 선발하는 거라."

-또 새로 모집했네요?

"그랬지. 그러면서 마 영원히…."

-그런데 제가 얼핏 다른 데서 듣기로는 노무현 정부 때 어떻게 좀 해주겠다고 연락이 왔다던데.

"아니, 그건 아니고. 노무현 비서실에서 전화가 왔더라고. 엠바고인데 북한방문이 있을 것 같다면서 이산가족에 대한 문제에 대해 좋은 의견이 있으면 이야기해달라고 해. 그래서 이산가족 문제는 정치적으로 논할 문제가 아니다. 인도주의적으로, 여기에 어찌 정치적 문제가 개입될 수 있느냐, 무조건 이산가족은 숫자를 늘리고 좀 활발히 만날 수 있게 해달라. 그랬더니 불과 열 시간 이후에 기사가 났데? 노무현 대통령이 평양 방문한다고. 그래가지고 방문해서 협의한 결과에 300명씩 만나게 한다고 합의를 보긴 봤어. 그게 뭐 이행이 안 되고 끝나고 말았지. 그러고 끝이라."

노무현 대통령의 평양 방문은 2007년 10월 2일~4일 이뤄졌다. 그보다 앞서 김장하는 그해 6월 우리겨레하나되기운동본부와 함께 북한을 방문할 기회가 있었다. 6월 28일부터 7월 2일까지 일정이었는데, 김장하는 돌아온 다음날 '북한 방문기'를 썼다. 지금은 사라진 천리안 홈페이지에 김장하 선생이 올렸던 북한 방문기를 내가 갈무리

2007년 북한 방문 당시 공항에서.

해둔 게 있었다. 길지만 기록차원에서 전문을 옮기면 다음과 같다. 이
글은 북한에 대해 객관적이면서도 때로는 비판적으로, 또는 동포에
대한 애정어린 시선으로 4박 5일간 보고 들은 것들을 담담히 담고 있
다. 그리고 무엇보다 참 잘 쓴 글이다.

김장하의 북한 방문기

나의 북한 방문은 어렵사리 이루어졌다. 몇 번의 기회가 있었지만 모두 성사
되지 않다가 이번에는 우리겨레하나되기운동본부에서 평양 참관 행사에 참
여하였다.

나는 6.25전쟁을 겪은 세대이고 반공교육을 받고 자랐으며, 평소 북한은 전
쟁을 좋아하는 무서운 나라라는 인식이 들어 우리겨레이면서도 무서운 존재

로 여겨왔기에 별로 가보고 싶은 곳은 아니었다. 그런데 나의 형님이 6.25전쟁 당시 행방불명이 된 지 55년 동안 아무 소식이 없어 죽은 줄만 알고 지냈더니 재작년 북한에 살아있다고 이산가족 생사의뢰서를 보내왔다. 그러나 하루속히 만날 줄 알았던 이산가족 상봉은 아직까지 만나지 못하고 안타까운 마음으로 기다리고 있다. 그래서 형님이 사시는 북한을 방문해서 무슨 소식이나 들을까 막연한 기대를 가지고 가보고 싶어 이 행사에 참여한다.

6월 28일

장맛비가 내리는 날 김포공항에서 아시아나 항공인줄 알고 탑승하니 북한의 고려항공이다. 탑승하자마자 기내에서 '반갑습니다'라는 북한 노래가 흘러나오고 기분이 어쩐지 이상하고 바짝 긴장이 된다.

비행기가 김포공항을 이륙하여 평양공항에 착륙하기까지 걸린 시간이 1시간이다. 지리적으로 너무나 가까운 거리였음에도 불구하고 길이 막혀있었던 그동안 마음의 거리는 너무 멀고도 멀었다. 내가 이렇게 쉽고 빠르게 건너가 볼 수 있으리라고는 이전까진 상상도 하지 못했던 일이다. 평양공항에 대한 첫 느낌은 과연 이곳이 북한의 수도인 국제공항인가? 라는 생각이 들었다. 공항이라고 하기에는 너무나 적막했다. 비행기도 몇 대뿐이고, 그 날 손님은 우리밖에 없는 모양이다.

긴장했던 것보다는 훨씬 간단한 입국 절차를 마치고 마중 나온 버스에 분승하여 숙소인 양각도호텔로 향했다. 양각도호텔은 1995년 완공된 47층의 객실 1001실의 특급호텔이다. 양각도는 대동강에 있는 섬으로, 섬의 모양이 양의 뿔처럼 생겼다고 양각도라고 불린다고 한다. 차창 밖으로 펼쳐지는 평양

외곽은 모내기가 끝난 농촌의 풍경이었다. 저 멀리 삼삼오오 논에서 일하는 사람들과, 도로에는 가끔 자전거를 타고 지나가는 사람들과 보따리 짐을 메고 걸어가는 사람들이 보였다. 시내에 들어오면서 제일 먼저 찾았던 것은 바로 매대다. 우리 식으로 하면 정부의 허가를 받고 영업을 하는 노점상이라고 할 수 있다. 매대에서는 음료수와 간단한 간식을 팔고 있는 듯했다. 평양의 거리 풍경은 차량 통행이 적고, 신호등이 없으며 자전거를 많이 타고 간혹 오토바이도 보이고 많은 사람들이 걸어 다닌다. 교통수단은 지하철 궤도전차 무궤도전차 시내버스 택시인데 택시는 눈에 띄지 않는다.

평양에 제일 먼저 내린 곳이 만수대다. 만수대는 김일성동상이 있는 곳이다. 뭐 평양에 방문하면 제일 먼저 하는 것이 주석님(?)께 인사하는 것인가? 북측 사람들은 결혼식을 올리고 나서 제일 먼저 하는 것이 바로 김일성 동상 참배란다. 우리 일행이 갔을 때, 결혼식을 마친 신혼부부가 3쌍이나 주석님께 인사를 드리러 왔다.

양각도호텔에 여장을 풀고 점심식사다. 김포에서 서둘러 나오느라 아침식사를 대충 했더니 늦은 점심이라 몹시 배가 고프다, 그런데 밥공기에 밥이 너무 적어서 배가 안 찬다. 북한에서의 첫 식사라서 아마도 북한주민들이 굶느라고 이렇게 적게 주는구나 하는 생각이 들어 더 달라 소리도 못하고 있는데 접대원이 와서 빈 공기를 보고 밥 더 드릴까요? 한다. 미안해서 반공기만 더 주셔요 했더니 큰 그릇에 한 그릇 들고 온다.

공식 일정대로 만경대고향집을 향했다. 김일성주석 생가를 보존한 것으로 평양 방문에서 북이 꼭 보여 주는 곳이다. 호텔에 오기 전에 김일성 동상 앞에서 안내자는 설명을 하면서 계속 '위대한 수령님'을 말끝마다 붙인다. 평양시내의 큰 건물에는 김주석과 김정일 국방위원장의 대형 사진이나 붉은 현수막이나 플래카드가 수 없이 많다. 만경대고향집에서 해설하는 사람들은 또 얼마나 '위대한 수령님'을 찾을까! 나는 우리 시각으로 바라 볼 것이 아니고 북한의 입장에서 바라봐야 이해할 것 같다. 만경대는 김일성 주석의 생가이며 경치가 빼어나 만경대에 오르면 일만 가지 경치를 본다고 만경대라고 한다.

평양 시내는 상당히 깨끗해 보였다. 도시 모습도 계획도시답게 잘 정돈되어 있다는 느낌을 받았고, 길거리의 사람들 모습도 꽤 활기차 보였다. 버스에서 손을 흔들자 지나가는 사람들이 웃으며 마주 손을 흔든다. 엄마의 손을 잡고 걸어가던 한 아이는 내가 탄 버스를 보고 손을 흔들면서 웃는다. 차에서 내려 저 평양 사람들과 이야기를 나누고 싶은 충동을 느꼈지만.

그렇게 만경대고향집을 둘러보고 우리는 만경대학생소년궁전으로 향했다. 2000년 남북정상회담 이후 우리에게 잘 알려진 평양 어린이들의 공연을 보여주는 곳이다. 그곳에서 예체능에 재능 있는 어린 학생들을 집중적으로 교육시키는 곳이다. 건물 모양은 어머니가 아이들을 품에 안는 형상으로 만들어졌다고 한다. 그리고 건물 앞에 있는 말은 힘차게 달려오는 어린이들을 형상화한 것이다. 어린이들이 방과 후 체육 과학 예술 등 다양한 기능을 익히고 숙달된 학생들은 공연장에서 발표를 한다. 우리는 어린이들이 열심히 연습하는 연습실을 견학했다. 정말 아이들이 열심히 수련하고 있었다. 관광객들의 관람에 익숙해서인지 예쁜 친구들은 우리의 방문에 개의치 않고 자기 일에만 열중한다. 사진을 찍든지 말든지, 뭔 말을 하든지 말든지 질문을 하면 단답형으로 대답만 할 뿐이다. 고사리 손으로 바둑을 두는 모습이 귀엽다.

연습실을 관람한 후 공연장으로 향했다. 그날 그곳에는 총련 학생들도 와 있었다. 그 학생들과 우리 일행으로 공연장은 꽉 들어찼다. 그리고 어린 아이들의 공연이 시작됐다. 독창 중창 춤 국악 등 그들의 공연에 감탄을 연발했다. 그런데 한편으로는 이들은 아이들 같다는 느낌이 들지 않고 단지 기술자일 뿐 창의력이 풍부한 예술가가 되지는 못할 것이라는 생각이 들었다. 사실 북측의 교육이나 남측의 교육이나 창의력을 키워주는 교육은 아니다. 남과 북이 세계 어떤 민족과 국가보다 교육열이 높다 하지만, 교육 내용을 보면 지금 남과 북에서는 창의력이 부족한 기술자들만 양성하고 있는 것은 아닐까? 평양 방문의 첫날 일정도 끝났다. 다음날 백두산 관람 일정을 기대하면서….

6월 29일

아침 7시에 평양공항을 고려항공으로 출발하여 1시간 만인 8시에 양강도 삼지연 비행장에 도착하여 대기한 버스로 백두산으로 향함. 삼지연은 1500고지의 백두고원(개마고원)으로 광활한 평지에 수목이 울창하여 하늘이 보이지 않는다. 밀림지대를 도로를 뚫어 2시간을 달려도 평지인 밀림이다. 해발 2000m 이상 오르니 지리산과 한라산을 볼 때와는 딴 판으로 나무가 한 그루도 없는 모래와 자갈로 이루어진 산등성이를 보고 놀랐다. 백두산은 해발고도 약 2000m가 수목한계선이 되어 이보다 높은 지대는 짧은 여름철에 풀만 자라는 산악 툰드라 지대에 속해 주빙하 지대이다. 천지 주변의 그늘진 골짜기에는 가장 더운 달인 7월에도 눈이 남아 있고, 땅속 0.8~1m 깊이 이하에 영구동토층이 있어 여름에도 녹지 않는다.

삼지연을 출발한 지 3시간만인 11시에 백두산 향도역에 도착하여 걸어서 장군봉으로 오르다. 2750m 아~ 백두산! 꿈에도 그리던 백두산 민족의 영산 그러나 안개가 자욱하여 지척이 보이지 않으니 산이 높은지 낮은지 구분이 안된다. 천지의 속살을 쉽게 내보이지도 않는다. 한민족에게 백두산은 민족과 국가의 발상지이며, 생명력 있는 산으로서 민족의 성산(聖山)·신산(神山)으로 숭앙되어왔다. 고조선 이래 부여·고구려·발해 등이 백두산에 기원을 두고 있으며, 백두산 주변의 여진족·만주족 등도 그들 민족의 성산으로 숭앙하여 역사화·전설화·신격화했다. 풍수지리에서는 지세를 사람의 몸에 비유하여 이해하기도 하는데 백두산을 '기'(氣)가 결집된 머리로, 낭림-태백-소백산맥을 백두산의 기가 전달되는 등뼈산맥으로서 백두대간(白頭大幹)으로 인식했다. 백두산은 산정이 눈이나 백색의 부석(浮石)으로 4계절 희게 보여서 희다는 뜻의 '백'(白)자를 취하여 이름한 것으로 보인다. 백두산의 중앙부에는 천지가 있으며, 그 주변에는 2중 화산의 외륜산에 해당하는 해발고도 2500m 이상의 봉우리 16개가 천지를 둘러싸고 있는데 모두 회백색의 부석으로 덮여 있다. 이 가운데 6개 봉우리는 북한에 속하며(최고봉 2750m의 장군봉), 7개는 중국에 속하고(최고봉 2741m의 백암봉), 3개의 봉우리는 국경에 걸쳐 있다. 따라서 천지 수면에서 장군봉 꼭대기까지는 600m의 비고로, 백두산 중앙부는 넓고 파란 호수 주변에 비고 약 500m의 회백색 산봉우리들이 둥그렇게 둘러 있어 아름다운 경관을 이룬다.

안개 걷히기를 무려 40분이나 기다려서야 기다린 보람으로 안개가 걷힌다. 와 하는 함성과 함께 카메라 셔터 누르는 소리가 일시에 째깍거린다. 이제야 천지가 발 아래 파랗게 보이고 주변의 웅장한 바위산이 보이고 시야가 멀리 보이면서 백두산의 높이를 대략이나마 가늠해 보기도 한다. 언제 다시 올 기약도 못하고 아쉬움을 남긴 채 하산길에 오르다.

내가 알기로는 압록강이나 두만강은 천지에서 물이 넘쳐흘러 폭포를 이루어 강의 기원이 되는 줄 알았더니 산정에서 천지는 500m나 밑에 있어서 물이 넘칠 수 없고 천지에서 스며 나오는 물이 개울을 이루고 골짜기로 모이면서 압록강이나 두만강의 기원이 된다. 천지에서 물이 흐르는 곳은 만주로 흐르는 송화강을 이루어 흐른다. 예정보다 늦은 오후 7시에 삼지연 비행장을 출발 평양공항에 8시에 도착하다.

6월 30일

오늘은 고구려의 시조인 동명왕 능을 참관한다. 왕릉은 평양에서 25km지점에 있으며 고구려는 동명왕을 수호신으로 여겨 수도를 옮길 때마다 (졸본 국내성 평양) 옮겨 왔고 장수왕 때 평양으로 이장을 했다고 함. 이북은 강성대국의 표본을 고구려에서 찾으려고 동명왕릉을 개축하고 숭앙하고 있다. 일제 때 도굴되어 유물은 거의 없으며, 무덤 뒤로 신하들의 무덤도 배총으로 남아 있다. 세계문화유산으로 등재됨. 왕릉 앞 왼쪽에는 정릉사(定陵寺)가 있으며 동명왕의 명복을 빌기 위해 세워졌다 함.

점심은 저 유명한 옥류관에서 냉면을 맛보았다. 한 그릇을 게 눈 감추듯 비우니 접대원 아가씨가 빙그레 웃으며 한 그릇 더 할래요? 해서 한 그릇 더 먹었다. 이름난 냉면이라서 그런지 맛있었다. 한 그릇에 얼마냐고 물었더니 4유로라고 한다. 우리 돈으로 5500원이니 북한 주민이 사 먹기엔 부담스러울 것 같다. 옥류관은 대동강 기슭 옥류교 근처에 자리 잡고 있으며, 3개의 건물로 이어져 있으며 좌석 수는 1500석이며 하루에 팔리는 냉면 숫자는 1만 그릇이라니 어안이 벙벙하다.

오후에는 대동강에서 유람선을 타고 대동강을 돌아본다. 양각도 능라도를 오르내리며 모란봉 을밀대는 먼눈으로 구경하다. 대동강에 설치한 2개의 거대한 분수는 지상 150m 까지 물줄기를 쏘아 올리고, 강에는 보트 놀이하는 사람들이 수없이 나와 여유를 즐기며, 낚시하는 사람들도 많이 나와 한가로운 풍경이다. 일요일도 아닌데….

7월 1일

오늘은 평양에서 150km 지점에 있는 묘향산을 관람한다. 묘향산에는 국제친선전람관을 참관하다. 이 전람관은 김 주석과 김 위원장이 외국의 국가 원수나 친지들에게서 받은 선물을 한 데 모아 보관 전시하는 곳이다. 산의 지하를 파서 웅장한 대리석 건축물에 약 30만 점에 달하는 국보급 보물들이 보관된 곳으로 전쟁이나 폭격에도 견딜 견고한 전시장이었다. 수많은 전시실을 모두 관람하려면 며칠이 걸릴지 모른다. 점심은 향산호텔에서 맛있게 먹고 오후는 보현사 관람이다.

묘향산의 주봉인 비로봉은 1909m이며 기묘한 봉우리들과 기암절벽 깊은 계곡, 기운차게 떨어지는 폭포수, 봄철의 꽃향기와 여름철의 짙은 녹음 가을의 눈부신 단풍 겨울의 설경 거기에 갖가지 새소리까지 어울려 뛰어난 절경을 이루고 있다. 서산대사께서 전국의 명산을 다 돌아보시고 금강산은 빼어나되 웅장하지 못하고(秀而不壯) 지리산은 웅장하되 빼어나지 못하며(壯而不秀) 묘향산이 금강산의 빼어남과 지리산의 웅장함을 두루 갖췄다(亦壯亦秀)라고 하신 명산이라 한번 꼭 와 보고 싶은 산이었다. 그러나 시간 관계상 상봉의 등산은 가보지 못하고 보현사를 들러본다. 보현사는 고려 때 창건한 절인데 이북에서 비교적 잘 보존된 사찰이다. 국보도 여러 점 있고 특히 서산대사가 수많은 제자들과 승병을 이끌고 임진왜란의 국란에 뛰어들어 많은 전공을 세우고 말년에 보현사에서 생을 마치셨다. 제자들이 어찌 불제자로서 사람을 죽이는 전쟁에 참여합니까? 라고 묻자 일사다생(一死多生)이면 즉 한 사람을 죽이고 여러 사람을 살린다면 계율에 어긋나지 않는다며 승병을 모으셨단다.

평양에서 묘향산으로 오고가는 청천강은 참으로 깨끗하고 아름답다. 자연환경 그대로를 간직하고 있는 것이 너무나 고맙다. 그 옛날 살수에서 수나라 군사를 무찌르던 을지문덕장군의 함성소리가 들리는 듯. 그러나 낚시하는 주민들의 한가로움이 풍경화를 보는 듯 어울린다.

저녁에는 북측의 민화협에서 환송연회를 베푼다. 연회 후에는 내일은 헤어진다며 평양 체류 중에 3호차에 타고 며칠을 같이 여행하였다고 단합대회를 하자고 한다. 47층 회전식 스카이라운지에서 모였다. 각자 소개를 하는 자리에서 내 차례에 진주에서 왔으며, 형님이 북한에 살고 있는 이산가족이라고 말하고 평양에 살고 있을 것 같은데 아무 소식도 못 듣고 돌아가게 되어 마음이 무겁다고 말하자, 모두 안타까워하면서 분단의 아픔을 위로하면서 같이 동행했던 김원중 가수는 즉석에서 노래를 2곡이나 불러 이별의 아픔을 달래준다.

이번 북한 방문은 그동안 궁금했던 북한의 실상을 접하기는 매우 제한적이었다. 농촌의 실상을 볼 기회가 없었고, 평양 주민들과의 접촉은 거의 불가능이었다. 그들이 보여 주는 것 외에는 볼 수가 없다. 만나는 상대는 안내원, 접대원 해설강사 그리고 호텔 종업원 정도이다. 그래서 북한 방문기를 쓰면서 많은 부족함을 느낀다. 앞서 말했듯이 북한의 입장에서 보려고 노력했다. 그러나 이해가 안 된 것은 김일성종합대학을 방문했을 때다. 적어도 김일성 종합대학은 북한에서 최고의 대학이요 세계 100대 대학에 든다니 교수진은 어떻고 시설은 어떠며, 학생들의 열심히 학문 탐구하는 모습이라도 볼 거라 생각했는데 본관 건물에 들어서자마자 안내한 곳은 김정일 위원장의 김일성대학 정치경제학과에 입학한 이야기로부터 재학생활 연구활동 및 졸업할 때까지의 전시실을 14실이나 돌고나니 김일성 종합대학의 방문은 끝이다. 서운하기가 말할 수 없다.

제한적이기는 해도 북한에서 만났던 대부분의 사람들이 통일에 대한 진지함이 깃들어 있고 헤어질 때마다 빨리 통일을 이루어 다시 만나자 라는 인사다. 남측의 젊은이들이 통일에 대해 비교적 무감각인데 비해 너무나 대조적이다. 이 지구상의 단 하나뿐인 분단된 나라, 하루 빨리 통일된 조국을 이루어 수많은 이산가족들이 얼싸안고 만나서 그동안의 생이별의 한을 풀어주기를 바란다. 이번 방문에서 이북에 계시는 형님의 소식을 듣지도 못하고 돌아가자니 마음 한 구석에 또 피가 맺히는 느낌이다. 그래도 이북에는 동토의 이방인이 아니라 우리 형제들이 살고 있다는 것을 확인하고 평양을 떠난다.

7월 2일

평양에서 아침식사를 하고 서울에서 점심식사를 하고 진주에 와서 저녁식사를 해도 해가 남는다.

2007년 7월 3일 김장하

내가 다시 선생에게 물었다. 질문이 좀 길다.

-선생님도 그런 경찰의 감시를 받으며 살아오시면서 나름대로 상당히 콤플렉스도 있었을 텐데, 선생님 장학생 중에도 학생운동을 하다가 수배를 당한 일도 있었잖아요? 실제로 조해정 씨를 잡으려고 경찰이 남성당까지 찾아오기도 했다고 하시던데, 특히 반제동맹당 이런 무시무시한 이름의 사건에 연루되기도 하고 그랬는데도 선생님은 그 학생들이 정당한 일을 했다, 민주화운동, 올바른 일을 했다 이렇게 생각하실 수 있었던 그 이유는 뭡니까? 선생님 연배의 사람들은 보통 반공 또는 보수적이잖아요? 그런데 선생님은 학생운동하다 수배되거나 구속된 학생들을 비판하거나 그러지 않으시고 그들의 입장을 이해하려고 하실 수 있었던 그게 뭘까요?

"어릴 때부터 좀 반항의식이 강했다고 할까?"

-반항의식?

"예.(침묵) 특히 그 박정희 정권에 대해서 불만이 많았거든."

-박정희 정권에 대해 불만이 많았다?

"예. 그 초기에 군에서 나올 때부터 그게 마음에 안들었어요."

-아, 쿠데타를 일으킨 것부터.

"예. 왜 군인이 쿠데타를 일으키냐. 그래서 선거를 해도 한 번도 박정희를 찍은 적이 없거든."

-그 당시에 박정희가 인혁당재건위 사건 이런 걸로 민주화 인사들을 사형, 법살시키고 한 것도 그 당시에 아셨습니까?

"(당연한 듯) 예."

-그런 것에 대해서도 비판의식이 있었던 거군요. 그런데 혹시 선생님은 형님 어떤 그런 것 때문에 나는 철저한 반공주의자다 이런 걸 입증하려는 그런 심리는 없었습니까?

"예, 그런 생각은 가지지 않았고, 형님이 살아있을 거라곤 생각도 못했고, 그저 행방불명, 행방불명이라도 사실상 죽었다고 봤죠. 왜냐 그러면 그 당시에 그 시기가 50년도 9월인가 그랬거든요. 그해 의용(군)을 갔으니까 9.28 서울수복이 안됐습니까? 그러니까 살아있을 리는 만무한 거라요. 빨치산이 되었거나 죽은 줄 알았지. 같이 의용군에 갔던 사람들도 '네 형은 죽었다. 앞에 포 떨어지는 데 그걸 내가 봤다'(고 했으니까)."

-아 그런 의용군에 갔다가 돌아오신 분이 있었나 보네요?

"예. 더러 있었어요. 그래서 살아있을 거라고 생각도 못했지요."

-그래도 장학생 중에 우종원이라고, 반제동맹당 뭐 이런 경우에는 그 당시 정부에서 발표할 때 상당히 무시무시한 조직으로 발표했잖아요.

"예. 그랬죠."

-그래서 그런 발표를 보면서도 선생님께서는.

"엉터리라 생각했지."

-엉터리라 생각했어요?

"예. 그 뒤에 형을 살다가 왔데. 약방에 앉아서 얘기했잖아요. 그래 애국을 하는 길이 순종을 해가지고 출세를 하는 길도 나라를 위한 길이 될 것이지만, 너 같이 민주화운동을 하는, 이 운동도 애국하는 길중에 하나다. 그런데 내가 볼 때는 오히려 네가 더 숭고하다. (그렇게 애기했지.)"

-박정희나 전두환 이전에 이승만 정권에 대해서도 당연히 좀 비판적이었겠네요?

"비판적이었지. 어릴 때니까. 못살겠다 갈아보자."

-선생님이 44년생이니까 4.19가 1960년이었으니까 열여섯, 열일곱일 때?

"그때 내가 학교에 다녔다면 데모를 했겠지. 그때 내가 생활하던 공간이, 남의집살이했잖아. 약방에서. 신문을 꼼꼼히 읽었거든. 신문을 보면서 행간을 읽어야 되거든. 행간을 보면 알거든. 경제개발 5개년 계획도 장면 정권 때 이미 수립돼 있었거든."

-그걸 그러면 박정희가 그대로 차용을 한 건가요?

"그렇지."

검사의 폭탄주를 거절한 지역유지

김장하의 집안 내력 중 하나는 모두 술을 잘 마신다는 것이다. 말년에 절주하긴 했지만 할아버지도 그랬고 아버지도 그랬다. 형님들은 물론 동생들 모두 술을 좋아했다. 하지만 유독 김장하만 술을 입에도 대지 않는다. 물론 담배도 피우지 않는다.

그가 술을 마시지 않는 이유는 앞에서 가정사를 서술하면서 이미 이야기한 바 있다. 거기에 더 보탠다면 그가 환자를 대하는 자세와 관런이 있다.

앞에서도 등장했던 김경현 씨가 김장하 선생과 점심을 함께하면서 들었던 이야기다. 2022년 7월 『진주사람 박노정』 책이 나온 후 열린 출판 기념 4주기 추모제 참석을 위해 진주에 왔다. 그땐 남성당한약방이 이미 폐업한 뒤여서 전날 김장하 선생에게 "찾아가 뵙진 못하고 내일 행사장에서 인사드리겠습니다" 하고 문자를 드렸더니 전화가 왔다. 점심을 함께하자고 했다.

진주냉면을 먹었는데, 김경현 씨도 기자출신이라 좀 집요한 구석이 있다.

-선생님 요즘도 약주 안 하십니까?

"안 먹어요."

-체질적으로 못 드시는 겁니까?

"아니, 체질은 아닌데…."

-혹시 형제분들은 드시나요?

"위에 형님들은 다 잘 드셨지."

-그러면 일종의 신념입니까?

"신념은 아니고………. 내가 약을 썰잖아. 한약 짓는 사람이 술 먹는 걸 알게 되면 그 사람의 약에 대해 신뢰를 할 수 있을까?"

김경현은 그말을 듣고 갑자기 숙연해졌다고 한다.

나도 비슷하게 물어본 적이 있다. 2021년 12월 마지막 진주가을문예 시상식 후 뒤풀이 자리에서였다.

-그래서 선생님은 그냥 젊을 때부터 술을 안 드셨습니까?

"안 먹었지. 그리고 약국을 하게 된 뒤에는 더 안 먹었지."

－그런데 보통 사람들은 술을 좀 절제해야지 그런 생각을 하더라도 그걸 평생 그렇게 딱 정확하게 지키기가 정말 쉽지 않잖아요. 선생님은 그게 마음먹은 대로 딱 되던가요?

"사회생활 하다 보면 거부하기 어려운 때가 있지. 어떤 일이 있었냐 하면 내가 진주지청 청소년선도위원 할 때 거기 위원장이 지청장이었거든. 지청장 산하에 선도위원회를 만들어 있었거든. 하루는 청소년선도위원들이 저녁을 한 그릇 사기로 한 거라. 그러면 거기에 검사들이 7~8명 되는데 다 나오고, 지청장도 나오고. 추사루라는 식당에서 했는데, 선도위원회 있는 사람들이 진주에 다 유명한 사람들이거든."

창원지검 진주지청 지청장이 민간인들로 구성된 청소년선도위원들과 저녁을 먹는 자리였다. 그때 김장하 선생도 선도위원 중 한 명이었다. 지청장 휘하 7~8명의 검사들도 함께 있는 자리였다.

지청장이 일어서더니 "제가 술을 한 잔 권하겠습니다"고 한 후 이른바 폭탄주를 돌리기 시작했다. 지청장이 먼저 '원샷'을 하고 옆 자리 위원에게 권했다. 그렇게 돌고돌아 김장하 자리까지 왔다. 김장하는 "저는 술을 못합니다"며 사양했다.

그러나 지청장은 물러나지 않았다. 뭘 그러냐며 다시 술잔을 들이밀었다. 김장하는 다시 못 먹는다는 말을 반복했다. "이거 뭐 약인데 그러지 말고 한 잔 하세요." "못합니다." 몇 번 실랑이가 이어졌다. "꼭 못 먹습니까?" "꼭 못 먹습니다."

그러자 지청장은 굳은 얼굴로 그 잔을 자신이 마셔버렸다. 순간 분위기가 싸늘해졌다. 검사들이 수군거렸다.

"그래서 술판이 깨져버렸지. 그런데 생각해보니 그때 내가 자리를 피했어야 하는데…."

선생이 이 이야기를 하는 동안에도 옆 자리에서는 술 권하는 분위기가 이어지고 있었다. 선생과 마주 앉은 나도 술잔을 앞에 두고 있었다.

이처럼 김장하는 한 번 결심한 일은 확실히 지키는 사람이었다. 그만큼 자기 절제력이 대단했다. 아무리 반가운 사람이 찾아와 점심을 먹더라도 약방 근무시간이 되면 딱 끊고 일어선다.

그리고 또 하나는 그의 화내는 모습을 본 사람이 없다는 것이다. 김장하의 가장 오래된 친구인 최관경 교수도 그랬고, 이용백 명성한약방 원장도 같은 말을 했다.

"김장하 선생이 화내는 모습을 한 번도 본 적이 없다. 아무 말도 안하는 게 화난 것이다."

그런데 딱 한 번 화를 냈다고 느낄 정도인 일이 있었다.

처음으로 화를 낸 이유

2022년 5월 초쯤이었다. 이달 말 남성당한약방이 진주에서 50년, 사천 석거리까지 합치면 60년만에 문을 닫기로 예정돼 있었다. 김장하 선생을 좋아하고 흠모하는 이들이 2019년 생일잔치에 이어 또 한 번 깜짝 행사를 모의했다. 알음알음으로 나에게도 아래와 같은 은밀한 계획이 전달돼 왔다.

남성당한약방 문 닫는 날 깜짝 기념행사(1차 수정본)

<김장하 선생님 수고하셨습니다!>

*일시: 2022년 5월 27일(금) 오후 4시

*장소: 남성당한약방

<행사 원칙>

-남성 선생 성격상 알리거나 알려지면 손사래를 칠 것이 뻔해서 지난 '김장하 선생님 고맙습니다!'처럼 비밀스럽게 추진한다.

-선생과 깊은 관계가 있는 단체 중심으로 최대한 조용히 소박하게 진행한다.

극단현장, 놀이판 큰들, 진주문화연구소, 남성문화재단, 진주가을문예, 형평기념사업회 등

<참여 인원과 방법>

-각 단체 당 최대 5명까지이다.

-상징으로 보은의 약 한 제를 25일이나 26일 남성당한약방에 전화로 짓고 27일 오후 4시경 동시에 찾으러 와 행사는 시작된다.(주의: 혹시 눈치 챌 가능성이 있는 분은 익명으로 지으면 됨)

<기타>

-한약(보약) 한 제가 10만 원 정도인데 부담스러우면 참석만 가능하다.

-당일 행사는 형평기념사업회가 준비하며, 한약 짓는 비용 외 제반경비는 부담하기로 한다.

그러나 이 계획은 그만 들통이 나버렸다. 어떻게 알았는지 김장하 선생은 행사를 계획한 이중 한 명에게 전화를 걸어 평소 전혀 들어본 적이 없을 정도의 강한 어조로 역정을 내며 하지 말라고 했다. 결국 깜짝 행사는 없었던 일이 되었고, 그냥 자발적으로 각 단체별 방문이 이어지게 되었던 것이다.

앞서 2019년 깜짝 생일잔치는 끝까지 비밀유지가 이뤄졌고 무사히 성사됐다. 기록이라는 차원에서 당시의 행사 계획서를 여기에 옮겨둔다.

1월 16일 김○○ 선생님 생일 축하 행사 계획

○ 준비

　　4시 : 음향팀, 영상팀, 무대준비팀 들어오기/ 6시 : 준비위 행사장 도착

○ 1부 (우리끼리) - 7시

　　사회자 인사(사회: 윤성효)

　　오늘 행사의 취지 설명과 경과 보고(홍창신)

　　김○○ 샘이 걸어온 길(여태훈)

　　내 기억속의 김○○ 샘 발언 2명(문형배, 하정우, 강동옥)

행사연습 - 생일노래, 만남노래, 선생님께 절, 바위처럼 (진행-큰들 이규희)

○ 2부 (선생님과 함께) - 8시

바위처럼 노래 부르고 춤추기/ 선생님과 가족분들 자리에 모시기(남성진)

불 끄고 케이크 입장

생일노래

촛불 끄면 꽃다발 드리기 (선생님-전지원/사모님-조익준)

헌차 - 정헌식

축하공연 1 - 맥박 노래공연(찔레꽃, 직녀에게)

영상보기 - 선생님이 걸어오신 길을 사진 영상으로 표현

축하공연 2 - 축하시 낭송(김언희)

축하공연 3 - 전지원 판소리 + 임진강 (고수 큰들 송병갑)

축하공연 4 - 큰들 합창(한뫼줄기)

선생님 무대 위로 모시기(선생님 무대 위로 올라오시면 사회자가 자연스럽게 멘트 : 새해를 맞이하여 후배들이 선생님께 다같이 절을 하도록 하겠습니다 - 사회자 멘트 짜기)

선생님에게 다같이 절하기(고맙습니다-사회자 선창/선생님-다같이 외치기)

김○○ 샘 한마디.

다같이 만남 노래부르기 - 선생님 둘러싸고/ 큰들 단원들 카드섹션

선생님과 기념사진 ① - 선생님 객석에 앉아계시고

기념사진 ② - 선생님과 가족분들, 참석자 모두 무대 위로 올라와서(의자 2개 준비)

○ 뒷풀이(과기대 인근 술집) - 9시 30분

준비위 + 행사를 위해 수고 많았던 사람들(큰들, 맥박, 영상팀 등등) / 준비위가 각자 도와준 분들에게 뒷풀이 장소 이야기(전체 뒷풀이 아님)

○ 후속작업

행사 이후 참여한 단체와 사람들에게 감사인사 드리기(준비위 각자)

행사 평가 및 정리모임 날짜 정하기

이밖에도 행사 진행 세부계획, 행사 준비물, 개인별 역할 분담 등이 아주 정교하게 계획되었다.

이렇게 깜짝 생일잔치가 성사된 후 홍창신 전 형평운동기념사업회 이사장이《경남도민일보》에 그날의 상황을 담은 칼럼을 썼는데, 다음과 같았다. 북한 방문 부분은 내가 임의로 사실 관계를 고쳤다.

홍창신 전 형평운동기념사업회 이사장.

김장하 선생

선생은 나라 밖을 나가신 적이 없다. 도계를 벗어나는 일도 별로 없다. 보아 하니 토요일엔 손주들과 더러 외식하는 눈치고 일요일엔 거의 등산을 하신 다. 점심시간 1시간 남짓 비우는 것 외엔 한약방을 벗어나지 않는 복무태세 다. 환자와의 시간 약속을 철저하게 지키는 것이다. 그러므로 평일 외박이란 엄두를 내지 않는 터, 해외여행은 물론이고 국토기행도 여러 날은 애당초 예 정하지 않는 것이다.

2007년 딱 한 번 4박 5일이던가 약방을 비운 적이 있는데 북한엘 다녀오셨 다. 6·25 때 전사했다고 수십 년 제사를 지내오던 장형이 살아있다는 연락을 받고 혹시나 하여 통일단체와 함께 평양엘 다녀온 것이다.

발 디딜 틈 없이 빼곡히 앉아 순서를 기다리던 약방 풍경은 이미 옛날 말. 한 참을 앉아 있어도 이따금 '약 찾으러' 오는 사람이 두엇 있을 뿐, 마치 퇴락한 종가의 사랑 같다. 그럼에도 선생께선 여전히 흰 와이셔츠에 단정한 넥타이 차림으로 그 자리를 지킬 뿐이다.

지난주 수요일. 진주 경남과기대 100주년기념관 아트홀에 하나둘 모인 사람 은 120명가량이었다. 선생께서 워낙 자신을 드러내기 싫어하고 공치사는 더 더욱 질색하니 자리 만들 엄두를 내지 못했다. 하나 이리 차일피일 미루다간 후회하겠다는 생각에 몇 사람이 모여 서두른 것이다. 행여 그 어른 귀에 들어 가면 무산이 필연이라 그 시각까지 쉬쉬하며 만든 자리다. 행사는 1·2부로 나눴는데 그이가 참석하는 2부에선 일체의 찬양 조(!) 발언과 행위를 금하고 오직 생일축하에 열중키로 했다.

1부에서 행사 취지를 나는 이렇게 읽었다.

"1973년 진주. 장대동 주차장 가에 작은 한약방 하나가 문을 열었습니다. 약관의 나이에 한약사가 되어 사천 '석거리'에서 크게 이름을 얻은 청년 김장하 선생이 '남성당한약방'을 차린 것입니다. 그날 그이가 온 이래 진주는 전보다 훨씬 좋은 동네가 되었습니다.

그이는 아픈 사람에게 약을 줘 번 돈으로 가난한 아이들의 학비를 감당했습니다. 그걸 시작으로 학교를 짓고, 환경 생태 운동에 앞장서고, 시민단체의 약진을 돕고, 시민신문을 후원하고, 가난한 문화예술인들의 뒷배가 되고, 인권문제에 힘을 기울이고, 장학재단을 만들고, 문화연구소를 만들고, '정치'를 제외한 진주의 거의 모든 영역에 걸쳐 물심양면으로 헌신했습니다.

그러구러 그이는 오랜 시간 진주 청년의 배경이 되고 숲이 되어 왔습니다. 타인의 고통에 공감을 이루고 그것을 공동의 선이란 끈으로 이어나가는 것을 '연대'라 한다면 그이는 우리랑 가장 여물게 연대해온 셈입니다. '진주정신'이란 게 만약 있다면 그리고 그것이 막연한 추상을 걷어내고 눈에 보이는 모습으로 현물을 드러낸다면 그것은 그분이 삶으로 체현하며 우리에게 보여준 바로 그것을 일컬어도 될 것이라 생각했습니다.

그이도 이제 허리 굽고 굼뜬 몸피의 노인이 되셨습니다. 되돌아보면 우리는 한 번도 그분에게 제대로 고마움을 표한 적이 없습니다. 더 늦기 전에 그이와 따뜻한 시간을 갖고 마음에서 우러나는 깊은 감사의 인사를 드리고 싶습니다. 동시대에 그분과 이어져 있었음을 자랑으로 여깁니다."

아직 살아있는 사람을 이리 칭송함을 탓할지 모르나 선생은 휘둘러 사방을 봐도 어른이 귀한 우리 세태의 '뿐'이다. 진주에는 남강과 촉석루만 있는 것이 아니다. 남명의 가르침을 바탕에 두고 쉬 순치되지 않는 반골적 기질을 보여준 역사와 함께 그이가 '진주정신'을 써내려가고 있다. 우리는 진정 그이가 자랑스럽다.

제6부

죘으면 그만이지

진정한 보시의 삶이란

취재과정에서 만난 모든 사람이 그랬다. '나는 김장하 선생의 10분의 1, 100분의 1에도 미칠 수 없는 사람'이라고. 나도 그렇다. 오랫동안 그를 취재했지만 여전히 내 머리와 가슴으로는 이해할 수 없는 게 더 많다.

어떻게 그리 살아올 수 있었냐는 질문에 그는 "내가 어려운 삶을 살아봤기 때문에"라고 답했지만, 어려운 환경 속에서 성공한 사람 중에는 스스로 잘난 맛에 도취해 사는 사람들이 더 많다. 내가 만나 인터뷰해본 사람 중에서는 홍준표 같은 사람이 대표적이다. 나는 어느 칼럼에서 홍준표에 대해 이렇게 쓴 바 있다.

"자신만큼 어려운 환경에서 성공하지 못한 사람을 인정하지 않는 특유의 에고이즘(egoism)이 '독고다이'라는 별명으로 나타나고 있는 것은 아닐까?"

그랬다. 어렵게 성공한 사람들 중에는 '나만큼 고생해봤어?' 하는 심리를 드러내는 이들이 꽤 많다. 그래서 오히려 어려운 사람들을 더 업신여기며 매몰차게 대하기도 한다. 자신은 그걸 극복했는데 당신들은 뭐냐는 거다.

권영란, 김주완과 함께 한 점심 자리에서 박광희 목사가 김장하 선생에게 물었다.

-저도 목사가 되기로 한 어떤 계기가 있었거든요. 선생님은 이렇게 살게 된 어떤 계기가 있었나요?

"계기는 없고. 살다보니까 그렇게 된 거지."(일동 웃음)

왼쪽부터 김장하 권영란 박광희 김주완.

　-그래도 수많은 유혹이 있었을텐데, 그 많은 유혹을 어떻게 다 물리치시고 이렇게 사셨는지.

　"사람은 담는 그릇이 있거든. 좀 덜어내야 또 채울 수 있지."

　돌아가신 채현국 선생은 돈 버는 재미가 돈 쓰는 재미보다 10배 이상 크다고 말하곤 했다. 그게 마약보다 더 무섭다고도 했다. 큰 기업을 일궈 엄청난 부를 쌓아본 사람이 하는 얘기라 그럴 만하겠다 싶었다. 김장하 선생도 채현국 선생을 안다. 한 번 진주에서 만나기도 했다고 한다. 그래서 김장하 선생에게도 "마약과도 같은 돈 버는 재미는 느껴보지 못했는지" 물어봤다.

　"나는 그런 것 못느꼈어. 돈에 대한 개념도 그렇게 애착이 없었고, 그리고 재물은 내 돈이다는 생각이 안 들고 언젠가 사회로 다시 돌아갈 돈이고 잠시 내가 위탁받았을 뿐이다. 그 생각 뿐이야. 이왕 사회로 돌아갈 돈인 바에야 보람있게 돌려줘보자 그런 거지."

여기까지 이야기를 들어도 과연 저 말씀이 진심일까? 멋있게 보이려고 저렇게 말씀하시는 건 아닐까? 그동안 사회에 돌려준 것만 해도 줄잡아 수백 억원인데 정말 조금도 아까운 생각이 없었을까? 그리고 그렇게 수많은 사람을 돕고 살렸는데, 그에 대한 눈꼽만큼이라도 보상받겠다는 심리는 없었을까? 내 수준으로선 의심하지 않을 도리가 없었다.

그러던 중 2009년 9월 25일 형평운동기념사업회 이사회에서 당시 김장하 이사가 했던 이야기 녹취록을 발견하게 되었다. 당시 간사였던 남여경(1968~) 씨가 녹취를 풀었다. 재미있기도 하거니와 여기에 김장하 선생의 나눔 철학이 고스란히 담겨 있는 것 같아 전문을 옮긴다. 편의상 아래 제목은 내가 붙였다.

진정한 나눔은 반대급부를 바라지 않는다

반갑습니다. 이사회가 좀 딱딱하다 해서 이야기가 있는 좀 재미있는 모임을 해보자 해서 이렇게 제가 시작하게 된 것 같습니다.

오늘 주제는 '보시'로 하겠습니다. 보시(布施)라 하면 베풀 보 자 베풀 시 자로, 우리 말로 하면 '베풂'입니다. 그런데 베풂이나 보시나 같은 말인가 하고 검색해 봤는데 뉘앙스가 좀 다르더라구요. 지난번 홍세화 씨가 강연을 왔을 때, '분배와 나눔'이란 이야기를 했었거든요. 분배가 나눔이고 나눔이 분배인데 왜 뉘앙스가 다르냐? 분배는 약간 강제성을 띤 것으로 받아들이게 되고 나눔은 그저 나눔이더라~ 그런 말씀을 생각하면서, 오늘 보시와 베풂에 대해서는, 보시는 불교에서 많이 써왔습니다. 우리가 기복신앙에 젖어들면서 보시라는 말을 쓰면서 항상 뭔가 복을 받아야 할 것 같은 반대급부적인 어떤 어원이 담겨있는 것 같은 이런 생각이 들고, 베풂이라면 그냥 베푸는 것이 아닌가 그런 생각이 드는데, 불가에서 보시란 말을 쓸 때도 절대로 반대급부나 어떤 복을 주는 이런 말은 안했을 걸로 확신하고 있습니다. 그러나 우리가 생활 속에서 그런 뉘앙스를 받고 있다는 말씀을 드리면서, 보시나 베풂이나 같은 말이 아니겠는가 새삼 이렇게 생각을 해봅니다.

보시에 대해서는 오늘 여기 나오신 우리 형평 이사님들이나 인식개선팀의 여러 선생님들, 사실상 자기 시간과 금전 소비를 하면서까지 엄청난 많은 봉사활동을 하고 계십니다. 새삼스레 이 보시에 대해서 어떻게 중요한가에 대해서는 저는 말씀드리지 않겠습니다.

그럼, 보시를 하면 어떤 결과가 오며 삶에 어떤 영향을 미치고 또 어떤 보시를 해야 하는가에 대해서 우리 주위에 널려있는 이야기를 짜깁기해서 오늘 이야기삼아 말씀드리도록 하겠습니다.

첫 번째는 보시를 하면서 운명이 사주팔자가 바뀌는 이야기를 하나 하겠습니다. 채 정승의 이야기가 있는데, 호는 번암(樊巖)으로 정조 때 영의정을 지낸 그 채제공인지 정확히는 모르겠으나 아무튼 채 정승의 이야기입니다.

이분이 어릴 때 조실부모를 해서 외삼촌댁에 기거를 할 때인데 부모가 없이 자랐기 때문에 성격이 포악하고 남을 저주하고 사촌형제 간에도 싸움을 하고 이웃동네에도 말썽을 많이 일으켰지요. 하루는 사랑에 손님이 들었는데 술상을 들고 사랑방에 들어갔습니다. 마침 스님이 한분 와 계셨는데 외삼촌하고 대작을 하면서 스님이 그 아이를 너무 유심히 바라봅니다. 그러더니

"애가 누구냐?"

고 묻습니다.

"생질이올시다."

술상을 갖다놓고 애가 나오려다가 제 얘기를 할 것 같아서 문 앞에서 듣고 있습니다.

"그 애가 상이 참 안 좋은데요."

"어떻게 안 좋습니까?"

"거지상입니다. 천상 애를 내보내야 할 것 같은데요."

"그렇지만 의지할 데 없는 애를 어떻게 내보냅니까?"

"그러면 이 애를 데리고 있으면 이 집도 같이 망할 걸요? 아마 이 애가 들어온 이후로 가세가 많이 기울었지요?"

"사실 그렇긴 합니다만, 차마 인정상 내보내지 못하겠습니다."

그 이야기를 들은 아이가 그날 저녁 고민을 합니다.

'내 상이 거지상이라니……' 도저히 이해도 안 될뿐더러 가만히 생각해보니 '내가 부모 없이 자라며 이 집에 와서 얻어먹는 것만 해도 거지생활이다. 어떻게 해야 될 것인가? 떠나야 할 것인가?' 마음이 자꾸 바뀌지요. 이때까지 돌보아준 외삼촌에 대한 고마운 마음도 이제 새삼스레 듭니다. 그러면서 마지막에는 떠나야겠다는 결심을 합니다. '어차피 거지생활을 할 것 같으면 굳이 이 집에 폐를 끼치면서까지 거지생활을 할 필요는 없지 않겠느냐?' 이런 생각을 하면서 그 집을 몰래 떠납니다.

떠나서 마을을 다니며 얻어먹고 있으니까 마침 숯 굽는 할아버지가 '갈 곳이 없느냐?' 합니다. 없다고 하니까 얻어먹을 것이 아니고 숯굴에 와서 일을 거들어 주면서 같이 있게 되지요. 숯을 구워 팔기 위해서 시장에 갔는데, 시장에서 마침 진짜 거지를 만나게 된 거예요. 애 젖을 빨리는 아주머니인데 얼마나 굶었던지 젖이 안 나와 애는 울고 있고, 아무도 거들떠보지를 않아요. 국밥을 사다가 먹이면서 숯 판 돈을 그 아주머니한테 다 줘버리고 빈 손으로 숯굴로 돌아갔습니다. 할아버지가 '숯 판 돈은 어쨌느냐?' 해서 시장에서 있었던 일을 이야기합니다. 그랬더니 그 할아버지가 '일한 삯에서 제하겠지만, 그 일은 참 잘했다'고 합니다.

그날 저녁에 그 애가 누워 자면서 환희를 맛본 겁니다. 인생을 살아오면서 가장 바람직스런 일을 했다는 생각을 하게 되고, 여태까지 살아오면서 이런 환희를 느껴본 적이 없었습니다. '이런 일을 하면 굉장한 희열이 오는구나…' 하는 걸 새삼스레 느끼면서 그 이후로 이 애는 계속, 숯을 팔면 어려운 이들을 돌보는 일을 몇 년을 계속합니다. 숯 굽는 할아버지가 세상을 버리고 나서 이제 그 숯 굽는 굴을 인수하게 되지요. 많은 양을 시내에 갖다 팔고 이익이 남는 것은 어려운 사람들을 위한 봉사활동을 얼마나 많이 했던지 그 고을에서는 '채 도령'이라고 이름을 내게 됩니다. 채 도령을 만나면 모든 어려움이 해결될 것이다~.

이런 봉사를 하면서 그 애의 마음이 계속 바꾸어지는 겁니다. 내가 평생 거지인데 이런 일을 하면서 내 마음이 왜 이렇게 기뻐지는가? 남을 저주했던 마음도 사랑하는 마음으로 바뀌고 이웃을 돌봐주려는 진심이 자꾸 생기는 가운데 근 십 년의 세월이 지난 뒤에 이제는 마음이 상당한 깨달음도 얻게 되었고, 외삼촌이 보고 싶기도 했습니다.

그래서 외삼촌댁을 방문했습니다. 마침 그 스님이 또 와 계셨어요.

"아니? 이 사람이 왜 이리 상이 바뀌었어?"

상이 바뀌어 있었던 거예요. 틀림없이 죽음에 이른 사람을 수없이 구해준 모양이구나~ 궁상이 없어지고 오히려 부해지는 상으로 바뀌어 있구나~.

"자, 이 애를 이제 글을 가르쳐보십시오."

그래서 그 외삼촌이 선생을 들여다가 글을 가르쳐보니 총명했던지 과거에 급제를 하고 정승도 지내면서 세상을 잘 다스렸다는 이야기입니다.

이것은 결국 보시를 하고 베풂을 함으로써 그 인생의 운이 바뀐다는 것을 제가 이야기를 제가 말씀드리는 것입니다.

두 번째 이야기는 인도에 썬다싱(Sadhu Sundarsingh)이라는 성자가 있었습니다. 토착종교를 믿다가 후에 기독교로 개종한 분입니다. 이분이 기독교로 개종한 후로 포교를 열심히 했습니다. 티벳에도 여러 차례 포교활동을 다녔는데, 엄청난 추위가 있던 어느 날에도 티벳에 포교 활동을 다녀오는 중에 추위에 쓰러져 있는 한 사람을 발견합니다.

일행을 붙들고 '이 사람을 구해 돌아가지~' 합니다. 그러자, '이 추운 폭풍우 속에서 이 사람을 데리고 가다간 같이 다 죽겠으니 그냥 두고 갑시다~' '그렇지만 죽어가는 사람을 어떻게 두고 가겠느냐? 꼭 구해서 같이 가세~' '꼭 구하려면 혼자 구해 오십시오. 나는 먼저 가겠습니다.' 그러면서 혼자 그 사람이 떠나버렸습니다.

썬다싱은 그 눈보라 속에서 죽을 고생을 하며 마을 어귀에 다달아 보니까 그 먼저 갔던 사람은 그 추위 속에서 동사를 해버렸고, 자기는 업고 오며 서로 체온을 유지하면서 둘 다 결국 살게 된 거예요.

이건 아주 유명한 이야기인데, 남을 구하려 하면 결국 자기 자신도 구하게 된다는 겁니다.

그 다음 하나는 또 스님 이야기입니다. 스님이 그 눈보라가 치는 어느 추운 겨울날, 고개 마루를 넘어서 이웃 마을로 가고 있습니다. 저쪽 고개에서 넘어오는 거지 하나를 만납니다. 곧장 얼어 죽을듯한 그런 모습입니다. 저대로 두면 얼어 죽겠는데~ 그래서 가던 발길을 멈추고 자기의 외투를 벗어줍니다. 자기 외투를 벗어주면 자기가 힘들 것이나 지금 안 벗어주면 저 사람이 금방 얼어 죽을 것만 같습니다. 엄청난 고민 끝에 외투를 벗어준 것인데 그 걸인은 당연한 듯이 받고는 그냥 가려는 겁니다.

그래서 이 스님이 기분이 나빠진 거예요. 나는 엄청난 고민을 하고 벗어준 것인데 저 사람은 고맙다는 인사 한마디 없구나 싶은 것이죠. 그래서 "여보시오. 고맙다는 인사 한마디는 해야 할 것 아니오?" 했더니 그 걸인이 하는 말이, "줬으면 그만이지. 뭘 칭찬을 되돌려받겠다는 것이오?"

그래서 그 스님이 무릎을 칩니다.

"아, 내가 아직 공부가 모자라는구나. 그렇지, 줬으면 그만인데 무슨 인사를 받으려 했는가. 오히려 내가 공덕을 쌓을 기회를 저 사람이 준 것이니 내가 저 사람한테 고맙다고 인사를 했어야지, 왜 내가 저 사람한테서 인사를 받으려 한 것이냐."

탄식을 하면서 그 고개를 넘어왔다는 이야기입니다.

이 이야기는 우리가 봉사를 할 때, 어떤 마음으로 봉사를 할 것인가를 느끼게 해 줍니다. 요새 만 원 어치 봉사를 하면서 고아원 앞에서 사진을 찍고 백만 원어치 피알(PR)을 한다든지, 그 봉사의 가치를 되받으려 한다든지, 반대급부를 바라고 봉사를 한다든지, 이런 봉사의 개념에서는 정말 맞지 않는 이 스님의 이야기를 우리는 떠올려 봐야 하지 않나 생각합니다.

보시를 하는데 엄청난 재산이 필요하고 돈이 많이 필요한가? 꼭 돈이 많아야 봉사를 하고 보시를 해야 보시의 가치가 있는 것인가? 그러면 돈이 없는 사람은 보시할 자격이 없는 것인가?

이런 문제를 이야기하는 중에, 무재칠시(無財七施)라는 말이 있습니다. 재산이 아무것도 없어도 일곱 가지나 봉사할 수 있는 기회가 있다는 것이죠.

그게 뭐냐면, 첫째가 화안시(和顏施)라는 겁니다. 얼굴빛을 환하게 해서 상대를 대할 때 이것도 큰 봉사라는 것이죠. 둘째는 자안시(慈眼施), 눈빛을 편하고 부드럽게 해서 상대를 바라보는 것도 큰 봉사라는 겁니다. 이건 재산이 없어도 되거든요. 그다음에 언사시(言辭施), 말씨를 부드럽게 해서 상대방의 마음을 편안하게 해주는 것이 크나큰 봉사입니다. 그다음에 심려시(心慮施)라고 하죠. 마음 씀씀이입니다. 서로가 마음과 마음을 위로해주는 그런 마음가짐이 필요합니다. 그다음에 사신시(捨身施)라고 하지요. 결국 몸으로 때우는 겁니다. 할머니가 무거운 짐을 들고 가는 걸 보면 좀 들어주고, 얼마든지 몸으로 때울 일이 있습니다. 그리고 하나는 상좌시(床坐施), 자리를 양보하는 일입니다. 자리 양보하는 일은 큰 돈 안 들여도 우리가 할 수 있는 일이거든요. 마지막으로 방사시(房舍施)입니다. 요즘 와서는 그런 일이 좀 적겠습니다만, 그래도 방을 빌려줄 일이 있을 것입니다. 옛날에 나그네가 많이 다닐 때 그 나그네가 집 떠나서 어느 헛간에라도 좀 재워 달라 할 때 방에 재워주는 것, 이것은 정말로 엄청난 보시가 되는 것입니다.

이래서 이 일곱 가지를 무재칠시라 그럽니다. 재산이 없어도 할 수 있는 일곱 가지 보시입니다. 어찌 보면 아주 쉬운 일입니다. 쉬우면서도 실천해 보려 하면 참 어려운 일이 이 무재칠시입니다. 돈이 없이도 할 수 있으면서도 막상

해 보려하면 가장 어려운 일이 이 무재칠시입니다.

그래서 오늘 제가 말씀드리고 싶은 것은, 이 보시와 베풂이 큰돈에서 비롯되는 것이 아니고 만 원 내는 사람이나 일억을 내는 사람이나 그 내는 마음은 똑같다는 얘기입니다. 이래서 재산이 없이도 봉사할 수 있고, 있으면 더 좋고, 그래서 숨 막힐 듯 아귀다툼하는 이 사회에서 우리가 보시를 통해 신선한 공기주머니를 터뜨리는 것과 가뭄 후에 오는 소나기의 시원함을 느낄 수 있는 그런 기회가 되기를 바라는 마음에서 오늘 이 말씀을 마치겠습니다.

말을 그대로 옮긴 글인데 워낙 조리 있고 깔끔해서 나는 참 재미있게 읽었다. 이 이야기 중 핵심은 이거라는 생각이 들었다.

"요새 만 원 어치 봉사를 하면서 고아원 앞에서 사진을 찍고 백만 원어치 피알(PR)을 한다든지, 그 봉사의 가치를 되받으려 한다든지, 반대급부를 바라고 봉사를 한다든지, 이런 봉사의 개념에서는 정말 맞지 않는 이 스님의 이야기를 우리는 떠올려 봐야 하지 않나 생각합니다."

실제 김장하의 삶과 나눔이 이런 걸 철저히 배격하며 이뤄져 왔기 때문이다. 대가 없는 나눔, 간섭 없는 지원, 바라는 것도 없고 기대할 것도 없는 보시 이런 걸 실천해온 사람이 김장하였다.

나는 이 글을 읽으면서 기시미 이치로와 고가 후미타케가 쓴 『미움받을 용기』(인플루엔셜)와 아주 오래 전에 읽어 어느 출판사 본인지도 모르는 에리히 프롬의 『사랑의 기술』을 떠올렸다. 『미움받을 용기』는 알프레드 아들러 심리학을 다룬 책인데, 사랑과 행복에 대한 관점이

걸어서 출근하고 있는 김장하. ©엠비씨경남

에리히 프롬과 거의 똑같다는 생각을 한 적이 있다. 단순히 말하자면
'내가 산이 참 좋다 라고 했을 때 산이 나에게 뭘 해주기를 바라지 않
듯, 내가 꽃이 참 예쁘다 라고 했을 때 꽃이 나에게 뭘 해주기를 바라
지 않듯, 사람도 그 상대방 자체를 인정하고 대가를 바라지 않으면 아
무런 갈등도, 괴로워할 일도 없다'는 것이다.

김장하 선생의 오랜 친구 최관경 교수는 위의 김장하 강의를 들은
적이 없다. 또한 김장하가 그에게 자신의 나눔 철학을 설명한 적도 없
다. 그런데 최 교수가 김장하의 삶을 이렇게 딱 정리해서 말했다.

"무주상보시(無住相布施)."

무슨 뜻일까 찾아보니 한국민족문화대백과사전에는 이렇게 나와
있었다.

집착 없이 베푸는 보시를 의미한다. 보시는 불교의 육바라밀(六波羅蜜)의 하나로서 남에게 베풀어주는 일을 말한다. 이 무주상보시는『금강경』에 의해서 천명된 것으로서, 원래의 뜻은 법(法)에 머무르지 않는 보시로 표현되었다.

이 보시는 '내가' '무엇을' '누구에게 베풀었다'라는 자만심 없이 온전한 자비심으로 베풀어주는 것을 뜻한다. '내가 남을 위하여 베풀었다'는 생각이 있는 보시는 진정한 보시라고 볼 수 없다.

내가 베풀었다는 의식은 집착만을 남기게 되고 궁극적으로 깨달음의 상태에 까지 이끌 수 있는 보시가 될 수 없는 것이므로, 허공처럼 맑은 마음으로 보시하는 무주상보시를 강조하게 된 것이다. 우리 나라에서는 고려 중기의 보조국사(普照國師)가『금강경』을 중요시한 뒤부터 이 무주상보시가 일반화되었다.

그리고 조선 중기의 휴정(休靜)은 나와 남이 둘이 아닌 한몸이라고 보는 데서부터 무주상보시가 이루어져야 하고, 이 보시를 위해서는 맨손으로 왔다가 맨손으로 가는 것이 우리 인생의 살림살이라는 것을 알아야 한다고 전제하였다.

그리고 가난한 이에게는 분수대로 나누어주고, 진리의 말로써 마음이 빈곤한 자에게 용기와 올바른 길을 제시해주며, 모든 중생이 마음의 평안을 누릴 수 있게끔 하는 것이 참된 보시라고 보았다.

앞의 김장하 강의와 무주상보시, 그리고 아들러와 프롬의 사랑과 행복에 대한 정의가 일맥상통하는 것 같았다. 아들러는 인간이 행복감을 느끼는 가장 높은 단계를 '공헌감'이라고 말했다. 내가 누군가에게 도움이 되고 있다는 느낌이 그것이다.

김장하에게 살아오면서 언제 가장 행복했는지 물어봤다.

"글쎄, 매일 행복하니까."

비방과 험담, 그리고 비판

김장하 선생과 함께 지리산 뱀사골로 '불백산행'을 갔을 때였다. 막 탐방로 입구로 들어서는 순간 선생의 핸드폰이 울렸다. 이름없이 번호만 떴다. 선생이 전화를 받았다. 옆에서 들으니 상대방의 화난 목소리가 새어나왔다. 급히 내 핸드폰으로 영상 촬영을 시작했다.

(…앞 부분은 녹화 못함…)

"어이! 김장하 씨. 민족문제연구소가 뭐 하는 덴 줄 알아요?"

"잘 모르겠는데, 나를 자세히 모르고 그런 이야기 하지 말아요."

지리산 뱀사골 탐방로 입구에서
전화를 받는 김장하.

"민족문제연구소 후원하지 마세요. 민족연구소가 뭐하는 덴데? 민족연구소가 거기 박헌영이 아들이 하는 데야, 거기 박원순이하고~. 박헌영이가 뭐하는 사람인줄 알아요? 무식하면 공부를 하든가, 엉? 돈 있다고 말이야 돈지랄을 하고 다녀? 진주에도 얼마나 훌륭한 사람들이 많은데, 당신같은 빨갱이들이 설치는 세상을 만들었어 왜!"

"쓸데없는 소리 말아요."

"어이 김장하 씨, 딴 소리 하지말고 국가에 반성하라고. 반성문 써서 제출해 응? 반성문 써서 제출하라고 빨갱이짓 해서 미안하다고."

깜짝 놀랐다. 목소리로 보아 많아야 40대쯤으로 보이는 남자였다. 그가 김장하 선생의 핸드폰 번호는 어찌 알았으며, 민족문제연구소에 후원한 사실은 또 어떻게 알았을까?

선생한테 물어봤더니 전화는 처음인데, 예전에 문자메시지가 몇 번 왔다고 했다. 문자를 확인해보니 문형배 헌법재판관이 몸담았던 우리법연구회를 민족문제연구소와 민주화를위한변호사모임의 근간이 된 단체로 규정하며, 김장하가 이를 후원했다며 비방하는 내용도 있었다. 김장하는 우리법연구회를 후원한 적이 없다. 아마도 문형배 재판관에게 장학금 지원을 한 사실을 두고 그러는 듯했다.

문자와 전화를 한 사람이 누군지도 알 수 있었다. 산행을 마치고 하정우 씨와 내가 김장하 선생을 모시고 어떻게 할지 의논했다. 우리는 응징할 방법을 이야기했고, 선생은 "그냥 무시하자"고 말했다. 결국 선생의 핸드폰에서 그 번호를 차단해드리는 것으로 마무리했다.

이건 그냥 황당한 사건이었지만 그동안 지역사회에선 김장하에 대한 여러 비방과 험담도 많았다고 한다. 김경현 씨도《진주신문》기자 시절부터 그런 말을 많이 들었다.

"학교도 헌납하고 수많은 사회단체에 기부도 하고. 이런 게 결국 감투 하나 쓰기 위해서 그런 것 아니냐, 그리고 형평운동에 왜 그렇게 많은 집착을 하고 그럴까? 혹시 본인의 출신이 백정 아닌가? 이런 마타도어가 많았어요."

앞에서 허기도 전 명신고 교사가 얘기했듯이 "김장하가 전교조한테 질려서 학교를 내버렸다"는 헛소문도 있었다. 또 김장하 선생과 최송두 여사가 전혀 치장하지 않고 수수하게 입는 걸 보고도 '돈도 많은 사람이 유난 떤다'고 쑥덕이는 사람들도 있었다고 한다.

사실 좀 심하긴 했다. 한 번은 김장하 선생이 벽에 걸어뒀던 양복 윗도리를 입으려는데, 도무지 왼쪽 팔이 소매 밖으로 나오질 않았다. 김현지 피디가 도와드리려고 가서 보니 양복 안감이 헤지고 터져 왼팔이 끼여서 나오지 않는 것이었다.

또 선생은 옷이 양복과 운동복 두 종류밖에 없다. 등산이나 파크골프 할 때 입는 운동복이다. 이른바 캐주얼이라고 할 수 있는 그런 옷이 전혀 없다.

한약방이 폐업한 뒤 선생의 가족이 살았던 3층 집에 가볼 기회가 있었는데, 1987년 이후 리모델링 한 번 하지 않은 낡아도 너무 낡은 집이었다. 화장실 변기에는 비데도 없었다. 게다가 선생의 1층 집무실 옆 화장실은 양변기도 아니어서 쪼그려 앉아 볼일을 봐야 했다. 이 정도면 '유난 떤다'가 아니라 '궁상 떤다'는 말을 들을 만했다.

취재과정에서 그런 마타도어나 헛소문, 시기 어린

남성당한약방 3층 김장하 선생 가족이 살던 집 화장실.

비난 말고 사뭇 진지한 비판도 들었다. 예를 들어 이런 이야기다.

"지난해에 경상국립대에 큰 금액을 또 기탁하셨던데 굳이 국립대에 그럴 필요가 있을까 생각했습니다. 더 좋은 방법은 없었을까요?"

"대학교수들에 대한 신뢰가 너무 굳건하다는 것도 마음에 들지 않아요."

"너무 공부 잘하는 아이들에게만 장학금을 준 게 아쉬워요. 문형배 같은 몇 사람 빼고 대부분 머리 좋은 아이들은 자기가 똑똑해서 김장하 장학금 아니더라도 다른 장학금을 받았을 거라 생각하고 고마워하지도 않아요. 그리고 그런 똑똑한 아이들이 다시 지역에 돌아오지도 않죠. 서울에서 높은 자리에 앉아 누리기만 하지."

이 가운데 장학생 관련 부분은 많은 오해가 있는 것 같다. 내가 확인한 것만으로도 똑똑한 아이들 위주가 아니라 정말 어려운 처지의 장학생들이 더 많았다. 서울의 명문대 아닌 경상국립대를 포함한 지방대도 많았고, 고등학교까지 또는 재수까지 지원한 학생 중 대학입시에서 낙방하는 바람에 어쩔 수 없이 지원이 중단된 경우도 적지 않았다. 다만 그런 장학생은 잘 드러나지 않고, 문형배 같은 대표적인 인물만 알려지기 때문에 오해가 생긴 듯하다. 또한 이번 취재에 등장한 문형배 우종원 이준호 권재열 같은 장학생들도 공부를 잘했다는 이유만으로 선발된 게 아니라 당시 가정형편이 정말 어려웠기 때문이었다. 상주초교 하남칠 교장도 그랬고, 조해정 씨 역시 그랬다. 특히 조해정 씨의 경우 세속적인 출세의 개념만으로 본다면 현재 정규직 교수도 되지 못한 시간강사이지만 당당하게 인터뷰에 응해주었다. 또한 김장하 선생도 말했듯 '장학생 중 잘 된 사람도 있지만 잘 되지 못한 사람도 있기' 때문에 취재가 조심스러웠던 사람들도 있었다는 점을 밝혀둔다.

경상국립대에 마지막 재산을 기증한 데 대해서는 나도 어느 정도 공감하는 부분이다. 하지만 나 역시 딱히 그 이외의 더 좋은 대안이 있는 것도 아니다. 가령 내가 몸담고 있던 《경남도민일보》에 기증했다면 더 좋았을까? 좋은 지역언론을 지원하는 것도 의미있는 일이긴 하지만, 34억 5000만 원을 받으면 《경남도민일보》가 과연 그만한 역할을 하게 될까? 오히려 자생력을 해치는 결과를 가져오진 않을까? 한 군데에 다 주지 말고 1억 원씩 나눠 서른네 곳에 나눠주면 어떨까? 모르겠다. 그 서른네 곳을 선정하는 과정은 더 큰 논란과 비판을 불러오지 않았을까 싶다.

김장하 선생한테 자신에 대한 비방과 헛소문을 들어본 적이 있는지 물었다.

"나도 그런 말 많이 들었어요. 그러나 결과를 보면 알잖아."

-세월이 증명해주는 거라고요?

"예. 그걸 다 증명하려고, 변명하려고 하지도 않았고, 화를 낼 필요도 없었고, 그냥 참고 견디는 거죠."

제7부

김장하의 철학

운명을 바꾸며 살자

김장하가 이렇게 살아온 것은 어떤 철학에 바탕하고 있을까? 솔직히 그의 철학을 논하기에는 내 철학이 너무 빈곤하다. 그래서 함부로 결론을 내릴 순 없고, 그가 쓴 글과 했던 말을 중심으로 정리해보려한다.

2008년 10월 15일 오후 2시 경상국립대 남명학관 남명홀에서 '김장하 명예 문학박사 학위수여식'이 열렸다. 박노정 시인은 "이 또한 선생이 원하지 않았던 일"이라며 "끝내 그걸 받게 만든 학교측과 교수들에 대해 나는 별로 좋게 생각하지 않는다"고 생전에 말한 바 있다. 하지만 오래 전부터 여러 번 표창이나 명예박사를 전달하려 했으나 완강히 거절하는 바람에 번번이 무산됐고, 개교 60주년을 맞아 다시 한번 설득한 결과 "너무 지나친 거절도 예의가 아니다"며 받아들여 마련된 자리였다.

어쨌거나 그 자리에서 유명한 어록이 탄생한다.

"똥은 쌓아 두면 구린내가 나지만 흩어버리면 거름이 되어 꽃도 피우고 열매도 맺는다. 돈도 이와 같아서 주변에 나누어야 사회에 꽃이 핀다."

이는 《뉴스사천》 하병주(1971~) 대표가 당시에 썼던 기사의 핵심 포인트였다. 기사 제목도 〈돈은 똥, 쌓아 두면 구린내 흩으면 꽃〉이었다. 수여식 마지막 순서인 '명예박사 인사말씀'에서 나온 이야기였다. 당시 다른 언론에도 기사는 나왔지만 학교측의 보도자료를 베껴 쓴 밋밋한 내용이었다.

명예문학박사 학위수여식. ⓒ경상국립대

하지만 아쉽게도 《뉴스사천》에는 당시 김장하 선생의 인사말씀 전문(全文)이 남아 있진 않았다. 당시 경상국립대에 근무하던 한 직원이 감명을 받아 자신의 블로그에 올린 글이 있지만, 그 또한 전문은 아니었다.

아쉬워하던 차에 이곤정 현 형평운동기념사업회 이사장이 2021년 진주가을문예 시상식 후 뒤풀이 자리에서 웬 프린트물을 내밀었다. 그때의 인사말씀 전문이었다. 이곤정 이사장이 그때 현장에서 받아적어 컴퓨터에 보관해 오다가 최근 파일을 다시 찾아 출력해 온 것이다.

제목은 '운명을 바꾸며 살자'였다. 첫 머리는 아래와 같이 시작된다.

"식자들이 말하기를 사람은 운명이 타고난다, 혹은 운명은 정해져 있다고 하지만 나는 운명을 바꾸며 살아왔다."

그리고 마무리 부분은 이렇다.

"결론적으로 얘기하자면 내 운명을 바꾸며 살아온 일이 크게 두 가지가 있는데 그 첫째가 19살에 한약사 시험을 친 일이고, 두 번째는 재산을 사회에 환원하기로 결심한 일이다. 지금까지 내가 살아온 이야기를 했는데, 우리는 누구나 인생에서 희로애락을 겪게 된다. 하지만 '인생은 역경 속에서 어떻게 대처하고 어떤 결심으로 살아가느냐에 따라 자신의 운명을 바꾸며 살 수 있다'는 말을 해주고 싶다. 지금까지 제 말에 공감을 하시면 박수를 달라.

이 정도로 내 이야기를 마치겠다. 감사!!"

지리산 뱀사골 '불백산행' 때 '운명을 바꾸며 살아온 두 가지' 중 두 번째인 '재산의 사회 환원' 결심이 언제였나 하고 물었더니, 사천 석거리에서 한약방 개업 후였다고 한다. 그렇다면 진주로 남성당 한약방 옮겼을 때가 서른 살이었으니 20대 때 이미 그런 결심을 했다는 말이다.

그리고 운명론에 대해서도 물었다. 할아버지는 한학과 명리학, 풍수지리를 공부한 분이었다. 그에게 인생의 지표를 만들어주신 할아버지였지만 "운명을 믿지 않는다, 명리학을 믿지 않는다"고 말했다. 할아버지를 존경하지만, 그 할아버지가 공부했던 명리학이나 풍수지리, 사주팔자는 믿지 않는다는 말이었다. 왜 그렇게 생각하게 되었냐고 물으니 어려운 한자 말을 섞어 설명해주었다.

"사주가 좋다 해도 관상이 좋은 것만 못하고(四柱 不如 觀相), 관상이 좋다 해도 신상이 좋은 것만 못하다(觀相 不如 身相), 신상이 좋다 해도 심성이 좋은 것만 못하다(身相 不如 心相), 즉 만상불여심상(萬相 不如心相)이다."

결국 심상(心相)이 가장 으뜸이라고 결론지었다. 그리고 토정 이지함과 쌍벽을 이루었다는 남사고(南師古)의 이야기를 덧붙였다. 남사고? 나는 처음 듣는 인물이었다. 집에 와서 검색해보니 다음 백과에 이렇게 나왔다.

조선 중기의 학자·도사.

역학·참위·천문·관상·복서의 비결에 뛰어났다. 본관은 영양. 호는 격암. 명종 말기에 이미 1575년(선조 8)의 동서분당과 1592년의 임진왜란을 예언했다는 등 많은 일화가 야사집과 구전을 통해 전해져온다. 또한 풍수지리에 많은 일화를 남겨 재난이 일어날 때의 피신처를 구체적으로 예언·지적했다.

김장하 선생이 들려준 남사고 이야기는 이랬다.

"남사고가 아버지 무덤을 아홉 차례나 이장했다는 전설이 남아 있는데, 가장 좋은 자리를 택해 아버지의 묘를 썼다. 그런데 써놓고 보면 더 좋은 자리가 문득 눈에 띄곤 해 옮겨 쓰기를 되풀이하였다. 그러다 마지막으로 비룡승천(飛龍昇天, 용이 하늘로 날아가는 모양)형의 명당을 얻어 다시 이장하고 산을 내려가는데, 밭을 갈던 한 농부가 이런 노래를 불렀다. '구천십장(九遷十葬, 아홉 번 묘를 옮겨 열번 장사를 지냄) 남사고야, 비룡승천을 좋아 마라. 고사괘수(枯蛇掛樹, 말라죽은 뱀을 나뭇가지에 걸친 모양)가 아닌가?' 남사고는 깜짝 놀라 산세를 다시 살폈다. 죽은 용이 분명했다. 그때 남사고는 아무리 명당도 저마다 임자가 따로 있어 인력으로 바꿀 도리가 없다는 깨우침을 얻었다. 그는 별로 하자가 없어 보이는 평범한 묘 자리를 구해 아버지의 유해를 모셨다."

이 일화는 아무리 명당을 얻더라도 조상이 쌓아 놓은 덕이 없거나 지은 죄가 많다면 쓸모가 없다는 말이었다. 사주 관상 풍수보다 더 중요한 게 심상, 즉 덕을 쌓는 일이라는 말이었다.

진주정신에 관한 소고

인터넷에서 천리안(chollian) 서비스가 사라지기 전 김장하 선생의 홈페이지에는 상당히 방대한 자료가 있었다.

「진주정신에 관한 소고(小考)」라는 제목의 선생이 직접 쓴 논문을 비롯해 형평운동에 관한 각종 글, 형평운동70주년기념사업회 창립취지문을 비롯한 각종 자료가 있었다. 또 경남한약협회 카테고리에는 한약업사 윤리강령, 대한한약협회 역사와 경남한약협회 연혁, 협회 간부와 분회장 명단 및 사업장 소재지 주소 등이 있었고, 진주성 안에 있는 각종 유적과 시설물에 대한 설명과 기문, 비문, 촉석루 주련(기둥에 적인 글)도 있었다. 또 김장하 선생이 즐겨 쳤던 테니스의 예절과 규칙, 남명 조식 선생에 대한 각종 글과 자료, 편작과 화타 등 고대 명의 열전, 명신고등학교 관련 자료, 진주 8경과 구 진주 12경, 사천 8경,

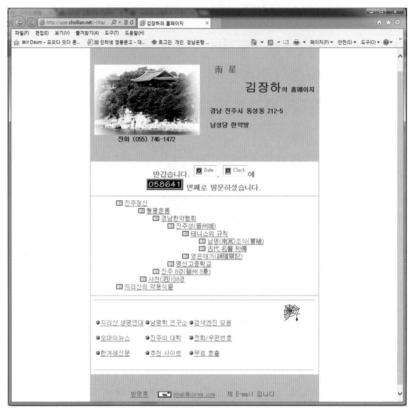

천리안에서 운영하던 홈페이지 대문화면 캡처.

지리산의 약용식물에 대한 사진까지 실려 있었다. 선생이 사천시 정동면 노천마을 고향집에 할아버지를 추모하는 영은재(穎隱齋)를 짓고 진암 허형 선생에게 부탁해 지은 기문(記文)도 여기서 얻어 이 책에 활용할 수 있었다.

많은 자료들 중 핵심은 역시 선생의 논문「진주정신에 대한 소고(小考)」였다. 200자 원고지 75매 분량의 이 논문은 선생이 우리 사회를 보는 시각과 문제의식, 그리고 앞으로 우리가 어떤 자세와 정신으로 지역사회를 바꿔나가야 할지에 대한 생각을 담고 있다.

팔도강산을 다 돈 끝에/ 진주에 와 닿으면/ 그때부터 여행의 시작이다./ 팔도강산을 다 돌아보려고/ 맨처음 진주에 와 닿으면/ 이제 여행의 끝이다.

새벽잠 끝에 정수리에/ 퍼붓는 냉수 한 바가지/ 우리나라 정수리에 퍼붓는/ 이 정갈한 냉수 한 바가지/ 진주에 와 보면/ 그렇게 퍼뜩 정신이/ 들고 마는 것을 안다.

이렇게 논문은 민족시인 허유(許洧, 1936~)의 시 「진주」를 인용하며 "진주는 그야말로 제 정신을 차리고, 또 제 정신을 가다듬고 살아야 할 곳"이라는 말로 시작한다.

이어 "진주정신은 하루 이틀에 이루어진 것이 아니고 오랜 역사와 더불어 생성되어 왔다"면서 고려 민권항쟁, 남명 조식, 임진년과 계사년의 진주성 싸움, 임술 농민항쟁, 형평운동, 임진왜란기와 일제침략기의 의병활동을 차례로 짚으며 그 생성과정을 설명한다.

그러면서 세 가지 진주정신을 제시하는데, ① 임진왜란기 진주성 싸움과 의병의 활동에서 나타난 주체정신(主體情神), ② 남명 조식 선생의 경(敬), 의(義) 사상과 지행일치(知行一致)를 바탕으로 한 호의정신(好義精神) ③ 고려 민권항쟁과 임술 농민항쟁, 형평운동에서 나온 평등정신(平等精神)이 그것이다.

논문은 아래와 같이 결론을 맺는다.

위에서 살펴 본 바와 같이 진주정신은 '주체정신' '호의정신' '평등정신'을 바탕으로 한 역사적인 생성과정에서 형성된 고귀한 정신이다. 그러나 1925년 도청이 일제 침략자들의 수탈 관문이 된 부산으로 이전되고, 해방 이후 격변하는 정치적 변화 과정을 겪으면서 이 지역을 지도할 수 있는 인재들이 정치 경제 문화의 중심인 부산도청이나 서울로 권력 지향적으로 떠나면서 이 지역의 인물 공동화 현상(人物 空洞化 現象)이 일어났다. 게다가 1960년대 이후의 고도로 발달하는 물질 문명에 따라 정신적인 가치보다는 물질적인 가치를 중시하는 가치관(價値觀)의 혼돈(混沌)으로 인하여 진주정신은 침체기를 맞았다.

그러나 오랜 역사 속에서 이루어온 진주정신이 쉽게 소멸되지 않을 것이며 소멸되어서도 결코 안 된다. 아직도 구석구석에 고귀한 진주정신의 불씨가 남아 있을 것이니 이 불씨들을 다시 모아 영구히 불 태워야 할 것이다. 광복 반세기를 지난 오늘까지도 잔존하는 외세 의존적인 의식을 청산하고, 진주정신의 바탕인 '주체정신'을 길러 알만큼 알고 배울 만큼 배운 사람들이 침묵이나 방관하며, 오히려 파렴치한 행동으로 불법과 불의가 판을 치는 것이 오늘의 현실이지만 '호의정신'으로 사회정의를 실천하고, 아직도 인간의 기본적인 권리를 훼손하여 인간답게 살 수 없도록 하는 갖가지 편견과 차별의 장벽이 우리 사회에 엄연히 존재하여 가진 자와 못 가진 자, 배운 자와 못 배운 자, 남녀의 차별, 지역적 차별 등 아직도 우리 주변에 수없이 존재하는 차별을 물리치는 '평등정신'이 절실히 필요하기 때문이다.

21세기를 바라보는 오늘, 주체, 호의, 평등의 진주정신이라는 고귀한 정신적 유산을 물려주신 분들에게 비추어 부끄럽지 않은 삶을 살기 위해서는, 침체

된 진주정신을 지방정부가 재정립, 전승, 확산시켜야 할 것이며, 시민들도 이 진주정신을 서로 알리고 서로 실천하여, 사회정의를 실현하고 극도의 이기주의를 배격하며 지방자치 시대의 다른 지역과 차별나는 진주를 만들어 수세기 동안 이어온 진주정신의 맥을 이어받아 늘 푸른 남강 물과 같이 유유히 흐르기를 바란다.

생활신조와 인생관

김장하의 유일한 인터뷰 기사가 실려 있는 명신고등학교 교지《명신》창간호에는 학생기자의 질문 중 이런 게 있다.

"이사장님의 인생관 혹은 생활신조를 알고 싶습니다."

그러자 김장하는 이렇게 대답한다.

"맹자(孟子)의 진심장구(盡心章句)에 나오는 군자삼락(君子三樂), 모두 알죠? 그 중에서 제2락인 앙불괴어천(仰不愧於天)하고 부부작어인(俯不怍於人)을 나의 생활신조로 삼고 있어요."

풀이하자면 고개를 들어 하늘을 우러러 부끄러움이 없고, 고개를 내려 사람들한테도 부끄러울 게 없는 삶을 뜻한다.

그러면 제1락과 제3락은 뭘까? 찾아보니 이랬다.

1락은 부모구존(父母俱存) 형제무고(兄弟無故), 즉 부모님이 모두 살아계시고 형제들이 무고함이 첫째 즐거움이요.

3락은 득천하영재(得天下英才) 이교육지(而敎育之), 즉 천하의 영재를 얻어 가르쳐 기르는 것이 세 번째 즐거움이다.

이곤정 형평운동기념사업회 이사장.

이에 대해 이곤정 이사장은 "김장하 선생님이야말로 세 가지 모두를 실현한 분"이라며 "할아버지와 부모님을 잘 모신 것은 물론 형제까지 자신이 보살폈고, 하늘 땅 모두 부끄럽지 않게 살아왔으며, 수많은 장학생과 학교 설립을 통해 천하의 영재를 얻어 잘 길렀으니 셋 다 실현했다 볼 수 있다"고 말했다.

아마도 3락 중 2락을 생활신조로 삼고 있다고 대답한 것은 자신이 항상 그런 자세로 살기 위해 노력하고 있다는 의미에서 그랬던 것으로 보인다.

다음은 강호진 촬영감독이 국수를 좋아한다는 김장하 선생에게 우리밀 국수를 드린다는 핑계로 댁을 방문했다가 선생님이 좋아하시는 말 한마디를 청해 받은 게 있다. 『논어(論語)』에 나오는 말이었다.

"인불지이불온(人不知而不慍)이면 불역군자호(不亦君子乎), 즉 남이 알아주지 않아도 서운해하지 않는다면 이 역시 군자가 아니겠는가."

이는 자신이 하는 일에 대해 남이 알아주길 바라지 않는다는 뜻으로 선생이 지금까지 살아온 모습과 일치하는 대목이다.

나는 '생활신조'나 '좋아하는 말'이 아니라 '삶의 지침'이 뭔지를 물어봤다. 그랬더니 또 다른 대답이 나왔다. 바로 '기소불욕(己所不欲) 물시어인(勿施於人)'이었다. '내가 하기 싫은 일은 남에게도 시키지 않는다'는 뜻이다. 살아가면서 이것 하나만 지켜도 세상에 싸울 일이 없겠다는 생각이 들었다.

이후 사천에서 고등어파스타로 유명한 이탈리안 레스토랑 '비란치아'에 갔는데, 오너셰프 박영석(1978~) 씨가 김장하 선생을 방문했다가 받아온 글귀도 역시 '기소불욕(己所不欲) 물시어인(勿施於人)'이었다.

명신고등학교 출신인 박 셰프는 김장하 선생을 흠모하며 그를 닮으려 노력하며 살아가고 있다. 비란치아는 이탈리아어로 양팔 저울을 뜻하는데, 김장하 선생이 가장 실현하고 싶어하는 형평(衡平) 세

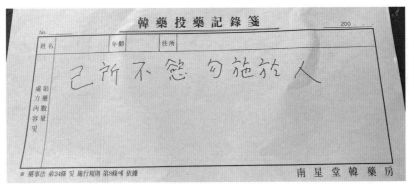

박영석 셰프가 김장하 선생한테 받아온 글귀.

상의 상징물이다. 1923년 진주에서 결성된 형평사(衡平社)도 이 양팔 저울을 조직의 상징물로 썼다. 그의 레스토랑 입구에는 형평운동기념사업회 후원회원 가입원서와 관련 서적이 비치돼 있었다. 가게 앞 간판에도 양팔 저울 모형이 걸려 있다.

"김장하 선생님을 닮고 싶은데 도저히 제가 따라갈 수가 없는 거예요. 그래서 목표를 바꿨죠. 김장하의 100분의 1, 아니 1000분의 1이라도 되자. 그렇게 100명의 김장하, 1000명의 김장하가 생기면 사람 사는 세상이 좀 더 빨리 올 수 있지 않을까 생각합니다."

이쯤에서 취재를 마무리하려 한다. 나름대로 취재한다고는 했지만, 실제 그가 했던 일의 10분의 1도 기록하지 못했을지 모른다. 드러나지 않은 일이 더 많을 것이다. 그건 순전히 내 역량 부족 탓이다.

취재 중 간간이 페이스북에 에피소드를 공유했더니 자신 또는 지인도 김장하 선생의 도움을 받았다는 댓글이 여럿 달리기도 했다. 또한 내가 취재 중이라는 소문을 듣고 먼저 연락해온 분도 있었다. 그들 중 몇 분은 만나 취재하기도 했으나 모두의 이야기를 다 담진 못했다. 또 선생의 자제분들을 상대로 집안에서 아버지는 어떤 분이었는지 취재해보고 싶었지만 참았다. 특히 장남 성효 씨에 대해선 마지막까지 망설이고 고민했다. 결국 연락하거나 찾아가지 않았다. 사적 영역까지 들여다보는 건 아무래도 조심스러웠기 때문이다.

본문 중에도 썼지만 지금까지 취재하면서 이번만큼 많은 분의 적극적이고 우호적인 협조를 받아본 적이 없다. 불쑥 전화하거나 찾아가도 처음엔 경계하다가 취지를 말씀드리면 모두들 좋은 일 한다고 격려하고 칭찬해주었다. 그분들 모두에게 감사드린다.

취재 과정에서 가장 많이 받은 질문은 "어떻게 김장하 선생의 허락을 받았느냐"는 말이었다. 하지만 선생은 허락한 적이 없다. 선생은

100분의 1 김장하가 되기 위해 노력하는 사천 비란치아 박영석 셰프.

그동안 형평운동기념사업회를 비롯한 여러 공적인 단체에 몸을 담고 공적인 활동을 해왔다. 따라서 선생은 공인(公人)에 준(準)하는 인물을 취재하겠다는데, 그것까지 못하게 막을 권리는 없다고 생각한 것 같다.

인터뷰도 한 적이 없다. 책 도입부에서 썼듯이 찾아오는 사람을 냉정하게 내치지 못하는 선생의 약점(?)을 공략했을 뿐이다. 그리고 많은 분이 자연스럽게 선생과 함께할 수 있는 자리를 만들어주셨다. 그분들께도 깊이 감사드린다.

책 중간에도 썼지만 2021년 11월 엠비씨경남 김현지 피디로부터 함께 취재하자는 제안을 받았고, 덕분에 내가 아예 접근하지 못했거나 놓쳤을 것들을 얻어 건진 것도 많았다. 특히 김현지 피디와 강호진 촬영감독, 차선영 작가의 기획력과 섭외력, 취재현장의 순발력에 덕 본 게 많다.

바로 앞 장에서 박영석 셰프가 말했듯이 '100명의 김장하, 1000명의 김장하'를 취재 과정에서 많이 만날 수 있었던 것도 기쁨이었다. 하남칠 교장은 '장학금 돌려주기' 차원에서 자신의 모교 학생들에게 오랜 세월 매년 장학금을 주고 있었고, 본문에 등장하진 않지만 명신고 출신 건축가 박범주(1970~) 씨도 문화예술계에 든든한 후원자로 김장하를 닮아가고 있다는 이야기를 들었다. 그렇게 이 책에 등장한 사람들은 말할 것도 없고 등장하지 않은 사람들 중에도 이미 '김장하 바이러스'에 감염된 사람이 많았다.

문형배 헌법재판관은 자신의 블로그에서 김장하 선생 이야기를 하면서 '선순환이 되면 공동체가 아름다워진다'고 했다. 자신도 선생에게 받은 은혜를 다른 사람에게 갚겠다고 했다. 이런 선순환이 돌고 돌아 김장하 선생이 꿈꾸는 모두가 잘 사는 세상이 반드시 오리라 믿는다.

참, 취재 과정에서 김현지 피디는 만나는 사람마다 "김장하 선생을 한 마디로 표현하자면?"이라는 질문을 던졌다. 방송용으로 뭔가 강렬한 한 컷을 건지려는 욕심이었는데, '생불' '보살' '의인' '진정한 어른' '이 시대의 예수' '든든한 뒷배' '시민운동의 비빌 언덕' '호의(好義)와 경의(敬義)의 표본' '남명 조식 선생 같은 분' '모든 것을 품어주는 호수' 등 다양한 표현이 나왔다.

그런데 내가 가장 공감했던 표현은 '이 시대의 강상호 선생'이었다. 극단현장 고능석 대표가 한 말이었다. 대중적으로 강상호라는 이름을 아는 사람이 많지 않아 방송용으로는 별로였겠지만, 호의호식할 수 있는 부자임에도 자신의 재산을 털어 세상의 가장 천대받는 사람들 편에서 평등과 정의를 실현하기 위해 앞장섰다는 점에서 가장 닮은 두 사람이었다.

　마지막으로 양해 말씀을 올리자면, 이 책은 한 인물에 대한 평전(評傳)이나 전기(傳記)가 아니다. 써본 적도 없거니와 어떻게 쓰는지도 모른다. 그래서 기자로 살아온 내가 가장 익숙하게 잘할 수 있는 취재기(取材記) 방식을 택했다. 혹 평전이나 전기를 기대한 분이 있다면 거듭 양해를 청한다.

1944년 1월 16일 경남 사천시 정동면 장산리 노천마을 795번지에서 아버지 김

경수(金炅水, 1913~1986)와 어머니 강필순(姜弼順)의 넷째아들로 출생.

  ※ 할아버지 김정모(金頔模, 1889~1970), 김해 김씨, 호 영은(潁隱)

1952년 6월 어머니 강필순 사망

1956년 3월 정동초등학교 졸업

1959년 2월 사천동성중학교 졸업

1959년 삼천포 남각당한약방에 점원으로 취업

1962년 7월 한약업사(당시 한약종상) 시험 합격

1963년 1월 16일 한약업사 면허 발급

1963년 10월 사천시 용현면 신기리(일명 석거리) 남성당한약방 개업

1964년 사천시 사남면 출신 최송두와 결혼

1970년 12월 21일 할아버지 김정모 사망

1973년 3월 진주시 장대동 106-2번지로 남성당한약방 이전

1977년 4월 진주시 동성동 212-5번지로 남성당한약방 이전

1982년 8월 학교법인 석은학원 인수

1983년 8월 11일 학교법인 남성학숙 설립 이사장 취임

1984년 3월 2일 명신고등학교 개교

1986년 1월 16일 아버지 김경수 사망

1990년 진주신문 창간 주주 및 이사

1991년 8월 17일 명신고등학교 국가 기증 선언

1991년 9월 1일 명신고등학교 공립 전환

1992년 4월 국민훈장 모란장 서훈

1992년 진주환경운동연합 고문

1992~2004년 형평운동기념사업회 회장

1992~1996년 경상대학교 남명학연구 후원회장 역임

1995년 진주신문 가을문예 시작

1995년 진주문화사랑모임 부회장

1997년 2월 경상대학교 경영행정대학원 최고관리자과정 수료

1996~2000년 한국가정법률상담소 진주지부 이사장

1996~2001년 경상대학교 발전후원회 회장

1997~2003년 경상대학교 남명학관 건립추진위원회 위원장

1998~2001년 경남한약협회 회장

2000년 지리산살리기국민행동 영남대표

2000년 3월 11일 재단법인 남성문화재단 설립 이사장 취임

2000년 진주신문 가을문예, 남성문화재단으로 이관

2000년 진주오광대보존회 이사장

2001년 7월 11일 '진주문화를 찾아서' 문고판 출간 지원 시작(이후 23권)

2002년 3월 21일 가정폭력 피해여성 보호시설 내일을 여는 집 개관

2002년 지리산생명연대 공동대표 및 상임의장

2005년　사단법인 진주문화연구소 이사

2008년　뉴스사천 발기인 및 주주 참여

2008년 10월 15일　경상대학교 명예문학박사 학위 수여

2019년 1월 16일　진주지역 시민사회단체 김장하 75회 깜짝 생일잔치

2021년 12월 4일　진주가을문예 마지막 시상식

2021년 12월 9일　남성문화재단 해산, 잔여재산 경상국립대에 기증

2022년 5월 31일　남성당한약방 폐업